Amerika

Streifzüge durch die Küchen der Welt

New Yorker Käsekuchen (Rezept S. 212)

Amerika

Streifzüge durch die Küchen der Welt

Mit 250 authentischen Rezepten aus der Neuen Welt

Texte und Rezepte
Phillip Stephen Schulz

Kaleidoskop Buch

HINWEIS

Alle Informationen und Hinweise, die in diesem Buch enthalten sind, wurden vom Autor nach bestem Wissen erarbeitet und von ihm und dem Verlag mit größtmöglicher Sorgfalt überprüft. Unter Berücksichtigung des Produkthaftungsrechtes müssen wir allerdings darauf hinweisen, daß inhaltliche Fehler oder Auslassungen nicht völlig auszuschließen sind. Für etwaige fehlerhafte Angaben können Autor, Verlag und Verlagsmitarbeiter keinerlei Verpflichtung und Haftung übernehmen.

Korrekturhinweise sind jederzeit willkommen und werden gerne berücksichtigt.

Aus dem Englischen übersetzt von Cornell Ehrhardt
Redaktion: Barbara Evers
Korrektur und Register: Irmgard Perkounigg
Einbandgestaltung: Studio für Illustration und Fotografie, München
Sascha Wuillemet
Herstellung: Dieter Lidl
Satz: DTP Josef Fink

Die Originalausgabe mit dem Titel
America The Beautiful Cookbook
wurde erstmals 1990 im Verlag
Weldon Owen Publishing Limited veröffentlicht

Design: John Bull, The Book Design Company
Karten: Mike Gorman
Illustrationen: Yolande Bull

Litho: Graphic Studio S.r.l., Bussolengo, Italy
Druck und Bindung: Tallers Gràfics Soler, Barcelona
Printed in Spain

ISBN 3-88472-588-2

Seiten 2 und 3: *Vor etwa hundert Jahren wurde über die Hälfte des Waldbestandes in Neuengland gerodet. Heute sind die meisten Gebiete wieder aufgeforstet und bieten vor allem im Frühherbst ein malerisches Bild, wie diese Landschaft in Vermont.*

BRUCE HANDS

Rechts: *Landarbeiter pflücken und verpacken Bohnen auf einem Feld in der Nähe von Homestead, Südflorida.*

BRUCE HANDS

Seiten 8 und 9: *New England Clambake* (Rezept S. 74)

Seiten 12 und 13: *Las Vegas in Nevada, wo Neonreklamen für die besten Shows und Speiselokale der Stadt werben.*

EDDIE HIRONAKA/THE IMAGE BANK

BRUCE HANDS

Eingelegte grüne Bohnen (rechts oben, Rezept S. 198), *Dillgurken* (links oben, Rezept S. 197) und *Süß-sauer eingelegte Zucchini* (Mitte, Rezept S. 198)

Inhalt

CIRCUS CIRCU
HOTEL·CASIN
FREE CIRCUS ACTS
11 AM TO MIDNIGHT
ROOMS AVAILABLE
If not, we'll place you!
BUFFET LUNCH 99¢
DINNER $1.49 INCL. DESSERT & BEV.
FREE AUTO SLOT PLAY & MIDWAY PASSES
FREE 1000 CAR GARAGE-REAR
CARSON CITY
Italia
Restaurant
Mezzanine
Gilded Cage
COCKTAILS
MAIN FLOOR
LUNCH
DINNER
SLOTS A FUN
SUBMARINE $1.59
SANDWICH
CORN BEEF SAND $1.59
LARGE CHILI TACOS
ALL BEEF CHILI

SLOTS A FUN
SILVERBIRD
PANCAKES & SAUSAGE 87¢
1 AM TO 9AM
HAMBURGERS 43¢ HOT DOGS 38¢
LARGE SHRIMP COCKTAIL 63¢
Wins This NEW CAR
FREE PARKING
FULL BREAKFAS
ROGER MILLER
HANK GARCIA
TOP BRASS
LA PALOMA
OYSTER BAR
FABULOUS BUFFETS
LUNCH $1.95 DINNER $2.95
Algiers
Circus Circus
RESERVATION PARKING

BRUCE HANDS

In der Nähe von Intercourse, Pennsylvania, pflügt ein Amisch-Junge das Land mit dem Pferdegespann, wie schon seine Vorfahren im 18. Jahrhundert.

EINFÜHRUNG

»America the Beautiful!« Diese Worte rufen Bilder von der prachtvollen Vielfalt der Landschaften hervor, für die Amerika bekannt ist: bescheidene Fischerdörfer an der Küste Neuenglands; historische Weiler aus der Kolonialzeit im Nordosten; die schimmernden Meeresarme und Wasserwege der Chesapeake Bay; unter Eichen gelegene, säulengeschmückte Gutshäuser von Plantagenbesitzern im Süden; grüne Viehweiden, die das hügelige Land von Wisconsin überziehen; raschelnde Maisfelder an den sanften Hängen von Iowa; langgestreckte, wogende Getreidefelder in den Weiten der Great Plains; die restaurierten Bergwerksdörfer in den aufregenden Rocky Mountains; die Indianerdörfer und Missionsstationen des kahlen Südwestens; die Regenwälder im Nordwesten und die landschaftlichen Gegensätze Kaliforniens.

Aber mehr noch als die Schönheiten von Natur und Architektur sind es die Menschen, die diesem Land seinen einzigartigen Charakter verleihen. Sie stammen aus allen Teilen der Erde, und man sagt, die besondere Kraft Amerikas liege gerade in der ethnischen Vielfalt seiner Bevölkerung. Diese Bevölkerung – von den frühen Entdeckern aus Spanien, England, Holland und Frankreich über die afrikanischen Sklaven bis zu den Einwanderern aus Deutschland, Schottland, Irland, Schweden, Norwegen, Dänemark, Mexiko und in jüngerer Zeit auch Asien – hat die heutige Küche Amerikas geprägt. Jede Volksgruppe brachte ihre eigene Landesküche mit in die Neue Welt, aber nachdem man die Rezepte mit den dort heimischen Ingredienzien abgewandelt und dem allgemeinen Geschmack angepaßt hatte, waren die Originalgerichte kaum noch erkennbar. Und so läßt sich die Küche Amerikas nur schwer definieren. Im Gegensatz etwa zur klassischen französischen oder chinesischen Kochkunst ist sie einfach und unkompliziert. Selbst Fachleute geraten in Bedrängnis, wenn sie für ein bestimmtes Gericht *das* authentische Rezept nennen sollen. *Apple pie* beispielsweise stammt zwar ursprünglich aus England, wurde aber erst von den Siedlern in der heute charakteristischen flachen Form gebacken. Bei der Weiterentwicklung des Rezepts spielten dann sowohl die verfügbaren Zutaten als auch die ethnische Herkunft der Menschen eine Rolle: Die Vermonter süßten ihre *apple pies* mit Ahornsirup, die Pennsylvania-Deutschen fügten Rosinen hinzu, und im Mittelwesten kamen Nüsse hinein, die dort reichlich wuchsen.

Jede Diskussion über die Wurzeln des kulinarischen Erbes muß bei den Urbewohnern Amerikas einsetzen, bei den Indianern. Bekanntlich waren die frühen Kolonisten keineswegs autark und hätten ohne die Hilfe der Indianer und deren Kenntnis einheimischer Nahrungsmittel kaum eine Überlebenschance gehabt. Als die ersten Siedler ins Land kamen, bereiteten die Indianer bereits Fischragouts, Maiseintöpfe und Kürbissuppen, *baked beans* und *succotash* zu, räucherten Lachse und andere Fische, dämpften in Seetang gehüllte Muscheln über heißen Steinen, grillten Fisch und Wild über offenem Feuer, stampften Maismehl für Brote und Kuchen, stellten Maisgrieß für Maisbrei her, verwendeten Nußöle und süßten Speisen aller Art mit Honig und Ahornsirup. Sie kannten sogar schon Popcorn. Die Indianer im Osten, Mittelwesten und Südwesten betrieben Ackerbau; in den Plains und weiter westlich waren sie mehr Jäger und Sammler; und meist lebten sie in wohlorganisierten Gemeinschaften.

Ein erstaunlich reiches, fruchtbares Land mit weniger als einer Million Einwohnern erwartete die ersten Forschungsreisenden. Um 1000 n. Chr. erreichte Leif Eriksson vermutlich als erster den nordamerikanischen Kontinent, doch machte er keinen Versuch, das Land zu kolonisieren. Erst etwa 500 Jahre

Linke Seite: *Kohlfeld in der fruchtbaren Ebene des Skagit Valley am Fuße des Mount Baker in Washington.*

später, mit der Entdeckung der Westindischen Inseln durch Kolumbus, begann die Besiedlung der Neuen Welt. Kolumbus, der ja einen Seeweg nach Indien suchte, wußte nur wenig von der Unermeßlichkeit der Länder, auf die er durch Zufall gestoßen war, und konnte nichts von den Auswirkungen ahnen, die seine Entdeckungen und die späterer Forschungsreisender haben sollten.

Während die Besiedlung Kolonialamerikas (der ersten dreizehn Staaten der heutigen USA) vor allem den Engländern zu verdanken ist, waren es die Spanier, die als erste den südlichen Teil des Landes von einer Küste zur anderen erkundeten und von Florida bis Kalifornien nachhaltigen Einfluß auf die Küche ausübten. Juan Ponce de León entdeckte »La Florida« im Jahre 1513, und Hernando de Soto landete 1539 in der heutigen Tampa Bay, von wo er weite Teile des Südens östlich des Mississippi auskundschaftete. Schon bald folgten spanische Siedler und gründeten 1565 St. Augustine an der Küste Floridas. (Die Briten besiedelten Jamestown erst im Jahre 1607.) St. Augustine war allerdings keine Siedlung im eigentlichen Sinne, sondern eher ein Bollwerk gegen die Franzosen, die in dieser Region ebenfalls Fuß zu fassen suchten. Als die Spanier weiter Richtung Westen vordrangen, begannen sie, mit den Indianern Handel zu treiben, und tauschten Schweinefleisch, Vieh, Gemüse und Früchte gegen Mais, Bohnen und Kürbisse ein. Die Creek und Seminolen des Südens fanden schnell Gefallen an den neuen Nahrungsmitteln.

Francisco Vásquez de Coronado erforschte auf seiner Suche nach den Sieben Städten von Cibola mit ihrem angeblichen Reichtum an Gold und anderen Schätzen große Teile des Südwestens von Mexiko bis zu den Great Plains. Missionare und Siedler kamen in das Gebiet, das Texas, New Mexico, das südliche Colorado und Arizona umfaßte, und gründeten 1610 Santa Fe. Ein Jahrhundert später geriet Kalifornien unter spanischen Einfluß. Schließlich blieben die Spanier hier jedoch erfolglos, vor allem, weil sie sich im Süden stärker engagierten,

Ein freundlicher Farmer in Kansas vor seinem Stand mit Wassermelonen und Kürbissen.

GEORGE OLSON

CANADA
Oberer See
MICHIGAN
Michigansee
Huronsee
Ontariosee
Eriesee
NORTH DAKOTA
BISMARK
MINNESOTA
WISCONSIN
Minneapolis
ST. PAUL
Mississippi
SOUTH DAKOTA
PIERRE
Sioux Falls
Milwaukee
MADISON
LANSING
Detroit
NEBRASKA
IOWA
DES MOINES
Chicago
CHEYENNE
Missouri
Omaha
LINCOLN
DENVER
ILLINOIS
SPRINGFIELD
INDIANA
INDIANAPOLIS
OHIO
COLUMBUS
Cincinnati
KANSAS
TOPEKA
Kansas City
Wichita
JEFFERSON CITY
St. Louis
MISSOURI
Ohio
Louisville
FRANKFORT
KENTUCKY
WEST VIRGINIA
CHARLESTON
VIRGINIA
RICHMOND
Norfolk
Chesapeake Bay
APPALACHIAN MOUNTAINS
NASHVILLE
TENNESSEE
Tulsa
OKLAHOMA CITY
OKLAHOMA
ARKANSAS
Memphis
LITTLE ROCK
NORTH CAROLINA
RALEIGH
Cape Hatteras
SOUTH CAROLINA
COLUMBIA
Charleston
ATLANTA
Birmingham
MISSISSIPPI
ALABAMA
GEORGIA
MONTGOMERY
JACKSON
Fort Worth
Dallas
TEXAS
AUSTIN
Houston
LOUISIANA
BATON ROUGE
New Orleans
TALLAHASSEE
FLORIDA
Miami
Florida Keys
Rio Grande
GOLF VON MEXIKO
MEXICO
BAHAMAS
ATLANTISCHER OZEAN
MAINE
AUGUSTA
Portland
VT
MONTPELIER
NH
CONCORD
NEW YORK
ALBANY
Rochester
Buffalo
MA
BOSTON
Cape Cod
HARTFORD
RI
PROVIDENCE
CT
Long Island
NJ
New York City
PENNSYLVANIA
HARRISBURG
Pittsburgh
TRENTON
Philadelphia
DE
DOVER
MD
ANNAPOLIS
WASHINGTON D.C.

Über dreihundert Fischarten tummeln sich in den klaren, tropischen Gewässern um die Florida Keys.

wo die Länder mehr Reichtum versprachen und die Eingeborenen gefügiger waren. Dennoch blieb ein dauerhafter spanischer Einfluß auf Amerika bestehen. Spanische Namen findet man überall von Florida bis zum Westen. Und die Spanier, die gewissenhafte Missionare waren, verkündeten nicht nur ihren christlichen Glauben, sondern führten - was zumindest aus kulinarischer Sicht noch wichtiger war - Zitrusfrüchte, Feigen, Oliven, Zucker, Baumwolle, Rinder, Schafe, Pferde, Hausschweine und Maultiere ein.

Und doch waren es die Engländer, die den größten Einfluß auf die amerikanische Küche hatten, obwohl ihre frühen Expeditionen lange nicht so umfangreich und bedeutend waren wie die der Spanier. Die ersten Kolonien, aus denen später die Vereinigten Staaten von Amerika hervorgingen, wurden von England gegründet und in kurzer Zeit von Engländern besiedelt, die nicht nur nach religiöser und politischer Freiheit strebten, sondern auch bessere Arbeitsbedingungen und höhere Löhne suchten. Abgesehen von wenigen Bundesstaaten im Südwesten haben die meisten Amerikaner europäischer Abstammung englische Vorfahren; die Gruppe deutschstämmiger Amerikaner folgt dicht darauf.

Als die Engländer an Land gingen, um Jamestown zu gründen, waren ihnen die Indianer nicht völlig unbekannt. Die Cabots, aus Italien stammende, in englischen Diensten stehende Entdeckungsreisende, hatten 1496 die Segel in Richtung Westen gehißt und bereits Neufundland und die riesigen Kabeljauschwärme vor seiner Küste entdeckt. Und schon im 16. Jahrhundert waren Engländer an den Küsten Neuenglands gelandet und hatten - wie Kolumbus - einige Eingeborene als Attraktion mit in ihre Heimat genommen. Gegen Ende des 16. Jahrhunderts scheiterte Sir Walter Raleigh dreimal bei dem Versuch, Roanoke Island vor der Küste North Carolinas zu kolonisieren. Man nimmt an, daß die gesamte Kolonie von den Croatan-Indianern Carolinas niedergemetzelt wurde; aber verbürgt ist es nicht, zumal die Croatans als »freundliche Indianer« galten. Was diesen frühesten Siedlern geschah, ist bis heute ein Geheimnis geblieben. Die Powhatan-Indianer, auf die die Siedler von Jamestown bei ihrer Ankunft im Jahre 1607 trafen, reagierten tatsächlich freundlich; doch waren die Ankömmlinge merkwürdigerweise völlig unvorbereitet auf das Leben, das sie erwartete. Die Zeiten waren hart, aber Jamestown überlebte - mit Müh und Not. Die Niederlassung war im tiefliegenden Sumpfgebiet des James River errichtet worden, und so wurden die Siedler nicht nur von Hunger, sondern auch von Krankheiten geplagt. Ihre Lage verschlechterte sich derart, daß im strengen Winter 1609/10 vier von fünf Siedlern starben. Ohne die Hilfe der Indianer hätte keiner überlebt.

Die Indianer brachten ihnen bei, Mais, Bohnen und Kürbisse anzubauen und Fische zu fangen, die überreichlich vorhanden waren; Captain John Smith schrieb nach einer Erkundung der Chesapeake Bay, die Schwärme seien so dicht, daß er versucht hätte, Fische mit einer Bratpfanne zu fangen. Ohne Erfolg übrigens. Die Siedlerfrauen mußten ihre traditionellen englischen Gerichte mit den Nahrungsmitteln zubereiten, die dort vorhanden waren. Während dieser ersten Jahre schlugen mutige junge Frauen aus Jamestown ihr Lager bei den Indianer-Squaws auf, um deren Koch- und Eßgewohnheiten aus nächster Nähe beobachten zu können. Von ihnen lernten sie, Maismehl für Brote und Maisbrei zu stampfen und Eintopfgerichte aus Wildfleisch, Mais und Bohnen zu kochen. Die Squaws lehrten sie auch, nach eßbaren Wurzeln - einschließlich Süßkartoffeln - zu graben und die saftigen Körner direkt vom frischen Maiskolben zu essen. Wildfrüchte, Beeren und Trauben pflanzte man im Laufe der Zeit in kleinen Gärten an, wo sie prächtig gediehen. Tabak, der in Virginia heimisch ist, wurde schon früh zu einer wichtigen Kulturpflanze. Um 1630 hatten die Bewohner Virginias feste Häuser gebaut, und erste wirtschaftliche Erfolge stellten sich ein. Die Siedler pflanzten Artischocken, Spargel, rote Rüben, Brokkoli, Blumenkohl, Kresse, Blattgemüse, Gurken und Senf und importierten Vieh und Geflügel, um ihre Fleischnahrung, die aus Wild und Federwild bestand, zu ergänzen.

Weiter im Norden war das Leben für die Pilgrim Fathers nicht leichter. Über die Hälfte der 102 Passagiere der *Mayflower* starb im ersten Winter. Und dies nicht etwa wegen feindlicher Indianer, denn die Pilgerväter trafen bei ihrer Landung überhaupt keine Indianer an; die dort ansässigen Stämme waren einer Pockenepidemie zum Opfer gefallen. Das Land bot zwar reichlich Wild, eßbare Pflanzen, Fisch und Meeresfrüchte, doch auch diese Siedler waren nicht für Jagd und Fischfang gerüstet. Und das stürmische Wetter bei ihrer Ankunft kurz vor Wintereinbruch trug nicht gerade zur Verbesserung ihrer Überlebenschancen bei. (Ursprünglich war die Landung weiter südlich geplant.) Dabei war es noch ein verhältnismäßig milder Winter.

Ganz im Gegensatz zu den Siedlern von Jamestown proklamierten die Pilgerväter gleich nach ihrer Landung auf Cape Cod ein Regierungssystem und einigten sich auf Plymouth als Ausgangspunkt ihres Lebens in der Neuen Welt. Sie arbeiteten nach Kräften zum Wohle der Gemeinschaft, doch während dieses ersten Winters fiel den wenigen Gesunden die Verantwortung zu, all die vielen Kranken zu versorgen. Wie in Jamestown zeigten sich auch hier die Indianer als Retter in der Not - genauer gesagt ein Indianer namens Squanto. Zufällig gehörte er zu jenen Eingeborenen, die man mit nach England genommen hatte, und sprach folglich Englisch. Auf der Rückreise nach Amerika war er geflohen, erfuhr aber, daß die meisten seiner Stammesangehörigen an Krankheiten gestorben waren; da schloß er sich einem anderen Stamm an. Obwohl er die Engländer hätte verabscheuen müssen, blieb er bei den Pilgrim Fathers. Nicht nur für die Verständigung zwischen Indianern und Siedlern erwies sich Squanto als unentbehrlich, er brachte den Pilgervätern auch bei, wie man Mais sät und dabei Fischköpfe als Dünger verwendet, und wie man Bohnen pflanzt, die sich am Mais emporranken. Er half ihnen, aus Kletterpflanzen Reusen und Fallen für den Fischfang zu bauen. So wurden die Kolonisten Schritt für Schritt mit Ackerbau, Jagd und Fischfang vertraut.

ERIK LEIGH SIMMONS/THE IMAGE BANK

Das violette Abendlicht über den schneebedeckten Dächern von Portsmouth, New Hampshire, schafft eine märchenhafte Atmosphäre, wie sie für so viele Städte an der Küste Neuenglands typisch ist.

Aber Amerika ist keineswegs nur von England geprägt. Fast jedes Volk der Erde hat seinen Einfluß hier ausgeübt. Einen wichtigen Beitrag leisteten die Niederlande. Die Holländer, die im frühen 17. Jahrhundert nach Nordamerika kamen, waren Seeleute, Händler und Kaufleute, die der einträgliche Pelzhandel lockte. Ihnen folgten schon bald wohlhabende Grundbesitzer, die Landarbeiter, Geräte und Vieh mitbrachten. In kurzer Zeit besiedelten sie das fruchtbare Tal des Hudson River und die umliegende Region. Bis zum Jahre 1624 hatten sie Nieuw Holland, mit Nieuw Amsterdam (Manhattan) als Hauptstadt, gegründet. Im 19. Jahrhundert setzte eine Masseneinwanderung in die Vereinigten Staaten ein, ausgelöst durch so verschiedene Gründe wie religiöse Konflikte, niedrige Löhne und die Kartoffelfäule, die ganze Ernten vernichtete. Viele Holländer siedelten sich in den ländlichen Gebieten von Michigan, Illinois, Wisconsin und Iowa an, aber auch in New Jersey und New York. Sie zogen auch in den Westen, nach Washington, Oregon und Kalifornien.

Auch Afrikaner haben in starkem Maße zur Entwicklung der amerikanischen Kultur beigetragen. Die ersten Afrikaner brachte man im Jahre 1619 auf einem gekaperten portugiesischen Schiff nach Virginia - ein Jahr bevor die *Mayflower* landete. Wie zahllose Europäer in jenen Tagen wurden sie alle (es waren zwanzig) als Dienstboten verkauft; nachdem sie ihre sechs oder sieben Vertragsjahre abgeleistet hatten, waren sie wieder frei. Die meisten Afrikaner wurden allerdings an den Küsten ihrer Heimatländer gefangengenommen und in die Sklaverei verkauft. Sklaven hatten keine Rechte - dem Gesetz nach waren sie nicht einmal Menschen. Später sollte das Thema der Sklaverei bei der Aufnahme neuer Staaten in die Union zu heftigen politischen Auseinandersetzungen und - nach der Abschaffung der Sklaverei durch Abraham Lincoln - schließlich zur Sezession der Südstaaten führen.

Die ersten festen französischen Siedlungen wurden an den Ufern des Sankt-Lorenz-Stroms in Acadia (heute Nova Scotia) und in Teilen von Maine und Kanada gegründet. Im späten 17. Jahrhundert fuhr der französische Entdecker La Salle den Mississippi hinunter und nahm für Frankreich das Louisiana-Territorium in Besitz - es umfaßte einen Großteil des Gebietes der späteren Vereinigten Staaten. Die Siedler aus Frankreich waren Hugenotten, die in ihrer Heimat verfolgt wurden. Viele von ihnen schlossen sich den protestantischen holländischen Siedlern an, viele ließen sich aber auch in anderen Kolonien nieder. 1755 übernahmen die Briten die Kontrolle über die französischen Siedlungen in Kanada und ließen all jene deportieren, die der Krone die Loyalität verweigerten. Die Folge war eine Massenabwanderung der französischstämmigen Siedler nach Louisiana. Ihre Nachfahren heißen noch heute *Cajuns*, was auf eine falsche Aussprache des Wortes *Acadians* zurückgeht. Andere Franzosen wurden in Alabama seßhaft. Viele verließen ihr Land während der Französischen Revolution, und Tausende strömten als Goldsucher nach Kalifornien.

Die Mehrzahl der ersten deutschen Siedler flüchtete ebenfalls wegen religiöser Verfolgung aus der Heimat. Viele lebten vor der Überfahrt noch eine Zeitlang in Holland. Die meisten siedelten sich später in Pennsylvania an und wurden fälschlich als »Pennsylvania Dutch« bezeichnet. Andere Deutsche kehrten Europa den Rücken, als Bismarck an die Macht kam. Zwischen 1830 und 1840 ließen sie sich in großer Zahl in Missouri und im südlichen Illinois nieder, während der vierziger Jahre des letzten Jahrhunderts gingen viele nach Texas und in den fünfziger Jahren nach Wisconsin. Aber auch Michigan, Missouri und Iowa hatten große deutsche Gemeinden. Mit ihren Kenntnissen des Brauereiwesens und der Fleischverarbeitung spielten diese Einwanderer eine bedeutende Rolle für die Entwicklung des Mittleren Westens.

Die skandinavischen Länder sind im amerikanischen Völkergemisch ebenfalls gut repräsentiert. Obwohl die Schweden, denen Amerika übrigens das Blockhaus verdankt, Delaware schon zur Kolonialzeit besiedelten, wurden sie rasch von den Holländern vertrieben, die damit den schwedischen Kolonisationsversuchen ein Ende setzten. Die erste schwedische Einwanderungswelle größeren Ausmaßes erfolgte in den vierziger Jahren des 19. Jahrhunderts. Zu jener Zeit herrschte in Schweden wirtschaftliche Not, und die meisten Bauern waren zu Pächtern reicher Großgrundbesitzer geworden. Amerikanische Gesellschaften, die Arbeitskräfte brauchten, schickten Beauftragte nach Schweden, die eilig Siedler anwarben. Eines der Hauptmotive für die Einwanderung der Schweden war jedoch der *Homestead Act* von 1862: Jedem, der sich verpflichtete, es fünf Jahre lang zu bewirtschaften, wurden 160 Morgen Land zugesichert. Später wurde Chicago zum Zentrum der schwedi-

PETER MILLER/THE IMAGE BANK

Die Jahreszeiten sind in Neuengland sehr ausgeprägt: Der Frühling ist warm und voller Düfte, der Sommer heiß und schwül, der Herbst frisch, klar und farbenfroh, der Winter kalt und schneereich mit gelegentlichen Blizzards.

schen Einwanderer; die ersten Siedler zogen nach Illinois, Wisconsin und Iowa. Schließlich drangen sie weiter in den Westen vor, nach Minnesota, Nebraska, Kansas, Nord- und Süd-Dakota. Auch am Puget Sound im Staat Washington ließen sie sich nieder. Im 20. Jahrhundert zogen viele in die Städte des Nordostens.

Auch die erste große Welle norwegischer Siedler kam im 19. Jahrhundert und wurde in den ländlichen Gebieten von Illinois, Wisconsin, Iowa, Minnesota sowie Nord- und Süd-Dakota ansässig. Spätere Einwanderer zogen zur Westküste. Einige Norweger waren schon im 17. Jahrhundert zusammen mit den holländischen Kolonisten gekommen und lebten in Nieuw Amsterdam. Es war übrigens ein Däne namens Jonas Bronck, der das angrenzende Stück Land, die heutige Bronx, erwarb und besiedeln ließ. Aber die meisten Dänen wanderten erst später, im 19. Jahrhundert, ein und ließen sich im Mittelwesten und in Nebraska nieder. Um der wirtschaftlichen Not in ihrer Heimat zu entgehen, kamen auch finnische Einwanderer im späten 19. und frühen 20. Jahrhundert in den nördlichen Mittelwesten und in den Nordosten. Und das Goldfieber zog viele von ihnen nach Kalifornien und Alaska.

Die ersten Iren, die vor 1800 kamen, siedelten sich im Süden an. Mit Daniel Boone drangen sie später westwärts in die Appalachian Mountains vor. Ab 1830, und vor allem ab 1845, als Irland von der Kartoffelfäule betroffen wurde, lagen die Einwanderungszahlen bei fast 100000 pro Jahr. Die meisten Iren blieben im Nordosten und im Umkreis von Chicago. Schotten, die in die britischen Kolonien kamen, wurden in den ländlichen Gebieten North Carolinas, New Yorks und Georgias ansässig. Wirtschaftliche Not trieb viele Bewohner Schottlands Ende des 19. und Anfang des 20. Jahrhunderts zur Auswanderung. Die meisten ließen sich in Städten an der Atlantikküste nieder; der Rest zog in den Mittelwesten. Diese Einwanderer werden oft als *Scotch-Irish* bezeichnet.

Obwohl sich einzelne Portugiesen schon zur Kolonialzeit in Pennsylvania, Georgia und South Carolina niedergelassen hatten, kamen die meisten von ihnen erst im 19. Jahrhundert und siedelten sich in Massachusetts, Rhode Island, California und Hawaii an, um auf Walfangschiffen zu arbeiten. Italiener wurden vor allem in New York und in anderen großen Städten ansässig. Die meisten dieser Einwanderer waren arm, und wer im 19. Jahrhundert kam, fand in den Staaten kaum bessere Bedingungen als in seiner Heimat vor. Die Not schmiedete die Familien zu festgefügten Gemeinschaften zusammen.

Bis zum Jahre 1890 kamen die meisten Einwanderer aus Nord- und Westeuropa. In der Folgezeit stammte die Mehrzahl dagegen aus Süd- und Osteuropa, Lateinamerika, dem Nahen Osten und Asien. Ungarn, Litauer, Armenier - sie alle sind in großer Zahl in Amerika ansässig geworden. Über ein Drittel der Puertoricaner lebt in den Staaten. Da sie seit 1917 als amerikanische Staatsbürger gelten, können sie sich ungehindert in den USA niederlassen, und viele haben ihre Insel wegen Übervölkerung und wirtschaftlicher Probleme verlassen. Politische Flüchtlinge aus Kuba, Haiti und Zentralamerika haben sich in Florida und im Südwesten niedergelassen. Mexikaner kommen weiterhin in hellen Scharen - zumeist illegal - ins Land und lassen sich im Südwesten nieder. Und aus dem Nahen Osten kamen viele Araber christlichen Glaubens in diesem Jahrhundert nach Amerika.

Chinesische Einwanderer trafen Mitte des 18. Jahrhunderts als Goldsucher und Eisenbahnarbeiter ein. Wie schändlich sie ausgenutzt wurden, ist dokumentiert. Chinesen spielten eine wesentliche Rolle beim Aufbau des Fischereiwesens, der Textil-, Schuh- und Zigarrenindustrie an der Westküste. Den Japanern, die zuerst hauptsächlich auf Hawaii ansässig wurden, bis die Regierung der Einwanderung Einhalt gebot, erging es zunächst nicht viel besser als den Chinesen. Die organisierte Arbeiterschaft der USA wehrte sich gegen die billigen Arbeitskräfte aus China und Japan. Kalifornien verbot den ersten Einwanderern den Erwerb von Grund und Boden, so daß die meisten Japaner Land auf den Namen ihrer Kinder eintragen ließen; denn jeder, der in Amerika geboren wurde, galt automatisch als Staatsbürger. Mit ihren eigenen Anbautechniken hatten die Japaner großen Einfluß auf die kalifornische Landwirtschaft. An ihre Inhaftierung während des Zweiten Weltkriegs werden die Amerikaner nicht gerne erinnert. Die US-Regierung fand sich erst 1976 zu einer offiziellen Entschuldigung bereit, und eine Entschädigung für das damals konfiszierte Eigentum ist noch nicht in Sicht. Einige Amerikaner japanischer Abstammung leben heute in ländlichen Gebieten und gehören zu den führenden Lieferanten hochwertiger Produkte. Die meisten jedoch wohnen in Städten. Koreaner, Thailänder, Vietnamesen und zahlreiche andere Einwanderer aus jüngerer Zeit haben ihre eigene Landesküche mitgebracht - ihre Spezialitäten-Restaurants findet man heute in fast jeder amerikanischen Stadt. Durch das wachsende Interesse an dieser Küche entstehen viele Geschäfte mit asiatischen Lebensmitteln.

Die Küche Amerikas hat sich entsprechend den regionalen Gegebenheiten entwickelt. Spezialitäten Neuenglands wie Kürbissuppe, *baked beans*, *succotash* und *clam bake* entstammen der indianischen Küche. Andere Gerichte wie Klippfisch-Frikadellen, Suppentöpfe mit Muscheln und Fisch, Hummergerichte und gedämpfte Clams entstanden durch die Nähe zum Meer. Wieder andere - beispielsweise *Yankee pot roast* oder *New England boiled dinner* - sind herzhafte, kräftigende Gerichte für die langen, kalten Winter. In den Staaten der mittleren atlantischen Küste machte sich der Einfluß der Holländer bereits früh bemerkbar. Holländische Spezialitäten wie Pfannkuchen, Waffeln und Kekse gehörten schon bald zum täglichen Speisezettel der Siedler. Die Deutschen steuerten Sauerbraten, Kartoffelsalat, »Schnitz und Knepp« und *funeral pie* bei. Ursprünglich englische Rezepte wurden mit Blaukrabben und Schildkröten zubereitet, für die die Chesapeake Bay berühmt wurde. Die Küche des Südens stand zunächst unter dem Einfluß der Indianer, von denen die englischen Siedler lernten, wie man Maismehl und Maisgrieß herstellt. Aber auch die Afrikaner prägten die südliche Küche, indem sie Suppen und Eintöpfe mit Okras und *Hopping John* aus Augenbohnen zubereiteten. Sie waren Meister in der Herstellung von *beaten biscuits*, einer Art Blätterteiggebäck, und weckten die Vorliebe des Südens für Gewürze. Die Spanier bereiteten als erste Fischgerichte mit Orangen zu, die sie nach Florida gebracht hatten, und ihr Einfluß ist auch heute noch in der karibischen Küche dieses Bundesstaates erkennbar. In den kreolischen Rezepten von New Orleans vereinen sich spanische und französische Elemente. Die Spezialitäten der Cajuns wie pfeffrige *jambalayas*, Flußkrebspastetchen und *gumbos* wurzeln zwar in der französischen Küche, entwickelten sich aber zu neuen, eigenständigen Schöpfungen.

Der Mittlere Westen, die Great Plains und die Staaten im Gebiet der Rocky Mountains sind tatsächlich der Schmelztiegel der Nation. Nach Westen ziehende Siedler brachten einst aus Neuengland, von der mittleren Atlantikküste und aus dem Süden ihre Rezepte mit, die unterwegs noch die eine oder andere skandinavische Note erhielten. Gerichte wie Frikadellen, panierte Rindersteaks, Wildreis-Pilaw, *chow-chow*, Hamburger, Hot dogs, *Sloppy Joes* und Makkaroni mit Käse entstanden ohne fremden Einfluß. Die kulinarischen Wurzeln des Südwestens, wo *hominy, tortillas, frijoles*, Barbecue und *chuckwagon beans* heimisch sind, liegen in der frühen Küche der Spanier und der Cowboys. Die Pazifikküste ist für eine Vielzahl von Fischgerichten bekannt, wie *cioppino*, panierte Abalonen-Steaks und auf Holzplanken gegarte Lachse.

Die Amerikaner mögen vielleicht etwas schnellebig und rastlos wirken, bereit, jeder neuen Modeerscheinung zu folgen, aber das ist eben ein Merkmal dieser Gesellschaft. Schließlich wurde das Land von Menschen besiedelt, die immer auf der Suche nach dem Optimalen waren. Dies stand letztlich auch als treibende Kraft hinter dem amerikanischen Freiheitskrieg und hinter dem Expansionswillen, der die Pioniere immer weiter nach Westen vordringen ließ. Sie war es schließlich, die Amerika in nur 362 Jahren von den Sümpfen Jamestowns zur ersten Mondlandung führte.

Auch was die Küche betrifft, sind die Amerikaner immer auf der Suche nach Verbesserung – und gegenwärtig geht es bergauf mit der amerikanischen Küche. Die meisten wissen gutes Essen sehr zu schätzen, auch wenn heute, da oft beide Partner arbeiten, wenig Zeit zur liebevollen Zubereitung bleibt. Aber wenn Amerikaner kochen, kochen sie gut. Außerdem gibt es ausgezeichnete Restaurants, die den neuen Stolz auf die regionalen Spezialitäten Amerikas erkennen lassen. Und was noch wichtiger ist, talentierte junge Küchenchefs, denen man oft den Status von »Superstars« zugesteht, fordern für ihre Küche Zutaten von bester Qualität. So sind kleine Farmer, Fleischerzeuger, Geflügelhalter, Kräuterzüchter, Wildpflanzenexperten und Käsehersteller zu neuen Ehren gekommen. Dank des großen Interesses, das Küchenchefs und ihre Restaurants genießen, beginnt sich dieses neue Qualitätsbewußtsein allgemein durchzusetzen. Feinkostläden gibt es schon fast in jeder größeren Stadt, und städtische Gemüsemärkte, die eingerichtet wurden, damit die Farmer aus der Umgebung ihre Waren direkt an die Verbraucher verkaufen können, sind inzwischen ein gewohntes Bild.

Natürlich gibt es immer Menschen, die sich über so fragwürdige Errungenschaften wie McDonald's, Kentucky Fried Chicken, Taco Bell und andere Fast-Food-Ketten lustig machen oder über die riesigen Supermärkte voller vorgefertigter Tiefkühlkost. Doch zeugen Fertiggerichte ja auch von dem ungeheuren Angebot an Nahrungsmitteln – und nicht zuletzt vom amerikanischen Erfindungsgeist. Fast Food ist vergleichsweise preiswert durch die Massenproduktion, die wiederum nur durch ein Netzwerk schneller Transportmittel – ob Schiene, Straße oder Luft – möglich ist. Das konnte nur realisiert werden durch Männer wie G. H. Hammond, der den Eisenbahn-Kühlwaggon entwickelte, Clarence Birdseye, der die Lebensmittelindustrie durch seine Tiefkühltechnik revolutionierte, und Luther Burbank, der neue Nutzungsmöglichkeiten für landwirtschaftliche Erzeugnisse fand. Auch sie haben zum Niveau der heutigen amerikanischen Küche beigetragen, die durch die Fülle frischester und bester Produkte ebenso gekennzeichnet ist wie durch ihre kulturelle Vielfalt.

Oregon hat eine der schönsten Küsten im Westen Amerikas zu bieten. Die zerklüftete Felslandschaft am Pazifik wird hier und da durch Strände und historische Fischerdörfer an den Flußmündungen unterbrochen.

JOE WILKINS III

NEUENGLAND

RIPTON ★ COUNTRY ★ STORE
RIPTON COUNTRY STORE
TEXACO MOTOR OIL
ICE
FRIGIDAIRE
APPLE CIDER

GERALD L. FRENCH/THE PHOTOFILE

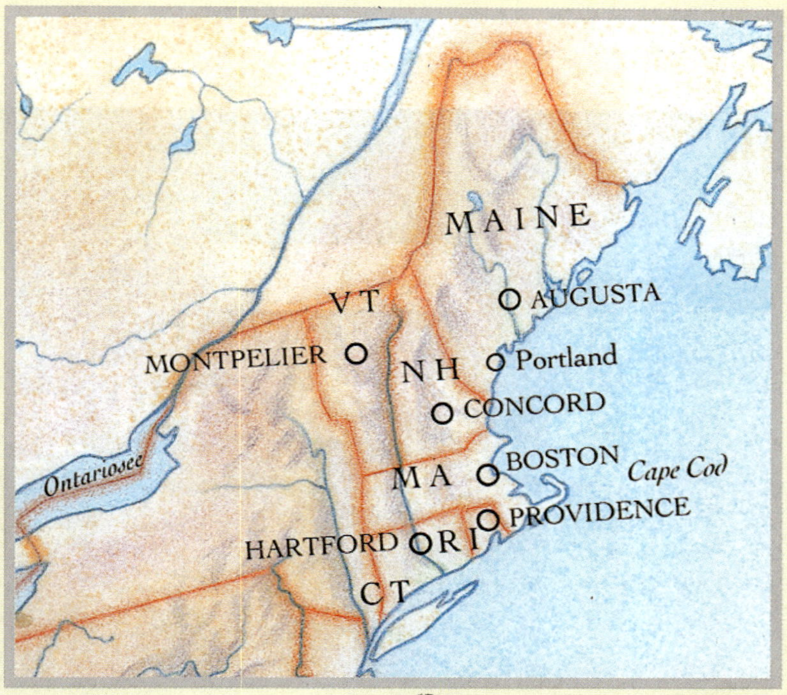

NEUENGLAND

Schon lange bevor die Pilgerväter auf Cape Cod landeten, hatten die Stämme der Algonkin-Indianer sehr gut gelebt; sie jagten Wapitis, Elche, Hirsche, wilde Truthähne, Enten, Gänse, Rebhühner, Wandertauben, Wachteln und anderes Wild. Flüsse, Seen und Küsten boten ihnen reiche Auswahl an Fischen und Meeresfrüchten. Sie wußten auch die Wildpflanzen zu verwenden, wie etwa Moosbeeren, Wildpflaumen, Holzäpfel, Trauben, Beeren, Wildzwiebeln und Lauch, Lilienknollen, Topinambur, verschiedene Kräuter und Sonnenblumenkerne. Und sie bauten die drei klassischen Grundnahrungsmittel der Indianer an: Mais, Bohnen und Kürbisse.

Mais und Bohnen wurden auf kleinen Erdhügeln angepflanzt, die sie mit Fischköpfen düngten. Der Mais wurde in Reihen gepflanzt, und an seinen Stengeln ließen sie die Bohnen emporranken. Maiskörner zerstampften die Indianer zu Maismehl, das sie zum Beispiel für *samp*, einen Maisbrei, verwendeten. Neben Gartenkürbissen, die praktisch im ganzen Land angebaut wurden, kultivierten die Indianer des Nordostens auch andere Arten dieses Gemüses. Meist garten sie die Kürbisse in heißer Asche und würzten sie dann mit Bärenfett. Kiefernharz, Nußöle, Bärenfett und Fischtran gaben ihren Speisen Geschmack, Ahornsirup und Zucker dienten zum Süßen. Für die Wintermonate trockneten sie Nahrungsmittel und lagerten sie in unterirdischen Höhlen, die mit Birkenrinde ausgekleidet waren. Die Algonkin-Indianer, zu denen die Stämme der Algonkin, Narragansett, Mohegan und Penobscot gehörten, lebten in kleinen Dörfern. Mit den Geräten, die sie hatten, war die Bewirtschaftung des felsigen, stark bewaldeten Bodens Neuenglands keine leichte Aufgabe. Konnte ein Dorf seine Bewohner nicht ausreichend ernähren, zogen einzelne Familien fort und gründeten neue Gemeinschaften.

Etwa zehn Jahre nachdem die Pilgrim Fathers 1620 Plymouth

Vorhergehende Seite: *Die Schönheiten Vermonts – Mischwälder, grüne Weiden und ländliche Abgeschiedenheit.*

TOM ALGIRE/TOM STACK & ASSOCIATES

Linke Seite: *Ein typischer neuenglischer Dorfladen in Ripton, Vermont – hier bekommt man ländliche Spezialitäten wie den scharfen Vermonter Cheddar-Käse und Ahornsirup.*

DAVID W. HAMILTON/THE IMAGE BANK

Hummerboote im Hafen von Rockport, Massachusetts, zeugen von geschäftigem Treiben. Andere Häfen an der Küste Neuenglands sind hingegen dem Rückgang des Fischereiwesens zum Opfer gefallen.

gegründet hatten, wurde eine Handelsgesellschaft ins Leben gerufen, um die Küstenregion im Bereich des heutigen Boston zu besiedeln. Weitere Puritaner strömten schon bald zu Tausenden in die aufstrebende Kolonie. Obwohl die Mehrzahl dieser Siedler England wegen der politischen Unterdrückung durch die etablierte Kirche verlassen hatte, übten die Puritaner in der Neuen Welt nun ihrerseits Unterdrückung aus, indem sie die politische Betätigung der Menschen von ihrer Mitgliedschaft in der neuen Staatskirche abhängig machten. Deshalb verließen viele Massachusetts und gingen nach Connecticut, Rhode Island, New Hampshire und Maine, wenngleich Maine noch einige Zeit unter der Regierung von Massachusetts bleiben sollte. Weder Maine noch Vermont erhielten jedoch einen rechtlichen Status und gehörten deshalb auch nicht zu den ersten dreizehn Kolonien der Vereinigten Staaten. Vermont trat der Union 1791 bei, Maine erst im Jahre 1820.

Das Klima Neuenglands war nicht gerade mild, und die Landwirtschaft entwickelte sich nur langsam. Da Boden und Wetterverhältnisse sich nicht für den Großanbau leichtverkäuflicher Produkte wie etwa Tabak eigneten, entstanden am Rand der Städte und Dörfer kleine Farmen, die jedoch meist der Selbstversorgung dienten. Die Kolonisten lernten viel von den Indianern und veränderten deren Gerichte nach ihrem eigenen Geschmack. Die Küche wurde für diese Siedler zum Mittelpunkt des häuslichen Lebens, das sich rund um die zentrale Feuerstelle abspielte. Während im Süden wegen der hohen Sommertemperaturen die Küche außerhalb der Wohnquartiere lag, diente sie im Nordosten als Gemeinschaftsraum. Die Frauen wurden bald damit vertraut, die verschiedensten Speisen über offenem Feuer zuzubereiten. Die ersten »Kamine« waren so groß, daß man hineingehen konnte, und verbrauchten gewaltige Holzmengen. Später wurden sie kleiner gebaut. Zum Backen stellte man langbeinige, gußeiserne Pfannen über die Glut, zum Kochen wurden geschmiedete Töpfe an stabilen Ketten darübergehängt. Schwere kastenförmige Kessel, die man hauptsächlich zum Backen benutzte, standen auf Beinen über dem Feuer; auf ihre Deckel wurde zusätzlich heiße Glut gehäuft. Schließlich baute man in die Ziegel- oder Steinkamine Backöfen ein. Bis Mitte des 19. Jahrhunderts, als die ersten Küchenherde hergestellt wurden, blieben diese Kochmethoden unverändert. Erst gegen Ende des Jahrhunderts gehörte ein Herd zur allgemeinen Küchenausstattung.

Erstaunlicherweise tranken die grundsoliden Puritaner bereits zum Frühstück Ale oder Bier. Die erforderliche Gerstensaat hatten sie eigens aus England mitgebracht. Es war jedoch gesetzlich festgelegt, daß niemand mehr als *five quarts* pro Tag trinken durfte. Als es Äpfel gab, wurde Apfelwein zum Volksgetränk, der Berichten zufolge ziemlich alkoholhaltig war. In Rhode Island wurde Rum aus Melasse gebrannt, die man von den Westindischen Inseln importierte. Obgleich ihm gerne zugesprochen wurde, galt er natürlich nicht als geeignetes Familiengetränk für alle Tage. Selbstgemachte Fruchtliköre dagegen, *spruce beer* (eine Art Bier aus Rottannen-Extrakt), Holunderbeerwein und Löwenzahnwein waren als Tischgetränke gestattet, und die Neuengländer waren offenbar sehr trinkfest.

Viele Speisen wurden damals stundenlang gekocht. Eines der bekanntesten amerikanischen Gerichte ist noch heute das *New England boiled dinner* mit gepökeltem Rindfleisch und Gemüsen. Da die Hausfrauen Neuenglands keineswegs nur für die Zubereitung der Mahlzeiten verantwortlich waren und da sie nicht wie im Süden Sklaven zur Verfügung hatten, ließ ihnen das langsame Schmoren oder Kochen der Speisen Zeit für andere Pflichten. Das Stampfen von Maismehl zum Beispiel war eine äußerst zeitraubende Arbeit, und weil ihre Männer sich oft tagelang auf Jagd befanden und nicht nach Hause kommen konnten, benutzten die Frauen untereinander beim Stampfen eine Art akustischer Nachrichtenübermittlung. Auf diese Weise konnten sie sich von Tal zu Tal verständigen und auch Hilfe herbeirufen, wenn etwa die Geburt eines Kindes bevorstand. Vieles hing von den Frauen ab. Als Jean de Crèvecœur, der bekannte französische Landwirtschaftsexperte und Autor, im späten 18. Jahrhundert eine Zeit in den Kolonien verbrachte, schrieb er: »Wie wichtig doch eine gute Ehefrau für einen amerikanischen Farmer ist. Wie klein seine Chancen auf Wohlstand, wenn er eine Niete in dieser Lotterie zieht.« Viele Farmer im Mittelwesten würden auch heute noch diesem versteckten Kompliment zustimmen.

Clambake, clam chowder, succotash, red flannel hash, codfish

Somerville, eine der kleinen Städte am Rande von Boston, war früher Ackerland und wurde im 17. und 18. Jahrhundert zur Sommerfrische für wohlhabende Bürger Bostons.

STEVE DUNWELL/THE IMAGE BANK

Der erste Schnee im Licht der Morgensonne und ein schlichtes Holzhaus am Lake Eden in Vermont. BRUCE HANDS

balls, boiled dinners, Indian pudding und *pumpkin pie* – all diese Gerichte wurden als Spezialitäten Neuenglands bekannt. Sie spiegeln sowohl die indianische Kultur wie auch die englische Herkunft der Siedler wider. Von den Indianern lernten die Kolonisten zunächst, Bohnen in einem Erdloch zu garen, das mit heißen Steinen ausgelegt war. Später kochten sie die Bohnen im Haus in großen, gußeisernen Töpfen, die über dem Feuer hingen. *Baked beans with brown bread* wurde zum samstäglichen Abendessen der Kolonisten und ist auch heute noch beliebt. Die Tradition geht auf die Puritaner zurück, denen es nicht gestattet war, am *Sabbath*, der am Samstag bei Sonnenuntergang begann und am Sonntag bei Sonnenuntergang endete, unnötige Arbeiten zu verrichten. Manche Ehefrauen kochten Bohnen für Samstagabend und servierten sie aufgewärmt am Sonntag, nicht nur als Abendessen, sondern schon zum Frühstück. Andere Frauen, die Bohnen nicht ganz so gerne mochten, setzten sie am Samstag auf und ließen sie über schwacher Glut garen, bis sie für das sonntägliche Abendessen gerade richtig waren. Jedenfalls erhielt Boston den Beinamen *»bean town«*, der bis heute erhalten blieb.

Es ist viel darüber debattiert worden, was die ersten amerikanischen Bohnentöpfe enthielten. Manche behaupten, schon die Indianer hätten außer Bärenfett auch Ahornsirup verwendet, um ihren Bohnen zusätzlich Aroma zu verleihen. Andere meinen, daß erst die Engländer mit ihrer Vorliebe für süße Fleisch- und Gemüsegerichte die Bohnen gesüßt hätten. Tatsächlich wurde Melasse zum festen Bestandteil der *Boston baked beans*, doch erst gegen Mitte des 19. Jahrhunderts erscheint sie in gedruckten Rezepten als Zutat. Melasse war in jenen Tagen billiger und leichter erhältlich als Zucker. In den nördlichsten Regionen Neuenglands dagegen wurde reichlich Ahornsirup verwendet. Zum Abendessen gab es nach den *baked beans* meist *Indian pudding*, einen gekochten Pudding nach britischem Vorbild, den die Siedler damals jedoch mit Maismehl zubereiteten, da es leichter zu haben war.

Fisch spielte schon immer eine große Rolle für die Bewohner Neuenglands. Als die Siedlungen sich vergrößerten, stellte man in den wichtigsten Häfen riesige Fischfangflotten zusammen, und täglich wurden Kabeljau, Schellfisch, Heilbutt und Makrelen angelandet. Auch der Walfang entwickelte sich zu einem wichtigen Zweig des Fischereiwesens und führte schon bald zu einem Zustrom portugiesischer Fischer. Die Kabeljauvorkommen waren so reichlich, daß die Siedler bereits um 1650 getrockneten gesalzenen Kabeljau in die südlichen Kolonien und zu den Westindischen Inseln exportierten. Auch mit Portugal und Spanien florierte der Handel im Austausch gegen getrocknete Früchte und Wein, vor allem aber gegen Salz und Gewürze. Die Siedler verwendeten zum Würzen Ingwer, Pfeffer, Nelken, Muskatblüte, Zimt und Piment. Schal- und Krustentiere waren für die Region ebenfalls von großer Bedeutung. Hummer wurden häufig in Meerwasser gedämpft und als Ragout zum Frühstück verzehrt. Der hölzerne Hummerkorb, den die Neuengländer konstruierten, ist bis zum heutigen Tag unverändert geblieben.

Die Bewohner Neuenglands waren – und sind – ein robustes Volk. Obwohl es dort heute ebenso kosmopolitisch zugeht wie überall sonst in Amerika, verbindet man mit dieser Gegend immer noch die herzhaften, bodenständigen Gerichte aus der Kolonialzeit. Zusammen mit neueren Rezepten wie etwa *Parker House rolls, Boston cream pie, brownies, fudge* und *chocolate chip cookies* bilden sie das Herzstück der amerikanischen Küche und sind mit Recht zu den Klassikern zu zählen.

Suppen, Chowders und Stews

COMSTOCK

Kreolische Spezialitäten wie »Gumbo« – ein würziger Eintopf mit Okraschoten, Kräutern und Meeresfrüchten oder Hühnerfleisch – findet man auf der Speisekarte aller Restaurants im französischen Viertel von New Orleans

SUPPEN, CHOWDERS UND STEWS

Angeblich verraten die Suppentöpfe mehr über das Wesen einer Nation als jedes andere Gericht.

Die meisten amerikanischen Suppen basieren zwar auf Rezepten anderer Länder, haben sich aber durch die ganz anderen Zutaten, die in der Neuen Welt zur Verfügung standen, verändert und weiterentwickelt. Darüber hinaus wurden sie durch die Kochtechniken der Indianer beeinflußt; so lernten die Siedler zum Beispiel, Eintopfgerichte in Kürbissen zuzubereiten, die in die heiße Glut gelegt wurden. Als den Pilgervätern der Schiffszwieback ausging, den sie zum Andicken ihrer Suppen nahmen, verwendeten sie statt dessen nach Art der Indianer gemahlene Wurzeln oder Maismehl. Auch Suppentöpfe und Ragouts mit Fisch waren den Pilgrim Fathers selbstverständlich nicht unbekannt, doch wären sie nie auf den Gedanken gekommen, die reichlich vorhandenen Clams zu verwenden, ehe sie deren Zubereitungsweise von den Indianern übernahmen. Die Siedler lernten von den Eingeborenen auch, schmackhafte Eintöpfe aus Bohnen, Mais und Wild zu kochen. Mit der Zeit kamen Zutaten mit in den Topf, die aus Europa eingeführt wurden. Schweinefleisch, Huhn und Rindfleisch traten schließlich an die Stelle von Wildfleisch, und auch viele Gemüse- und Getreidearten, die man mit in die Neue Welt gebracht hatte, wurden für Suppen verwendet.

Suppe gehörte fast zu jeder Mahlzeit – Farmer aßen sie oft schon zum Frühstück. Und Pioniere, die nach Westen zogen, entwickelten eine Art selbstgemachter Bouillonwürfel, die sie getrocknet mit auf die Reise nahmen. Sie fügten einfach heißes Wasser hinzu, und die erste »Instantsuppe« war geboren. Die Mischung erhielt die treffende Bezeichnung *pocket soup*.

Unter *chowder* versteht man eine angedickte Suppe aus Fisch, Meeresfrüchten oder Gemüsen, die nicht zu dünnflüssig, aber auch nicht so dick wie Eintopf sein sollte. Der Name stammt ursprünglich vom französischen Wort *chaudière*; es bezeichnete einen großen Kupferkessel, in dem man dicke Fischsuppen zubereitete. Die Tradition der *chowders* wurde vermutlich von den Frauen französischer Fischer begründet, die damit Gott für die sichere Rückkehr ihrer Männer und Söhne dankten. Die heimkehrenden Fischer warfen einen Teil ihres Fangs in den brodelnden Suppentopf, und jeder nahm an dem Festmahl teil. In ähnlicher Weise gab in ländlichen Gemeinden jeder Mann zum Dank für ein fruchtbares Jahr einen Teil seiner Ernte (»Erntedank«). Dieser Brauch war schon lange vor der Besiedlung Amerikas in ganz Europa verbreitet, doch auch die amerikanischen Indianer kannten ein ähnliches Ritual.

Der berühmteste aller amerikanischen Suppentöpfe ist wohl der *New England clam chowder*, den man ursprünglich nur aus Clams, Wildzwiebeln, Kräutern, Schiffszwieback und Quellwasser zubereitete. Nachdem Rinder importiert worden waren, trat bei den meisten *chowders* an die Stelle von Wasser Milch. Die gab es bald schon so reichlich, daß es hieß, in Neuengland seien nur Milch und Prediger billig zu haben. Wäh-

Vorhergehende Seiten: *Kürbissuppe* (Rezept S. 32)
DILLINGHAM & COMPANY ANTIQUES

MARC SOLOMON/THE IMAGE BANK

Eine typische Landschaft in Pennsylvania, wo so herzhafte Gerichte wie »chicken potpie« zubereitet werden.

Im Oktober kauft man Kürbisse nicht nur zur Zubereitung von kräftigen Herbstsuppen, man bemalt und schnitzt sie auch für den Halloween-Abend.

BRUCE HANDS

rend bei amerikanischen *chowders* früher *crackers* zum Andicken verwendet wurden, nimmt man heute meist *beurre manié*, für die Butter und Mehl zu einer glatten Paste verknetet werden.

Stews werden wie Schmorgerichte zubereitet, brauchen aber mehr Flüssigkeit. Meist dicken sie während des Kochens von selbst ein, da sie lange bei schwacher Hitze garen müssen – mit Ausnahme von Fisch-*stews*. Alten Rezepten zufolge müssen zwar selbst diese mindestens zwei Stunden kochen, doch heute nimmt man als Grundlage einen kräftigen Fischfond und gibt erst zum Schluß den Fisch hinzu, der nur kurz pochiert wird. Man unterscheidet zwischen weißen und braunen *stews*. Die hellen werden aus Kalbfleisch oder Fisch zubereitet; für die dunklen wird Fleisch oder Geflügel zuerst angebraten, damit die Sauce Farbe und Geschmack bekommt. Wie bei Schmorgerichten verwendet man für braune *stews* weniger zarte Stücke – etwa Rindernacken –, die im Laufe der langen Garzeit schön weich werden, ohne auszutrocknen.

Bei Suppen ist wohl der Fond oder die Brühe das Wichtigste. Obwohl man für Rezepte mit langen Garzeiten auch Fertigprodukte verwenden kann, werden Fisch- und Gemüsegerichte am besten mit selbstgemachtem Fond zubereitet. Übriggebliebene Bratensaucen, Brühen und den Sud von gekochtem Fisch sollte man immer zur späteren Verwendung einfrieren. (Grundrezepte für Hühner-, Rinder- und Fischfond finden Sie im Glossar.) Fonds sollten rechtzeitig im voraus gekocht und anschließend in den Kühlschrank gestellt werden, damit sich das Fett mühelos von der Oberfläche entfernen läßt.

Suppentopf mit Lachs

Washington

SALMON CHOWDER
Suppentopf mit Lachs

Aus dem Nordwesten, wo Lachs besonders beliebt ist, stammt das folgende Gericht. Falls die Suppe zu dünnflüssig ist, püriert man einen Teil der gegarten Zutaten und gibt sie wieder in den Topf, bevor der Lachs hinzugefügt wird.

2 EL (30 g) Butter
1 große Zwiebel, feingehackt
1 Knoblauchzehe, zerdrückt
¾ l Fischfond (siehe Glossar)
¼ l Hühnerfond (siehe Glossar)
1 Dose (400 g) Tomaten mit ihrem Saft, zerdrückt
½ TL Zucker
1 Prise getrockneter Thymian
1 große Kartoffel, geschält, in Würfel geschnitten und kalt abgespült
1 TL Zitronensaft
Salz und frisch gemahlener Pfeffer
300 g Lachssteaks, in große Stücke geschnitten
3 EL gehackter frischer Dill

Die Butter in einem großen schweren Topf bei schwacher Hitze zerlassen. Die Zwiebel hinzufügen und 1 Minute anbraten. Den Knoblauch dazugeben und zugedeckt 5 Minuten mitgaren. Fisch- und Hühnerfond, Tomaten, Zucker und Thymian hinzufügen. Zum Kochen bringen, die Hitze reduzieren und 5 Minuten im offenen Topf köcheln lassen. Kartoffelstücke und Zitronensaft hinzufügen. Mit Salz und Pfeffer würzen. Zugedeckt etwa 12 Minuten garen, bis die Kartoffeln weich sind.

Den Lachs dazugeben und 3–4 Minuten mitgaren, bis er sich leicht zerpflücken läßt. Mit Dill bestreuen.

Für 4 Personen

New Hampshire

PUMPKIN SOUP
Kürbissuppe

Die Indianer des amerikanischen Nordostens waren Meister in der Zubereitung von Kürbissuppen. Nachdem aus England Rinder ins Land gebracht worden waren, verfeinerten die Siedler diese Suppen mit ihren Molkereiprodukten.

500 g Kürbispüree*
3 EL (50 g) Butter
1 EL brauner Zucker
¼ TL gemahlene Muskatblüte (Macis)
¼ TL frisch geriebene Muskatnuß
⅛ TL gemahlene Nelken
¾ l heiße Milch
2 Eigelb (nach Belieben)

Kürbispüree, Butter, Zucker und Gewürze in einem Topf verrühren, zum Kochen bringen. Die Hitze reduzieren, 10 Minuten schwach köcheln lassen. Die heiße Milch hineinrühren, die Suppe noch 2 Minuten erhitzen, aber nicht kochen lassen.

Falls die Eier verwendet werden, die Eigelb in einer Schüssel mit ¼ l der heißen Suppe verschlagen und die Suppe im Topf damit binden. Erhitzen, bis sie leicht eingedickt ist; nicht zum Kochen kommen lassen.

Für 4 Personen *Abbildung S. 28–29*

New Jersey

COLD CREAM OF TOMATO SOUP
Kalte Tomatencremesuppe

Tomaten fanden im 18. Jahrhundert über Europa ihren Weg in die Neue Welt. Damals und auch noch in der Folgezeit wußte man sie allerdings weit weniger zu schätzen als heute. Tomatencremesuppen schmecken besonders gut in den Sommermonaten, wenn es Freilandtomaten gibt.

2 EL Pflanzenöl
1 Zwiebel, gehackt
1 Knoblauchzehe, zerdrückt
¼ TL gemahlene Muskatblüte (Macis)
2 EL Weizenmehl
¾ l heißer Hühnerfond (siehe Glossar)
1 kg reife Tomaten, abgezogen, entkernt und grobgehackt
½ TL Zucker
1 Tasse saure Sahne
Salz und frisch gemahlener weißer Pfeffer
Gehackter frischer Schnittlauch

Das Öl in einem schweren Topf bei schwacher Temperatur erhitzen. Zwiebel, Knoblauch und Muskatblüte hinzufügen und zugedeckt 5 Minuten garen, aber nicht bräunen.

Das Mehl darüberstäuben und unter ständigem Rühren 2 Minuten anrösten. Den heißen Fond hineinrühren, Tomaten und Zucker dazugeben. Zum Kochen bringen, die Hitze reduzieren und 20 Minuten im offenen Topf köcheln lassen. Auf Raumtemperatur abkühlen lassen.

Die Suppe in kleinen Mengen im Mixer pürieren. Durch ein Sieb in eine Schüssel geben und die saure Sahne daruntermischen. Mit Salz und Pfeffer abschmecken. Einige Stunden kalt stellen. Zuletzt mit Schnittlauch bestreuen.

Für 6 Personen

*Zur Zubereitung von frischem Kürbispüree einen kleinen Kürbis (etwa 1,5 kg) halbieren und mit einem Löffel Samen und Fäden entfernen. Die Kürbishälften mit der Schale nach oben auf ein eingefettetes Backblech legen und etwa 1 Stunde bei 170°C (Gasherd Stufe 1–2) im Backofen garen, bis sie weich sind. Das Fruchtfleisch herausholen und im Mixer pürieren.

Rechte Seite: *Kalte Tomatencremesuppe*

tomato
OSTRICH
K

Suppentopf mit Muschelfleisch und Tomaten (oben) *und Suppentopf mit Muschelfleisch, Milch und Sahne* (unten)

New York

MANHATTAN CLAM CHOWDER
Suppentopf mit Muschelfleisch und Tomaten

Vielleicht stammt dieser Muscheltopf mit Tomaten aus Long Island, vielleicht ist er aber auch eine Abwandlung der herzhaften neapolitanischen »Zuppa di vongole«.

1½–2 Dutzend Clams (ersatzweise 2–3 Dutzend Venusmuscheln)
1 EL Maisstärke
¼ l *clam juice* (Fertigprodukt) oder Wasser
130 g Bauch- oder Frühstücksspeck, feingehackt
1 große Zwiebel, gehackt; 1 Stange Bleichsellerie, gehackt
½ grüne Paprikaschote, entkernt und gehackt
1 große Karotte, gehackt
500 g Eiertomaten (Dose) gehackt, mit ihrem Saft
¼ TL getrockneter Thymian
Salz und frisch gemahlener Pfeffer
1 Kartoffel, geschält und in Würfel geschnitten
1 Spritzer Tabasco-Sauce

Die Muscheln kräftig bürsten. Eine große Schüssel mit kaltem Wasser füllen und die Maisstärke hineinrühren. Die Muscheln 30 Minuten darin wässern. Anschließend gründlich abspülen.

Muscheln und *clam juice* in einen großen Topf geben. Zum Kochen bringen, den Deckel auflegen und die Hitze reduzieren. 4–5 Minuten köcheln lassen, bis die Muscheln sich öffnen. Aus den Schalen nehmen und ihre Flüssigkeit in den Topf geben. Das Muschelfleisch hacken und beiseite stellen. Den Sud durch ein Sieb geben und wenn nötig mit Wasser auf ¾ l ergänzen.

Den Speck in einem schweren Topf bei mittlerer Temperatur in etwa 8 Minuten knusprig ausbraten. Mit dem Schaumlöffel in eine Schüssel geben.

Das Fett bis auf 1 Eßlöffel weggießen. Die Zwiebel darin in etwa 5 Minuten leicht anbräunen; den Bratensatz lösen. Sellerie, Paprika, Karotte, Tomaten, Thymian, Speckwürfel, ½ Teelöffel Salz und ¼ Teelöffel Pfeffer sowie den Muschelsud hinzufügen; alles zum Kochen bringen. Die Hitze reduzieren, 30 Minuten zugedeckt köcheln lassen. Die Kartoffelstücke dazugeben, weitere 20 Minuten zugedeckt garen. Das gehackte Muschelfleisch hinzufügen, mit Tabasco, Salz und Pfeffer abschmecken.

Für 6–8 Personen

Massachusetts

NEW ENGLAND CLAM CHOWDER
Suppentopf mit Muschelfleisch, Milch und Sahne

In Neuengland bereitet man den klassischen »Clam chowder« ohne Tomaten zu.

1½–2 Dutzend Clams (ersatzweise 2–3 Dutzend Venusmuscheln)
1 EL Maisstärke
⅜ l Wasser
1,5 kg Kartoffeln, geschält und in Würfel geschnitten
125 g Bauch- oder Frühstücksspeck, in Würfel geschnitten
1 große Zwiebel, feingehackt
½ l Milch, aufgekocht
2 EL (30 g) weiche Butter
2 EL Weizenmehl
½ l Sahne
1 Prise getrockneter Thymian
Salz und frisch gemahlener Pfeffer
Gehackte frische Petersilie

Die Muscheln kräftig bürsten. Eine große Schüssel mit kaltem Wasser füllen und die Maisstärke hineingeben. Die Muscheln 30 Minuten darin wässern. Anschließend gründlich abspülen.

Die Muscheln mit dem Wasser (oder *clam juice* und Wasser) in einen großen Topf geben. Zum Kochen bringen, den Deckel auflegen und die Hitze reduzieren. 4–5 Minuten köcheln lassen, bis die Muscheln sich öffnen. Aus den Schalen nehmen und ihre Flüssigkeit in den Topf geben. Das Muschelfleisch hacken und beiseite stellen. Den Sud durch ein Sieb geben.

Die Kartoffelstücke 3 Minuten in kochendem Salzwasser vorgaren, dann abgießen.

Den Frühstücksspeck in einem großen schweren Topf goldgelb ausbraten; das Fett bis auf 1 Eßlöffel weggießen. Die Zwiebel zum Speck in den Topf geben und 5 Minuten anbraten. Die Milch hinzufügen und den Bratensatz lösen. Die Kartoffeln und den durchgesiebten Muschelsud hinzufügen. Zum Kochen bringen, die Hitze reduzieren und 5 Minuten köcheln lassen.

Butter und Mehl zu einer glatten Paste verarbeiten und die Flüssigkeit damit binden. Sahne und Thymian dazugeben. Zum Kochen bringen, die Temperatur herunterschalten und in 5–10 Minuten dicklich einkochen lassen.

Das gehackte Muschelfleisch dazugeben und noch 2 Minuten erhitzen.

Mit Salz und Pfeffer abschmecken und mit Petersilie bestreuen.

Für 6 Personen

South Carolina

SHE-CRAB SOUP
Suppe mit Krebsfleisch

Sowohl in Charleston als auch in Savannah (Georgia) wird behauptet, hier habe man diese delikate Suppe zuerst gegessen. Im Originalrezept wurde kurz vor dem Servieren Krebsrogen hinzugegeben. Zum Schutz der weiblichen Krebstiere sind die Fangbestimmungen heute jedoch so streng, daß Rogen zur Seltenheit geworden ist. Die Köche im Süden verwenden als Ersatz hartgekochtes Eigelb.

TIFFANY & CO

Suppe mit Krebsfleisch (links) *und Austern-Spinat-Suppe* (rechts)

3 EL (50 g) Butter
3 EL Weizenmehl
¾ l Milch
¼ l Sahne
1 kleine Zwiebel, gerieben
250 g Krebsfleisch (*crabmeat*), verlesen
60 ml trockener Sherry
1 TL Worcestershire-Sauce
¼ TL gemahlene Muskatblüte (Macis)
Salz und frisch gemahlener weißer Pfeffer
4 hartgekochte Eigelb, zerkrümelt

Die Butter in einem Topf bei schwacher Hitze zerlassen. Das Mehl hinzufügen und unter Rühren 2 Minuten anrösten. Milch und Sahne darunterrühren. Zum Kochen bringen und die Hitze reduzieren. Zwiebel, Krebsfleisch, Sherry, Worcestershire-Sauce und Macis dazugeben.

Die Suppe bei schwacher Hitze 30 Minuten im offenen Topf köcheln lassen. Mit Salz und Pfeffer abschmecken. Zuletzt mit zerkrümeltem Eigelb bestreuen.

Für 4–6 Personen

Virginia

Oyster and Spinach Soup
Austern-Spinat-Suppe

Diese außergewöhnliche Suppe wird zu Weihnachten in fast allen Gasthäusern des historischen Stadtteils von Williamsburg zum »Christmas dinner« serviert. In älteren britischen Rezepten wird Reis als Zutat angegeben, doch verwendeten ihn die Siedler zu Anfang nur sparsam, bis der Reisanbau in Carolina Bedeutung erlangte. Austern hingegen waren reichlich vorhanden, und Spinat wuchs fast in jedem Garten.

500 g aus der Schale genommene Austern, mit ihrer Flüssigkeit
¼ l trockener Weißwein
½ l Hühnerfond (siehe Glossar)
2 EL (30 g) Butter
1 kleine Zwiebel, feingehackt
1 kleine Knoblauchzehe, zerdrückt
1 große Stange Bleichsellerie, feingehackt
1 EL Weizenmehl
50 g Langkornreis
¼ TL gemahlene Muskatblüte (Macis)
1 TL Worcestershire-Sauce
½ l Sahne
80 g frischer Spinat, gehackt
Salz und frisch gemahlener Pfeffer

Die Austern in einem Sieb abtropfen lassen, die Flüssigkeit auffangen (ergibt etwa ⅛ l). Austernflüssigkeit, Wein und Fond in einem Topf zum Kochen bringen. Die Hitze reduzieren, die Austern dazugeben und in 4 Minuten garziehen (nicht kochen) lassen. Die Austern in ein Sieb geben, den Sud auffangen.

Die Butter in einem zweiten Topf bei schwacher Hitze zerlassen. Die Zwiebel hinzufügen und 1 Minute anbraten. Den Knoblauch dazugeben und 2 Minuten mitbraten. Den Bleichsellerie hinzufügen und noch 3 Minuten garen. Das Mehl darüberstäuben und unter Rühren 2 Minuten anrösten. Die Garflüssigkeit der Austern darunterrühren. Zum Kochen bringen, den Reis dazugeben und die Temperatur herunterschalten. Mit Macis und Worcestershire-Sauce würzen und 15 Minuten im offenen Topf köcheln lassen.

In der Zwischenzeit die Austern – falls gewünscht – in Streifen schneiden.

Wenn der Reis gar ist, die Sahne darunterrühren und die Suppe 5 Minuten im offenen Topf erhitzen, aber nicht kochen lassen. Den Spinat hinzufügen und 4 Minuten mitgaren. Mit Salz und Pfeffer abschmecken. Die Austern dazugeben, umrühren und sofort servieren.

Für 6 Personen

TIFFANY & CO DILLINGHAM & COMPANY ANTIQUES

Eintopf nach Kentucky-Art

Kentucky

KENTUCKY BURGOO
Eintopf nach Kentucky-Art

»Burgoo« ist ein deftiger Eintopf aus Fleisch und Gemüse, der nicht nur in Kentucky, sondern im gesamten Süden serviert wird. Die Entstehung des Namens ist ungewiß – er könnte auf die falsche Aussprache der Wörter »Barbecue« oder »Bird stew« zurückgehen.

3 dicke Scheiben Bauch- oder Frühstücksspeck, gehackt
500 g Fleischknochen vom Rind
500 g Fleischknochen vom Kalb oder Lamm
2 l Wasser
1 Huhn (1,8–2 kg), in vier Stücke zerlegt
1 große Zwiebel, gehackt
1 große Knoblauchzehe, zerdrückt
3 Stangen Bleichsellerie mit Blättern, gehackt
3 Karotten, gehackt
3 große Tomaten, abgezogen, entkernt und gehackt
1 grüne Paprikaschote, entkernt und gehackt
2 Kartoffeln, geschält und in Würfel geschnitten
2 TL Curry
1 TL Salz
¼ TL frisch gemahlener Pfeffer
¼ TL zerstoßene getrocknete rote Chili-Schoten
2 EL (30 g) Butter (mit Raumtemperatur)
2 EL Weizenmehl
250 g frische Limabohnen
130 g Maiskörner (von 2 großen Kolben)
250 g frische Okras, in Scheiben geschnitten
4 EL gehackte frische Petersilie

Den Frühstücksspeck in einem großen schweren Kochtopf oder einem flachen Bratentopf bei mittlerer Hitze knusprig braten. Den Speck an den Rand schieben und die Rinder- und Kalbsknochen in dem Fett leicht anbräunen. Mit ¼ l Wasser ablöschen und den Bratensatz lösen. Das restliche Wasser dazugießen und zum Kochen bringen. Die Hitze reduzieren und zugedeckt 1 Stunde köcheln lassen; nach Bedarf abschäumen.

Die Kalbsknochen in eine Schüssel legen; die Hühnerteile mit in den Topf geben und zugedeckt in etwa 45 Minuten gar köcheln lassen. Zwischendurch abschäumen. Rinderknochen und Hühnerfleisch zu den Kalbsknochen in die Schüssel geben. Das Fett von der Brühe abschöpfen.

Zwiebel, Knoblauch, Bleichsellerie, Karotten, Tomaten und Paprika in die Brühe geben; zum Kochen bringen. Die Hitze reduzieren und das Gemüse 30 Minuten im offenen Topf köcheln lassen. Kartoffelstücke, Curry, Salz, frisch gemahlenen Pfeffer und zerstoßene Chili-Schote hinzufügen und weitere 20 Minuten ohne Deckel köcheln lassen.

Inzwischen das Fleisch von den Knochen lösen und in mundgerechte Stücke schneiden.

Butter und Mehl zu einer glatten Paste verarbeiten und den Eintopf damit binden. Bohnen und Mais hinzufügen und 15 Minuten im offenen Topf köcheln lassen. Zuletzt die Okras und das Fleisch dazugeben und den Eintopf noch 5 Minuten erhitzen. Vor dem Servieren die Petersilie daruntermischen.

Für 6–8 Personen

California

CIOPPINO
Kalifornischer Fischtopf

»Cioppino« ist ein Meeresfrüchte-Eintopf, der von italienischen Fischern in Kalifornien stammt. Die nördliche Version aus San Francisco wird mit Rotwein, die südliche aus San Pedro mit Weißwein zubereitet.

24 Clams oder Miesmuscheln (oder eine Mischung aus beidem)
1 EL Maisstärke
3 lebende kalifornische Taschenkrebse (oder andere große Taschenkrebse)
⅛ l Olivenöl
2 Zwiebeln, feingehackt
1 große Frühlingszwiebel mit Grün, feingehackt
2 Knoblauchzehen, feingehackt
¾ l Fischfond (siehe Glossar)
1 kg reife Tomaten, abgezogen, entkernt und gehackt
1 Dose (500 g) Eiertomaten, mit ihrem Saft
½ l trockener Rot- oder Weißwein
2 Stangen Bleichsellerie, feingehackt
1 grüne Paprikaschote, feingehackt
4 EL gehackte frische Petersilie
1 TL gehackter frischer oder ½ TL getrockneter Thymian
1 TL Fenchelsamen, zerstoßen
¼ TL zerriebene Safranfäden
1 Knoblauchzehe, zerdrückt
1 TL Sardellenpaste
Salz und frisch gemahlener Pfeffer
500 g Garnelen, aus der Schale gelöst und ohne Darm
1 kg Fischfilet, in 5 cm große Stücke geschnitten

Die Muscheln kräftig bürsten, bei Miesmuscheln die »Bärte« entfernen. Eine Schüssel mit kaltem Wasser füllen und die Maisstärke hineinrühren. Die Muscheln 30 Minuten darin wässern. Abspülen und in den Kühlschrank geben.

Die Taschenkrebse in sprudelnd kochendem Wasser töten. Herausnehmen, Scheren und Beine abdrehen und beiseite legen. Die Panzer aufbrechen. Die schwammähnlichen Kiemen herauslösen und wegwerfen. Die Krebstiere in der Mitte durchschneiden; Scheren und Beine aufknacken. In den Kühlschrank geben.

Das Öl in einem großen schweren Kochtopf oder einem flachen Bratentopf bei mittlerer Temperatur erhitzen. Zwiebeln, Frühlingszwiebeln und gehackten Knoblauch hinzufügen. Die Hitze reduzieren und 5 Minuten garen. Fischfond, alle Tomaten, Wein, Bleichsellerie, Paprika, Petersilie, Thymian, Fenchelsamen und Safran hinzufügen. Langsam zum Kochen bringen, die Temperatur herunterschalten und 30 Minuten im offenen Topf köcheln lassen.

Zerdrückte Knoblauchzehe und Sardellenpaste in einer Schüssel mit dem Rücken eines Löffels verreiben und unter die Suppe rühren. Mit Salz und Pfeffer abschmecken.

Kurz vor dem Servieren Krebse, Clams, Miesmuscheln, Garnelen und Fisch in die Suppe geben und zugedeckt 8 Minuten erhitzen.

Für 8 Personen

Rechte Seite: *Kalifornischer Fischtopf*

New York

Beef and Barley Soup
Rindfleisch-Gemüse-Suppe mit Graupen

Dieses Gericht basiert auf Rezepten, die russische Einwanderer mit nach Amerika brachten; doch auch in Montana, wo viel Gerste angebaut wird, kocht man eine ähnliche Suppe.

2 El Pflanzenöl
Gut 600 g Rindfleisch zum Schmoren, in 3 cm große Würfel geschnitten
1 Knoblauchzehe
1 ¼ l Wasser
⅛ l kochendes Wasser
20 g getrocknete Pilze
1 kleine Zwiebel, gehackt
1 Karotte, gehackt
1½ große Stangen Bleichsellerie, gehackt
1 große Tomate, abgezogen, entkernt und gehackt
½ TL Zucker
1 kleine Pastinake, gehackt
1 kleine weiße Rübe, gehackt
1 Prise getrockneter Thymian
50 g Rollgerste
1 l Rinderfond (siehe Glossar)
Salz und frisch gemahlener Pfeffer
Gehackte frische Petersilie (nach Belieben)

Das Öl in einem großen schweren Kochtopf oder einem flachen Bratentopf bei mittlerer Temperatur erhitzen, das Rindfleisch kräftig darin anbraten. Die Knoblauchzehe hinzufügen, 1 l Wasser dazugießen und den Bratensatz lösen. Zum Kochen bringen, die Hitze reduzieren und das Fleisch halb zugedeckt 1 Stunde köcheln lassen; zwischendurch das Fett abschöpfen.

Die Pilze 20 Minuten in kochendheißem Wasser einweichen.

Mit dem Einweichwasser in die Suppe geben. Zwiebel, Karotte, Bleichsellerie, Tomate, Zucker, Pastinake, weiße Rübe, Thymian, Rollgerste, Rinderfond sowie den verbliebenen ¼ l Wasser hinzufügen. Halb zugedeckt etwa 1 ¼ Stunden köcheln lassen, bis das Fleisch sehr weich ist. Wenn die Suppe zu stark einkocht, etwas Wasser dazugeben. Mit Salz und Pfeffer abschmecken. Mit Petersilie bestreuen.

Für 6–8 Personen

Florida

Black Bean Soup
Suppe von schwarzen Bohnen

Schwarze Bohnen sind in der gesamten Karibik beliebt; sie wurden von den Spaniern mit nach Florida gebracht. Diese Suppe ist eine Spezialität der kubanischen Restaurants rund um Miami.

500 g getrocknete schwarze Bohnen
60 g Bauch- oder Frühstücksspeck, in Würfel geschnitten
2 EL Olivenöl
90 g Räucherschinken, in Würfel geschnitten
2 Zwiebeln, gehackt
2 Knoblauchzehen, zerdrückt
2 l Rinderfond (siehe Glossar)
2 l Wasser
1 großes Lorbeerblatt
1 kleine Zwiebel, mit 2 Nelken gespickt
1 kleiner Stengel Origano oder eine Prise getrockneter Origano
1 Messerspitze Cayenne-Pfeffer
2 TL Rotweinessig
2 EL trockener Sherry
Salz und frisch gemahlener Pfeffer

ZUM GARNIEREN

60 g Räucherschinken, feingehackt
1 große Frühlingszwiebel, feingehackt
1 hartgekochtes Ei, gehackt
1 Limette, in dünne Scheiben geschnitten

Rindfleisch-Gemüse-Suppe mit Graupen

SUE FISHER KING

FILAMENTO

Suppe von schwarzen Bohnen (links) *und Weiße Bohnensuppe* (rechts)

Die Bohnen mit kaltem Wasser bedecken und über Nacht einweichen. Oder in einem großen Topf mit kaltem Wasser bedeckt aufsetzen und 2 Minuten kochen lassen. Von der Kochstelle nehmen und zugedeckt 1 Stunde stehenlassen. Abgießen.

Den Speck 5 Minuten in kochendem Wasser vorgaren. Abgießen und mit Küchenkrepp trockentupfen.

Das Öl in einem großen schweren Kochtopf bei mittlerer Temperatur erhitzen. Speck und gewürfelten Schinken hinzufügen und unter Rühren 8 Minuten braten. Zwiebeln und Knoblauch dazugeben und 5 Minuten mitbraten.

Die Bohnen in den Topf geben und gründlich umrühren. Den Rinderfond, 1 l Wasser, Lorbeerblatt, die mit Nelken gespickte Zwiebel und Origano hinzufügen. Zum Kochen bringen und auf mittlere Temperatur herunterschalten. Die Bohnen in etwa 1½ Stunden im offenen Topf weich kochen, gelegentlich umrühren. Das verbliebene Wasser nach Bedarf dazugießen.

Die ganze Zwiebel und das Lorbeerblatt entfernen. Gut die Hälfte der Bohnen mit dem Schaumlöffel in den Mixer füllen und zusammen mit etwas Garflüssigkeit pürieren. Das Püree zurück in den Topf geben, Cayenne-Pfeffer, Essig und Sherry hinzufügen und mit Salz und Pfeffer abschmecken. Die Suppe noch 20–30 Minuten köcheln lassen, bis sie sämig wird.

Für 8 Personen

Michigan

White Bean Soup

Weiße Bohnensuppe

Es gibt zahllose Rezepte für weiße Bohnensuppe; das folgende stammt aus Michigan, wo der Bohnenanbau eine wichtige Rolle spielt. Aufsehen erregte vor etwa fünfzig Jahren eine richterliche Verfügung, der zufolge in der Kantine des US-Senats täglich weiße Bohnensuppe zu servieren sei – natürlich war einer der Verantwortlichen aus Michigan.

500 g getrocknete weiße Bohnen
2 EL (30 g) Butter
60 ml Olivenöl
4 Stangen Porree, gründlich gewaschen und gehackt
4 große Knoblauchzehen, zerdrückt
2 Karotten, gehackt
2 Stangen Bleichsellerie, gehackt
750 g – 1 kg geräucherte Schweinehachse, ohne das Fett
1 l Rinderfond (siehe Glossar)
½ l Hühnerfond (siehe Glossar)
½ l Wasser
½ TL gehackter frischer Salbei oder ⅛ TL getrockneter Salbei
1 Lorbeerblatt
Gehackte frische Petersilie (nach Belieben)

Die Bohnen mit kaltem Wasser bedecken und über Nacht einweichen. Oder in einem großen Topf mit kaltem Wasser bedeckt aufsetzen und 2 Minuten kochen lassen. Von der Kochstelle nehmen und zugedeckt 1 Stunde stehenlassen. Abgießen.

Butter und Öl in einem großen schweren Kochtopf oder einem flachen Bratentopf bei mittlerer Temperatur erhitzen. Den Porree dazugeben und 1 Minute anbraten. Knoblauch, Karotten und Bleichsellerie hinzufügen und weitere 5 Minuten braten. Schweinehaxe, Rinder- und Hühnerfond, Wasser, Salbei und Lorbeerblatt dazugeben. Zum Kochen bringen, die Hitze reduzieren und zugedeckt unter gelegentlichem Rühren etwa 1½ Stunden köcheln lassen, bis die Bohnen weich sind. Von der Kochstelle nehmen und etwas abkühlen lassen.

Das Lorbeerblatt entfernen. Die Schweinehachse herausnehmen; das Fleisch ablösen, in Stücke schneiden und beiseite stellen.

Etwa 1 kg der Bohnensuppe in kleinen Mengen im Mixer pürieren und wieder zur Suppe geben. Das Fleisch hinzufügen und in der Suppe erhitzen. Mit Petersilie bestreut servieren.

Für 6–8 Personen

DILLINGHAM & COMPANY ANTIQUES

Suppentopf mit Meeresschnecken (oben) *und Suppentopf mit Kabeljau* (unten)

Florida

Conch Chowder
Suppentopf mit Meeresschnecken

»Captain Jim's Conch Hut« in St. Augustine ist für diese Spezialität Floridas berühmt.

60 g Bauch- oder Frühstücksspeck, feingehackt
2 Zwiebeln, feingehackt
1 grüne Paprikaschote, feingehackt
1 - 2 scharfe rote Chili-Schoten, entkernt und ohne Rippen, feingehackt
2 Dosen (je etwa 400 g) Eiertomaten, gehackt
250 g passierte Tomaten (Dose)
400 g Fleisch von Flügelschnecken (oder Riesenmuscheln oder Abalonen), weichgeklopft und grobgehackt
2 TL gehackter frischer Thymian
1 großes Lorbeerblatt
1 TL Salz
½ TL frisch gemahlener Pfeffer
3 Kartoffeln, geschält und in Würfel geschnitten

Den Frühstücksspeck in einem großen schweren Kochtopf oder einem flachen Bratentopf in etwa 8 Minuten knusprig braten. Zwiebeln, Paprika und Chillies hinzufügen und unter Rühren 10 Minuten bei mittlerer Hitze mitbraten.

Tomaten, passierte Tomaten, Schneckenfleisch, Thymian, Lorbeerblatt, Salz und Pfeffer hinzufügen und zum Kochen bringen. Die Hitze reduzieren und zugedeckt 30 Minuten köcheln lassen. Die Kartoffelstücke dazugeben und zugedeckt weitere 30 Minuten garen. (Falls die Suppe zu stark einkocht, etwas Wasser hinzufügen.) Vor dem Servieren das Lorbeerblatt herausnehmen.

Für 6 Personen

New Hampshire

Codfish Chowder
Suppentopf mit Kabeljau

Während der langen, harten Winter in Neuengland kamen Suppentöpfe mit Fisch fast täglich auf den Tisch. Häufig wurden sie mit Kabeljau zubereitet, der reichlich vorhanden war, doch fanden auch Schellfisch, Heilbutt und Plattfische Verwendung.

2 EL (30 g) Butter
1 Zwiebel, feingehackt
1 Knoblauchzehe, zerdrückt
⅓ grüne Paprikaschote, feingehackt
⅓ Stange Bleichsellerie, feingehackt
1 Karotte, geschält und in Scheiben oder Würfel geschnitten
2 Kartoffeln, geschält und in Würfel geschnitten
1 l Fischfond (siehe Glossar)
2 TL Weizenmehl
Gut ½ l Sahne
750 g Kabeljaufilet, in 3 cm große Stücke geschnitten
Salz und frisch gemahlener Pfeffer
Gehackte frische Petersilie

In einem großen schweren Topf 1 Eßlöffel Butter bei schwacher Hitze zerlassen, die Zwiebel hinzufügen und 1 Minute anbraten. Den Knoblauch dazugeben und 4 Minuten mitbraten. Paprika, Bleichsellerie, Karotte und Kartoffelstücke hinzufügen und gut umrühren. Den Fischfond dazugießen und zum Kochen bringen. Die Hitze reduzieren und zugedeckt etwa 20 Minuten köcheln lassen, bis das Gemüse weich ist.

Den verbliebenen Eßlöffel Butter mit dem Mehl zu einer glatten Paste verarbeiten und zusammen mit der Sahne unter die Suppe rühren. Zum Kochen bringen, die Temperatur herunterschalten und 2 Minuten erhitzen. Den Fisch hinzufügen und 4 Minuten in der Suppe garen. Mit Salz und Pfeffer abschmecken. Mit Petersilie bestreuen.

Für 6 Personen

Louisiana

Shrimp and Okra Gumbo
Gumbo mit Garnelen und Okras

Dieser »Gumbo« (Eintopf) dickt durch die Okras etwas ein.

60 ml Pflanzenöl
30 g Weizenmehl
5 EL (80 g) Butter
2 große Zwiebeln, gehackt
500 g frische Okras, grobgehackt
3 große Tomaten, abgezogen, entkernt und gehackt
2 große grüne Paprikaschoten, entkernt und gehackt
4 Knoblauchzehen, zerdrückt
1¼ kg Garnelen, aus der Schale gelöst, ohne Darm
1½ l Hühnerfond (siehe Glossar)
½ l Wasser
2 EL zerstoßene getrocknete rote Chili-Schoten
2 Lorbeerblätter
2 TL Worcestershire-Sauce
1 TL gemahlener Piment
1 TL gehackter frischer oder ¼ TL getrockneter Thymian
Salz und frisch gemahlener Pfeffer
Gekochter Reis (als Beilage)
Gemahlene getrocknete Sassafrasblätter (siehe Glossar)
Tabasco-Sauce

Das Öl in einen kleinen schweren Topf geben, das Mehl darin unter Rühren etwa 45 Minuten bei niedriger Temperatur rösten, bis die Einbrenne eine dunkle, rötlich-braune Farbe annimmt. Darauf achten, daß sie nicht anbrennt. Beiseite stellen.

In einem großen schweren Kochtopf oder einem flachen Bratentopf 3 Eßlöffel der Butter bei schwacher Temperatur erhitzen. Die Zwiebeln hinzufügen und 5 Minuten braten. Okras und Tomaten dazugeben und alles 30 Minuten im offenen Topf garen.

Die verbliebenen 2 Eßlöffel Butter in einer großen schweren Pfanne bei schwacher Hitze zerlassen. Paprika und Knoblauch dazugeben, 8 Minuten braten, die Garnelen hinzufügen, 3 Minuten mitgaren. Das Ganze zusammen mit Hühnerfond, Wasser, zerstoßenen Chillies, Lorbeerblättern, Worcestershire-Sauce, Piment, Thymian und der Einbrenne in den Topf zu den Tomaten und Okras geben. Zum Kochen bringen, die Hitze reduzieren, halb zugedeckt 1½ Stunden köcheln lassen. Die Lorbeerblätter entfernen. Mit Salz und Pfeffer abschmecken. Mit frisch gekochtem Reis servieren; zum Würzen bei Tisch gemahlene getrocknete Sassafrasblätter und Tabasco-Sauce reichen.

Für 8 Personen

Rechte Seite: *Gumbo mit Garnelen und Okras*

Täubchen-Suppe

Virginia

Pigeon Soup
Täubchen-Suppe

Einst waren die inzwischen ausgestorbenen Wandertauben so zahlreich (und so unvorsichtig), daß die ersten Siedler sie einfach an ihren Schlafplätzen im Wald mit Knüppeln erlegten. Junge Wildtauben, Stubenküken oder Wachteln sind ein guter Ersatz.

2 EL (30 g) Butter
2 Täubchen (oder 2 Stubenküken oder 4 Wachteln), am Rückgrat entlang aufgeschnitten, auseinandergeklappt und flachgedrückt
2 große Pastinaken, gehackt; 2 große Karotten, gehackt
2 Stangen Porree, geputzt, gründlich gewaschen und gehackt
2 Stangen Bleichsellerie mit Blättern, gehackt
1 Prise getrockneter Thymian
1½ l Hühnerfond (siehe Glossar)
½ l Sahne
30 g frische Weißbrotkrumen
30 g Spinat, in feine Streifen geschnitten, gewaschen
1 EL gehackte frische Petersilie
1 Messerspitze frisch geriebene Muskatnuß
Salz und frisch gemahlener Pfeffer

Die Butter in einem großen schweren Topf bei mittlerer Hitze zerlassen. Wenn sie aufschäumt, die vorbereiteten Täubchen mit der Hautseite nach unten hineinlegen und leicht anbraten. Die Hitze reduzieren. Pastinaken, Karotten, Porree und Bleichsellerie auf dem Geflügel verteilen und mit Thymian bestreuen. Zugedeckt bei niedriger Temperatur 1 Stunde garen.

Den Hühnerfond dazugießen und zum Kochen bringen; bei schwacher Hitze zugedeckt 30 Minuten köcheln lassen.

Die Tauben aus der Brühe nehmen und beiseite stellen. Die Brühe durch ein Sieb in einen zweiten Topf gießen und die Flüssigkeit aus dem Gemüse herausdrücken.

Weißbrotkrumen und Sahne glattrühren und zu der Brühe geben. Zum Kochen bringen, die Hitze reduzieren und 5 Minuten ohne Deckel köcheln lassen. Spinat und Petersilie dazugeben und weitere 5 Minuten köcheln lassen.

Inzwischen das Taubenfleisch von den Knochen lösen und in mundgerechte Stücke schneiden. Mit Muskat, Salz und Pfeffer würzen und noch 5 Minuten in der Suppe erhitzen.

Für 6 Personen

New York

Corn Chowder
Suppentopf mit Mais

Nach einer Irokesen-Legende sproß einst der Mais unter den Schritten eines gütigen Geistes, der ihr Land durchwanderte.

6 Maiskolben
6 Scheiben Frühstücksspeck
1 kleine Gemüsezwiebel, feingehackt
1 kleine grüne Paprikaschote, entkernt und feingehackt
1 scharfe rote Chili-Schote, entkernt und ohne Rippen, feingehackt
1 kleine Stange Bleichsellerie, feingehackt
3 Tomaten, abgezogen, entkernt und feingehackt
1 TL Salz
1 TL Zucker
⅛ TL gemahlener Piment
1 kleines Lorbeerblatt
2 Kartoffeln, geschält und in Würfel geschnitten
¾ l Sahne (oder Sahne und Milch zu gleichen Teilen), mit Raumtemperatur
Frisch gemahlener Pfeffer
Gehackte frische Petersilie

Die Maiskörner mit einem scharfen Messer so von den Kolben herunterschneiden, daß sie halbiert werden. Dann mit dem Rükken des Messers kräftig über die Maiskolben schaben, um das Korninnere und den milchartigen Saft herauszulösen. Die Mischung - sie sieht wie Rührei aus - beiseite stellen.

Den Speck in einem großen schweren Kochtopf oder einem flachen Bratentopf knusprig braten. Auf Küchenkrepp abtropfen lassen, in kleine Stücke brechen, beiseite stellen.

Das ausgebratene Fett bis auf 3 Eßlöffel weggießen. Die Zwiebel in den Topf geben und bei mittlerer Hitze 4–5 Minuten goldgelb braten. Paprika, Chili-Schote und Bleichsellerie hinzufügen und 2 Minuten mitgaren. Die Tomaten dazugeben und den Bratensatz lösen. Salz, Zucker, Piment, Lorbeerblatt, Kartoffelstücke und Mais hinzufügen. Bei mittlerer Temperatur garen, bis die Mischung brutzelt. Auf schwache Hitze reduzieren und zugedeckt 30 Minuten weitergaren; gelegentlich umrühren.

Die Sahne hineinrühren und bis zum Kochen erhitzen. Von der Kochstelle nehmen und die Suppe mit Pfeffer abschmecken. Zuletzt mit Speck und Petersilie bestreuen.

Für 4–6 Personen

Suppentopf mit Mais

Sauerampfer-Suppe (oben) *und Kartoffelsuppe mit Rote-Rüben-Blättern* (unten)

Michigan

SORREL SOUP
Sauerampfer-Suppe

Dies ist ein polnisches Suppenrezept aus Michigan, wo viele Amerikaner polnischer Abstammung leben.

500 g Sauerampfer, gründlich gewaschen und trockengetupft
130 g Bauch- oder Frühstücksspeck, feingehackt
1 große Zwiebel, feingehackt
2 EL Weizenmehl
2 Kartoffeln, geschält und in Würfel geschnitten
½ l Hühnerfond (siehe Glossar)
¼ l Wasser
250 g saure Sahne (mit Raumtemperatur)
Salz und frisch gemahlener Pfeffer
Gehackte frische Petersilie

Den Sauerampfer putzen und die Stiele wegwerfen. Die Blätter hacken und beiseite stellen.

Den Speck in einem Topf bei mittlerer Hitze in etwa 10 Minuten goldgelb und knusprig braten. Die Zwiebel hinzufügen und etwa 5 Minuten anbräunen lassen.

Die Hitze reduzieren, das Mehl hinzufügen und unter Rühren 2 Minuten anrösten. Kartoffelstücke, Fond, Wasser und Sauerampfer dazugeben. Zum Kochen bringen, die Temperatur herunterschalten und etwa 12 Minuten im offenen Topf garen, bis die Kartoffeln weich sind.

Vom Feuer nehmen und langsam die saure Sahne daruntermischen. Bei niedriger Temperatur zurück auf die Kochstelle setzen und die Suppe erhitzen, aber nicht zum Kochen kommen lassen. Mit Salz und Pfeffer abschmecken und mit Petersilie bestreuen.

Für 4–6 Personen

Colorado

BEET TOP SOUP
Kartoffelsuppe mit Rote-Rüben-Blättern

Bevor man erkannte, daß auch die Wurzeln eßbar sind, wurden in Europa die Blätter der roten Rüben verzehrt. Große, ältere Blätter müssen blanchiert werden, da sie sonst bitter sind.

Blätter von 8 Rüben
750 g Kartoffeln, geschält und in Würfel geschnitten
⅜ l Hühnerfond (siehe Glossar)
¼ l Sahne (oder Sahne und Milch zu gleichen Teilen), mit Raumtemperatur
2 EL (30 g) weiche Butter
1 EL Maisstärke
⅛ TL gemahlener Piment
1 Spritzer Tabasco-Sauce
Salz und frisch gemahlener Pfeffer

Die Blätter der roten Rüben waschen und die Stiele sowie die harten Blattadern entfernen. (Wenn sie nicht jung und zart sind, die Blätter 5 Minuten in kochendem Wasser blanchieren, unter fließendem kaltem Wasser abschrecken und abtropfen lassen.) Grobhacken.

Blätter, Kartoffeln und Hühnerfond in einem Topf zum Kochen bringen. Die Hitze reduzieren und zugedeckt etwa 12 Minuten köcheln lassen, bis die Kartoffeln weich sind. Die Sahne darunterrühren und die Suppe noch 5 Minuten im offenen Topf köcheln lassen.

Butter und Maisstärke zu einer glatten Paste verarbeiten. Die Suppe damit binden und 4–5 Minuten erhitzen, bis sie leicht eingedickt ist. Mit Piment, Tabasco, Salz und Pfeffer würzen.

Für 4 Personen

New York

Chicken Soup with Matzo Balls
Hühnerbrühe mit Matze-Klößchen

In der jüdischen Küche dienen Matze-Klößchen als Suppeneinlage. Da die orthodoxen Vorschriften keine Lockerungsmittel in Matze-Klößchen erlauben, wird hier Mineralwasser verwendet.

1 Huhn (1,8–2 kg)
80 ml Wasser
Matze-Klößchen (Rezept unten)
1½ l Hühnerfond (siehe Glossar)
1 ganze Zwiebel, ungeschält
1 Knoblauchzehe
1 Karotte, grobgehackt
1 Stange Bleichsellerie mit Blättern, in Stücke geschnitten
1 weiße Rübe, gehackt
1 Pastinake, gehackt
4 Nelken
1 Lorbeerblatt
3 Stengel Petersilie
½ TL frisch gemahlener Pfeffer
1 TL Rotweinessig
Gehackter frischer Dill

Mit einer scharfen Schere die Fettpolster und Hautlappen an Hals und Bürzel sowie die Flügelspitzen des Huhns wegschneiden. Die Haut vom Hals abziehen und das Fett abschaben. (Ergibt etwa 150 g Hühnerfett.) Das Huhn zugedeckt in den Kühlschrank stellen.

Hühnerfett, Haut und Flügelspitzen mit dem Wasser in einen kleinen Topf geben. Bei niedriger Temperatur etwa 30 Minuten köcheln lassen, bis das Wasser verdampft und das Fett zu brutzeln beginnt. Für die Matze-Klößchen 3 Eßlöffel Fett abnehmen und 30 Minuten in den Kühlschrank stellen. Anschließend die Matze-Klößchen zubereiten.

Für die Suppe Huhn, Fond, Zwiebel, Knoblauch, Karotte, Bleichsellerie, weiße Rübe, Pastinake, Nelken, Lorbeerblatt, Petersilie und Pfeffer in einen großen Kochtopf oder Bratentopf geben und mit soviel Wasser auffüllen, daß das Huhn bedeckt ist. Zum Kochen bringen, die Hitze reduzieren und etwa 1 Stunde köcheln lassen, bis das Hühnerfleisch sehr weich ist; zwischendurch den Schaum abschöpfen.

Das Huhn aus der Brühe nehmen. Das Fleisch ablösen und für einen anderen Zweck aufbewahren. Die Knochen zurück in den Topf geben, den Essig hinzufügen und noch 15 Minuten köcheln lassen. Die Brühe abkühlen lassen und durch ein Sieb in einen zweiten Topf gießen.

Die Brühe zum Kochen bringen. Die Hitze reduzieren, die Matze-Klößchen hineingeben und 10 Minuten köcheln lassen. Den Dill darüberstreuen. Hühnerbrühe und Matze-Klößchen in Portionsschalen servieren.

Für 8–10 Personen

MATZE-KLÖSSCHEN

3 Eier
6 EL (80 ml) kaltes Mineralwasser
3 EL kaltes Hühnerfett (siehe oben)
½ TL Salz
1 Messerspitze frisch gemahlener weißer Pfeffer
Etwa 90 g Matzenmehl
3 l Wasser

Die Eier in einer Schüssel leicht verschlagen. Mineralwasser, Hühnerfett, Salz und Pfeffer darunterrühren. Langsam 30 g Matzenmehl daruntermischen; eßlöffelweise weiteres Mehl dazugeben, bis die Mischung die Konsistenz von weichem Kartoffelpüree hat. 5 Stunden zugedeckt in den Kühlschrank stellen.

Das Wasser zum Kochen bringen. Mit angefeuchteten Händen etwa 4 cm große Klößchen formen, ins kochende Wasser gleiten lassen und auf mittlere Temperatur herunterschalten. Die Klößchen 25 Minuten köcheln lassen, mit dem Schaumlöffel herausheben und abkühlen lassen. Bis zur Verwendung in den Kühlschrank stellen. 30 Minuten vor dem Erhitzen der Suppe aus dem Kühlschrank nehmen.

Ergibt 8–10 Matze-Klößchen

Arkansas

Chicken Fricassee with Cornmeal Dumplings
Hühnerfrikassee mit Maismehl-Klößchen

Zu diesem Frikassee gehören Maismehl-Klößchen, die in den Ozark Mountains Tradition haben.

3 EL Pflanzenöl
1 Huhn (1,8–2 kg), in Portionsstücke zerlegt
1 Zwiebel, gehackt
6 Frühlingszwiebeln, gehackt
1 Knoblauchzehe, gehackt
1 Karotte, gehackt
1 Lorbeerblatt
½ l Hühnerfond (siehe Glossar)
½ l Wasser
3 EL (50 g) sowie 2 TL Butter
130 g kleine Champignons, die Köpfe ganz belassen, die Stiele in Scheiben geschnitten
3 EL Weizenmehl
¼ TL gemahlene Muskatblüte (Macis)
80 ml Sahne
1 Spritzer Tabasco-Sauce
Salz und frisch gemahlener Pfeffer

MAISMEHL-KLÖSSCHEN

160 g gelbes Maismehl
90 g Weizenmehl
1½ TL Backpulver
¾ TL Salz
1 kleines Ei, leicht verschlagen
⅛ l Milch

Das Öl in einem großen schweren Kochtopf bei mittlerer Temperatur erhitzen. Die Geflügelteile mit Küchenkrepp trockentupfen und in zwei Portionen jeweils etwa 15 Minuten im heißen Öl goldbraun braten. Auf einen Teller geben.

Das Fett weggießen. Zwiebel, Frühlingszwiebel, Knoblauch, Karotte, Lorbeerblatt, Hühnerfond und Wasser in den Topf geben und den Bratensatz lösen. Die Geflügelteile hinzufügen; zum Kochen bringen. Die Temperatur herunterschalten und zugedeckt 30 Minuten köcheln lassen, bis das Hühnerfleisch gar ist.

Inzwischen 2 Teelöffel Butter in einer schweren Bratpfanne bei mittlerer Temperatur erhitzen. Die Pilze darin unter Rühren goldgelb sautieren. Die Pfanne von der Kochstelle nehmen.

Für die Klößchen Mais- und Weizenmehl, Backpulver und Salz vermischen. Ei und Milch darunterarbeiten, so daß ein weicher Teig entsteht. Zugedeckt beiseite stellen.

Die Hühnerteile in einer ofenfesten Form bei niedriger Temperatur Ofen warm halten. Die Hühnerbrühe bei starker Hitze um ein Drittel einkochen lassen. Durch ein Sieb geben.

Den Topf auswischen und die verbliebenen 3 Eßlöffel Butter bei schwacher Temperatur erhitzen. Wenn sie aufschäumt, das Mehl hinzufügen und unter Rühren 2 Minuten anrösten. Mit einem Schneebesen 630 ml Hühnerbrühe daruntermischen und zum Kochen bringen. Die Hitze reduzieren und die Flüssigkeit in etwa 4 Minuten dicklich einkochen lassen. Die Sahne darunterrühren, mit Macis, Tabasco, Salz und Pfeffer würzen. Hühnerfleisch und Champignons hinzufügen. Mit einem Eßlöffel Klößchen vom Maismehlteig abstechen, in den Topf geben. Zugedeckt 15 Minuten köcheln lassen, bis die Klößchen fest sind.

Für 4 Personen

Rechte Seite: *Hühnerfrikassee mit Maismehl-Klößchen* (oben rechts), *Hühnersuppe mit Nocken und Mais* (rechts, Rezept S. 46) *und Hühnerbrühe mit Matze-Klößchen* (links)

NEW YORK WORLD'S FAIR
WORLD OF TOMORROW
1939

Indiana

RIVEL SOUP WITH CORN
Hühnersuppe mit Nocken und Mais

Die Nocken für dieses Mennoniten-Rezept sollen sehr klein sein.

90 g Weizenmehl
¼ TL Salz
1 Ei, leicht verschlagen
2 l Hühnerfond (siehe Glossar)
250 g Maiskörner (von 4 großen Kolben)
Frisch gemahlener Pfeffer
1 EL gehackter frischer Schnittlauch

Für die Nocken Mehl und Salz in einer Schüssel vermischen. Das Ei dazugeben und behutsam mit den Fingerspitzen daruntermischen, bis ein krümeliger Teig entsteht. Wenn nötig noch etwas mehr Mehl hinzufügen. Nicht zu lange durcharbeiten.

Den Hühnerfond in einem großen Topf zum Kochen bringen. Die Hitze reduzieren, Maiskörner und Nocken dazugeben und 5 Minuten im offenen Topf köcheln lassen. Die Suppe mit Salz und Pfeffer abschmecken und mit Schnittlauch bestreuen.

Für 6 Personen *Abbildung S. 45*

Pennsylvania

CHICKEN »POT PIE«
Hühnersuppe nach Art der Pennsylvania-Deutschen

In dieser Suppe werden Hühnerfleisch, Gemüse und Nudelteig übereinandergeschichtet.

1 Huhn (1,75–2 kg)
2 ganze Zwiebeln, geschält
1 Knoblauchzehe
1 Stengel Thymian oder eine Prise getrockneter Thymian
3 Stengel Petersilie
1 Lorbeerblatt
½ TL frisch gemahlener Pfeffer
1 l Hühnerfond (siehe Glossar)
1 große Zwiebel, geschält und gehackt
2 große Stangen Bleichsellerie, gehackt
3 Karotten, in Würfel geschnitten
1 große weiße Rübe, in Würfel geschnitten
1 große Pastinake, in Würfel geschnitten
Ausgerollter Nudelteig (Rezept S. 157)
3 EL gehackte frische Petersilie

Das Huhn in einen großen schweren Kochtopf oder einen flachen Bratentopf legen. Ganze Zwiebeln, Knoblauch, Thymian, Petersilie, Lorbeerblatt, Pfeffer und Hühnerfond dazugeben und mit soviel Wasser auffüllen, daß das Huhn bedeckt ist. Zum Kochen bringen, die Hitze reduzieren und etwa 1 Stunde halb zugedeckt köcheln lassen, bis das Huhn gar ist. Zwischendurch abschäumen.

Das Huhn aus dem Topf nehmen, abkühlen lassen. Die Brühe durch ein Sieb geben, warm stellen. Das Hühnerfleisch von den Knochen lösen, in mundgerechte Stücke schneiden.

Jeweils ein Drittel des Gemüses und des Hühnerfleisches in einen schweren 5-l-Topf geben. Vorsichtig umrühren und mit einer Schicht Nudelteig abdecken. Gemüse, Hühnerfleisch und Nudelteig in zwei weiteren Lagen hineinschichten. Mit soviel warmer Hühnerbrühe aufgießen, daß alles mit Flüssigkeit bedeckt ist; den Topf dabei leicht kippen, damit sich die Brühe verteilt. Langsam zum Kochen bringen, die Hitze reduzieren und die Suppe zugedeckt 1 Stunde köcheln lassen. Bei Bedarf weitere Hühnerbrühe dazugießen. In Suppenschalen geben und mit Petersilie bestreuen.

Für 4–6 Personen

Pennsylvania

PHILADELPHIA PEPPERPOT
Philadelphia-Pfeffertopf

Es heißt, diese Suppe sei von einem Koch aus Philadelphia kreiert worden, als George Washington und seine Truppen in Valley Forge eingeschlossen waren. Dadurch erlangte sie eine solche Berühmtheit, daß sie überall auf den Straßen Philadelphias von schwarzen Frauen verkauft und lauthals angepriesen wurde.

380 – 500 g Kutteln, gründlich gewaschen
500 g Kalbsknochen oder Kalbshachse
1 l Hühnerfond (siehe Glossar); ½ l sowie 3 EL Wasser
2 Zwiebeln, feingehackt
1 Knoblauchzehe, zerdrückt
1 große Stange Bleichsellerie, gehackt
1 große Karotte, gehackt
1 kleine grüne oder rote Paprikaschote, entkernt und gehackt
¼ TL getrockneter Thymian
1 Lorbeerblatt
1 TL frisch gemahlener Pfeffer
6 EL gehackte frische Petersilie
1 EL Maisstärke
2 Kartoffeln, geschält und in Würfel geschnitten
⅛ l Sahne (nach Belieben)
Salz und frisch gemahlener Pfeffer

Die Kutteln in einem großen Topf mit kaltem Wasser bedecken. Zum Kochen bringen, die Hitze reduzieren und 15 Minuten köcheln lassen. Abgießen und zum Abkühlen beiseite stellen. Die Kutteln in dünne Streifen von etwa 3 cm Länge schneiden.

Kalbsknochen, Hühnerfond und ½ l Wasser in einen großen schweren Kochtopf oder einen flachen Bratentopf geben. Zum Kochen bringen und abschäumen. Zwiebeln, Knoblauch, Bleichsellerie, Karotten, Paprika, Thymian, Lorbeerblattt, 1 Teelöffel

Philadelphia-Pfeffertopf (links) *und Hühnersuppe nach Art der Pennsylvania-Deutschen*

Pfeffer, 4 Eßlöffel Petersilie sowie die Kutteln hinzufügen. Die Temperatur herunterschalten und zugedeckt 1 Stunde köcheln lassen.

In einer kleinen Schüssel die Maisstärke mit 3 Eßlöffeln Wasser verrühren und unter die Suppe mischen. Die Kartoffelstücke und gegebenenfalls die Sahne hinzufügen und alles etwa 20 Minuten im offenen Topf garen, bis die Kartoffeln weich sind.

Das Lorbeerblatt entfernen und die Kalbsknochen herausnehmen. Das Fleisch von den Knochen lösen und zurück in den Topf geben. Mit Salz und Pfeffer abschmecken und mit der verbliebenen Petersilie bestreuen.

Für 6 Personen

New York

VICHYSSOISE
Vichyssoise

Amerikas beliebteste Sommersuppe wurde um 1917 im »Ritz-Carlton Hotel« vom Küchenchef Louis Diat kreiert, der aus der französischen Stadt Vichy stammte. Diese Version basiert auf dem Originalrezept aus Diats Kochbuch »Cooking à la Ritz« (1941).

60 g Butter
3 Stangen Porree ohne Grün, gründlich gewaschen und in Scheiben geschnitten
1 Zwiebel, gehackt
Gut 1 kg Kartoffeln, geschält und in Scheiben geschnitten
1 l Hühnerfond (siehe Glossar)
½ l Milch
½ l Sahne (oder Sahne und Milch zu gleichen Teilen)
1½ Tassen *crème double*
Salz und frisch gemahlener weißer Pfeffer
Gehackter frischer Schnittlauch

Vichyssoise (oben) *und Kalte Avocado-Suppe* (unten)

Die Butter in einem großen schweren Topf bei schwacher Hitze zerlassen. Porree und Zwiebel hinzufügen und in etwa 8 Minuten leicht anbräunen. Kartoffeln und Fond dazugeben und 30 Minuten kochen lassen. Etwas abkühlen lassen.

Die Porree-Kartoffel-Mischung portionsweise im Mixer pürieren und zurück in den Topf geben. Milch und Sahne hinzufügen und die Suppe zum Kochen bringen. Vom Feuer nehmen und auf Raumtemperatur abkühlen lassen.

Die Suppe durch ein Sieb in eine Servierschüssel gießen und die *crème double* daruntterrühen. Mit Salz und Pfeffer abschmecken. Gut gekühlt mit Schnittlauch bestreut servieren.

Für 6–8 Personen

California

CHILLED AVOCADO SOUP
Kalte Avocado-Suppe

Die Azteken kannten Avocados schon lange, bevor die spanischen Siedler sie für sich entdeckten und mit in den Südwesten Amerikas brachten. In Kalifornien fanden sie rasch Verbreitung, und 1833 wurden sie auch in Florida eingeführt. Für das folgende Rezept sollte man die dunkelschalige Sorte verwenden. Die Suppe darf nicht eiskalt serviert werden, da die feinen Aromen sonst nicht zur Geltung kommen.

¾ l Hühnerfond (siehe Glossar)
3 reife Avocados (dunkelschalige Sorte)
1 EL Zitronensaft
½ l Sahne
1 Spritzer Tabasco-Sauce
Salz und frisch gemahlener weißer Pfeffer
1 TL gehackter frischer Kerbel

½ l Fond in den Mixer geben. Die Avocados schälen und das Fruchtfleisch vom Kern lösen. Sofort zum Fond geben, da sich das Fruchtfleisch rasch verfärbt. Den Zitronensaft hinzufügen und alles pürieren. Das Avocadopüree in eine Schüssel geben und den verbliebenen Fond sowie die Sahne darunterrühren. Kalt stellen. Vor dem Servieren mit Tabasco, Salz und weißem Pfeffer abschmecken und mit Kerbel bestreuen.

Für 4–6 Personen

North Carolina

FISH MUDDLE
Gemüseeintopf mit Muscheln und Fisch

»Muddle« bedeutet eigentlich Eintopf, doch hier schmeckt er eher wie ein »Chowder«. Allerdings wird er in Carolina nie mit Milch zubereitet. Obwohl das Gericht Kartoffeln enthält, serviert man hier manchmal auch Reis dazu.

50 g Bauch- oder Frühstücksspeck, in Würfel geschnitten
6 kleine Frühlingszwiebeln, gehackt
½ grüne Paprikaschote, feingehackt
1 Karotte, gehackt
2 kleine Kartoffeln, geschält und in Würfel geschnitten
Etwa ½ l Fischfond (siehe Glossar)
250 g Fleisch von atlantischen Tiefwasser-Scallops (siehe Glossar), halbiert, oder von anderen Kammuscheln
250 g weißfleischiges Fischfilet (Schellfisch, Kabeljau, Wittling), in Größe des Muschelfleisches geschnitten
⅛ TL frisch geriebene Muskatnuß
1 - 2 Spritzer Tabasco-Sauce
Salz und frisch gemahlener Pfeffer
1 EL gehackte frische Petersilie
Zitronenachtel

Einen großen schweren Topf mit Öl ausreiben und den Speck darin bei schwacher Hitze 1 Minute anbraten. Die Temperatur etwas erhöhen und in etwa 4 Minuten unter gelegentlichem Rühren goldgelb braten. Frühlingszwiebeln, Paprika, Karotte und ein Drittel der Kartoffelwürfel dazugeben und bei schwacher Hitze 15 Minuten zugedeckt garen; gelegentlich umrühren. Die Kartoffelstücke leicht zerdrücken.

Die verbliebenen Kartoffelwürfel und den restlichen Fischfond zum Gemüse geben. Zum Kochen bringen, die Hitze reduzieren und zugedeckt 12 Minuten garen.

Muschelfleisch und Fischstücke in den Topf geben und mit Muskatnuß würzen. Die Suppe noch etwa 4 Minuten köcheln lassen, bis der Fisch gar ist. Wenn nötig mit etwas zusätzlichem Fond verdünnen. Mit Tabasco, Salz und Pfeffer abschmecken. Die Petersilie darüberstreuen und mit Zitrone servieren.

Für 4 - 6 Personen

DILLINGHAM & COMPANY ANTIQUES

Louisiana

CHICKEN AND OYSTER GUMBO
Gumbo mit Huhn und Austern

Das Wort »Gumbo« stammt von »Gombo«, der afrikanischen Bezeichnung für Okraschoten. Heute nennt man unterschiedliche Eintopfgerichte »Gumbos«, auch wenn sie keine Okras enthalten. In unserem Rezept wird Huhn mit Austern kombiniert, eine traditionelle Zusammenstellung. Nach Art der Choktaw-Indianer gibt man gemahlene getrocknete Sassafrasblätter an den Eintopf, um ihn anzudicken (siehe Glossar) - sie dürfen aber keinesfalls mitkochen. Das wichtigste für ein gelungenes »Gumbo« ist die dunkle Einbrenne.

1,5 kg Hühnerteile
½ TL Salz
¾ TL frisch gemahlener Pfeffer
3 EL (50 g) Butter
1 EL Pflanzenöl
3 EL Weizenmehl
2 große Zwiebeln, gehackt
2 Stangen Bleichsellerie, gehackt
1 grüne Paprikaschote, entkernt und gehackt
3 Knoblauchzehen, zerdrückt
¾ l Hühnerfond (siehe Glossar)
¼ l Wasser
1 EL Worcestershire-Sauce
1 EL zerstoßene getrocknete rote Chili-Schoten
1 Lorbeerblatt
1 TL gehackter frischer Thymian
¼ TL gemahlener Piment
⅛ TL gemahlene Nelken
18 aus der Schale genommene Austern
4 EL gehackte frische Petersilie
Lauch von 4 Frühlingszwiebeln, feingehackt
Gekochter Reis (als Beilage)
Gemahlene getrocknete Sassafrasblätter (siehe Glossar)
Tabasco-Sauce

Die Hühnerteile mit Salz und ¼ Teelöffel Pfeffer würzen. Butter und Öl in einem großen schweren Kochtopf oder einem flachen Bratentopf bei mittlerer Temperatur erhitzen. Die Hühnerteile darin in etwa 20 Minuten rundum kräftig anbräunen. Aus dem Topf nehmen und beiseite stellen.

Das Mehl in das heiße Fett rühren und die Hitze reduzieren. Unter Rühren etwa 45 Minuten rösten, bis die Einbrenne eine dunkle rötlich-braune Farbe annimmt. Darauf achten, daß sie nicht ansetzt.

Zwiebeln, Bleichsellerie, Paprika und Knoblauch zur Einbrenne geben und unter Rühren 5 Minuten garen. Hühnerfond, Wasser, Worcestershire-Sauce, zerstoßene Chillies, Lorbeerblatt, Thymian, Piment, Nelken und den verbliebenen ½ Teelöffel Pfeffer hinzufügen. Zum Kochen bringen, die Hitze reduzieren und im offenen Topf 30 Minuten köcheln lassen. Das Hühnerfleisch

Gemüseeintopf mit Muscheln und Fisch (links) *und Gumbo mit Huhn und Austern* (rechts)

dazugeben und noch 1 Stunde unbedeckt köcheln lassen; wenn nötig abschäumen. Das Lorbeerblatt entfernen.

Austern, Petersilie und Frühlingszwiebeln zum Gumbo geben und noch 5 Minuten erhitzen. Mit frisch gekochtem Reis servieren; gemahlene getrocknete Sassafrasblätter und Tabasco dazu reichen.

Für 6 - 8 Personen

Wisconsin

Old-Time Beef Stew
Rinderschmorfleisch nach traditioneller Art

Die Vorfahren vieler deutschstämmiger Amerikaner ließen sich zuerst in Wisconsin nieder, das später für sein Bier berühmt wurde. Das folgende Schmorgericht wird schon am Vortag zubereitet und mit in Butter geschwenkten und mit Mohn bestreuten Nudeln serviert.

1,5 kg Rindfleisch zum Schmoren, in 3 cm große Würfel geschnitten
Salz und frisch gemahlener Pfeffer
3 EL (50 g) Butter; 1 EL Pflanzenöl
1 große Zwiebel, gehackt
1 große Knoblauchzehe, zerdrückt
2 EL Weizenmehl
¼ l Rinderfond (siehe Glossar)
⅜ l dunkles Bier
1½ EL brauner Zucker
60 ml Rotweinessig
¼ TL gehackter frischer oder eine Prise getrockneter Thymian
1 EL gehackte frische Petersilie (nach Belieben)

Den Backofen auf 180 °C (Gasherd Stufe 2 - 3) vorheizen. Das Rindfleisch trockentupfen; kräftig mit Salz und Pfeffer würzen.

2 Eßlöffel Butter mit dem Öl in einem großen schweren Kochtopf bei mittlerer Temperatur erhitzen. Jeweils einige Fleischstücke kräftig anbraten und auf einen Teller geben.

Den verbliebenen Eßlöffel Butter in den Topf geben und die Hitze reduzieren. Die Zwiebel 1 Minute darin anbraten. Den Knoblauch dazugeben und 4 Minuten mitbraten. Das Mehl darüberstäuben, unter Rühren 2 Minuten anrösten. Den Fond mit dem Schneebesen hineinrühren und den Bratensatz lösen. Bier, Zucker, Essig, Thymian und angebratenes Rindfleisch hinzufügen; zum Kochen bringen.

Zugedeckt 1½ Stunden im Ofen schmoren. Abkühlen lassen.

Das Schmorfleisch nochmals zugedeckt auf dem Herd erhitzen und zuletzt mit Petersilie bestreuen.

Für 6 Personen *Abbildung S. 50*

Nevada

Baked Lamb Stew
Lammragout

Die Basken, von denen dieses Rezept stammt, werden als erfahrene Hirten seit jeher von amerikanischen Schafzuchtbetrieben angeworben; fast alle Amerikaner baskischer Herkunft leben deshalb im Westen der Vereinigten Staaten.

2 kg Lammfleisch (aus der Keule), in 4 cm große Würfel geschnitten
Salz und frisch gemahlener Pfeffer
Etwa 60 g Weizenmehl
60 ml Pflanzenöl
2 große Zwiebeln, gehackt; 2 große Knoblauchzehen, zerdrückt
1 Prise Safran
⅛ l trockener Weißwein
5 große Tomaten, abgezogen, entkernt und gehackt
¼ l Hühnerfond (siehe Glossar)
1 EL Zucker
1 EL Butter
1 EL in sehr feine Streifen geschnittene Orangenschale
60 ml Cognac, vorgewärmt
130 g enthülste Erbsen
Gehackte frische Petersilie (nach Belieben)

Den Backofen auf 180 °C (Gasherd Stufe 2 - 3) vorheizen. Das Lammfleisch trockentupfen, mit Salz und Pfeffer würzen und etwa 30 g Mehl darüberstäuben. Überschüssiges Mehl abschütteln. Das Öl in einem großen schweren Kochtopf oder einem flachen Bratentopf erhitzen. Jeweils einige Fleischstücke darin kräftig braun anbraten. Auf einem Teller beiseite stellen.

Das Fett bis auf 2 Eßlöffel weggießen. Zwiebeln und Knoblauch in etwa 5 Minuten darin goldgelb braten, dabei den Bratensatz lösen. Mit 30 g Mehl bestäuben, unter Rühren 2 Minuten anrösten. Safran, Wein, Tomaten, Fond, Zucker und Lammfleisch dazugeben und zum Kochen bringen. Zugedeckt etwa 1 Stunde in den Backofen geben, bis das Fleisch weich ist.

Die Butter in einem kleinen Topf zerlassen. Die Orangenschale hinzufügen und darin wenden. Den Cognac dazugießen und anzünden. Wenn die Flammen verlöschen, das Ganze zum Fleisch in den Topf geben. Das Ragout weitere 20 Minuten im Backofen schmoren (falls es zu dünnflüssig erscheint, den Dekkel dabei abnehmen.) Die Erbsen hinzufügen und 5 Minuten mitgaren. Mit Petersilie bestreuen.

Für 6 - 8 Personen *Abbildung S. 50*

Rinderschmorfleisch nach traditioneller Art (oben links, Rezept S. 49), *Lammragout* (rechts, Rezept S. 49) *und Eintopfgericht nach Brunswick-Art* (unten links)

Virginia

Brunswick Stew
Eintopfgericht nach Brunswick-Art

Einige schreiben die Erfindung dieses Gerichts den Indianern zu, die den frühen Siedlern in Jamestown überleben halfen. Einer anderen Theorie zufolge wurde es zuerst von einem schwarzen Sklaven in Brunswick County, Virginia, zubereitet: mit Eichhörnchenfleisch. Das wird heute durch Huhn oder Kaninchen ersetzt. In Kentucky, in manchen Teilen Georgias, in Alabama und Louisiana fügt man zusätzlich noch Okras hinzu.

1 Huhn (1,8 - 2 kg), in Stücke zerlegt
1 große Zwiebel, halbiert und in Scheiben geschnitten
1 l kräftiger Hühnerfond (siehe Glossar)
2 große Tomaten, abgezogen, entkernt und gehackt
1 TL Zucker
2 Kartoffeln, geschält und in Würfel geschnitten
130 g gekochte Lima-Bohnen
130 g frische Maiskörner (von 2 großen Kolben)
¼ TL Cayenne-Pfeffer
Salz und frisch gemahlener Pfeffer
Gehackte frische Petersilie (nach Belieben)

Hühnerteile und Zwiebel in einem großen schweren Kochtopf oder einem flachen Bratentopf mit Hühnerfond bedecken und zum Kochen bringen. Die Hitze reduzieren und das Geflügel zugedeckt in etwa 30 Minuten weich garen. Herausnehmen und beiseite stellen. Die Brühe auf ½ l einkochen.

Tomaten und Zucker zur Brühe geben und zugedeckt 20 Minuten köcheln lassen. Inzwischen das Hühnerfleisch von den Knochen lösen und beiseite stellen.

Kartoffeln, Bohnen, Mais und Cayenne-Pfeffer in den Topf geben und 10 Minuten zugedeckt garen. Den Deckel abnehmen und die Flüssigkeit unter Rühren etwa 10 Minuten dicklich einkochen lassen. Das Hühnerfleisch hinzufügen und erhitzen. Mit Salz und Pfeffer abschmecken und mit Petersilie bestreuen.

Für 6 Personen

Georgia

Veal Stew with Mushrooms and Peas
Kalbsragout mit Pilzen und Erbsen

Außer im Süden und im Mittelwesten war Kalbfleisch in Amerika nie sehr begehrt - vermutlich, weil es zu teuer ist. Zwischen 1930 und 1940 dagegen war es billig; damals war der Verbrauch fast zehnmal so hoch wie heute. Das folgende Rezept stammt aus Savannah, einer der schönsten Städte Amerikas.

5 EL (80 g) Butter
1,5 kg Kalbfleisch zum Schmoren, in 3 cm große Würfel geschnitten
1½ EL Weizenmehl
1 Zwiebel, feingehackt
⅛ l Hühnerfond (siehe Glossar)
⅛ l trockener Weißwein
1 *bouquet garni:* 1 Stengel Thymian, 3 Stengel Petersilie, 1 Lorbeerblatt, 1 Frühlingszwiebel, 1 zerdrückte Knoblauchzehe (in ein Mullsäckchen gebunden)
2 TL Pflanzenöl
250 g frische Pilze, geputzt
60 g enthülste Erbsen
2 Eigelb
60 ml Sahne
⅛ TL frisch geriebene Muskatnuß
1 Spritzer Tabasco-Sauce
1 EL Zitronensaft
Salz und frisch gemahlener Pfeffer
Gehackte frische Petersilie (nach Belieben)

In einem großen Topf 60 g Butter bei mittlerer Hitze zerlassen. Das Kalbfleisch darin unter Rühren in etwa 5 Minuten leicht anbräunen. Das Mehl darüberstäuben und unter ständigem Rühren 2 Minuten anrösten. Die Zwiebel dazugeben und weitere 2 Minuten unter Rühren garen. Mit Hühnerfond und Weißwein ablöschen und den Bratensatz lösen. Zum Kochen bringen und die Hitze reduzieren. Das *bouquet garni* hinzufügen und das Fleisch bei schwacher Hitze in 50 Minuten zugedeckt weich garen, gelegentlich umrühren.

Inzwischen den verbliebenen Eßlöffel Butter mit dem Öl in einer großen schweren Pfanne bei mittlerer Temperatur erhitzen. Die Pilze darin goldgelb sautieren und in eine Schüssel geben.

Wenn das Fleisch gar ist, das *bouquet garni* entfernen. Pilze und Erbsen in den Topf geben und 5 Minuten ohne Deckel köcheln lassen. Die Hitze reduzieren.

Eigelb und Sahne in einer kleinen Schüssel verschlagen. Langsam 2 Eßlöffel der Garflüssigkeit aus dem Topf darunterrühren. Das Ragout mit dieser Mischung binden. Bei niedriger Temperatur die Flüssigkeit noch etwa 3 Minuten leicht eindicken, aber nicht kochen lassen. Mit Muskat, Tabasco, Zitronensaft, Salz und Pfeffer würzen und mit Petersilie bestreuen.

Für 6 Personen

Rechte Seite: *Kalbsragout mit Pilzen und Erbsen*

Die mittlere Atlantikküste

CAMERON DAVIDSON

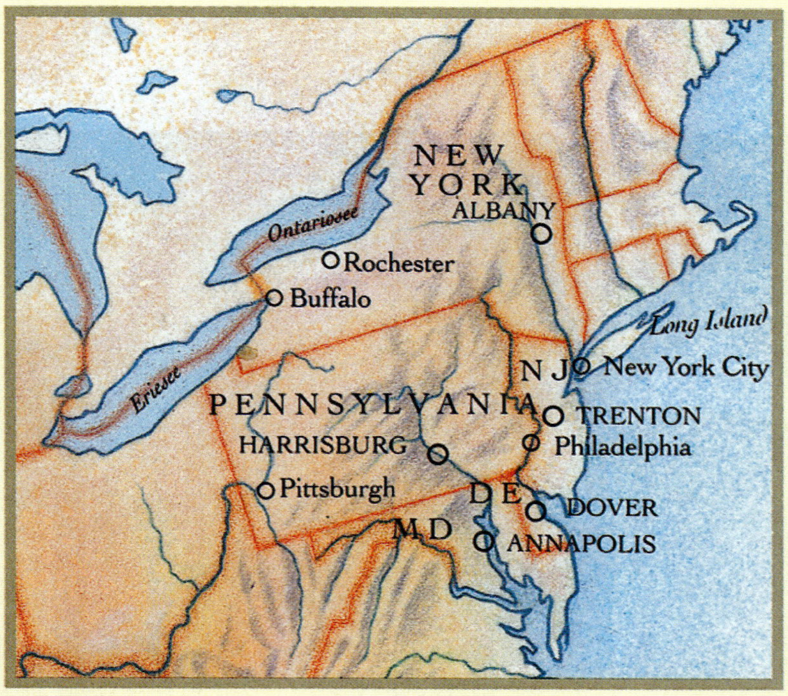

DIE MITTLERE ATLANTIKKÜSTE

An der mittleren Atlantikküste beherrschten die Irokesen das zerklüftete Gebiet im zentralen und nördlichen New York, Pennsylvania und westlichen Maryland. Die Algonkin-Indianer, zu denen die Shinnecock, Montauk, Manhattan, Delaware und Nanticoke gehörten, lebten nahe der Küste – häufig bedroht von den kriegerischen Irokesen, Mohawks, Oneidas, Senecas und Eries, um nur einige Stämme der Irokesengruppe zu nennen. Wild gab es im Überfluß, und es wurden viele Nahrungsmittel verwendet, die man auch im Gebiet von Neuengland kannte. Die Küstenbewohner konnten auf ein reiches Angebot an Fischen, Schal- und Krustentieren zurückgreifen. Große Meeresschildkröten, deren Fleisch sehr geschätzt wurde, gab es ebenfalls in Mengen. An den Flußarmen des Sankt-Lorenz-Stroms wußte man Aale mit viel Geschick zuzubereiten. Man hängte sie entweder an zwei Stöcken auf und röstete sie vor einem prasselnden Feuer, oder man schmorte bzw. räucherte sie.

Frühe Entdecker bestaunten die Geschicklichkeit der Irokesenfrauen bei der Feldarbeit; hier gehörte das Land den Frauen. Weiter westlich, im Flachland der Great Lakes, weideten Bisonherden im hohen Gras und strebten zu den großen Salzlecken. Die kühnen Irokesen waren Meister der Jagd und verwerteten die Tiere als Nahrungsmittel, aber auch zur Herstellung von Kleidung zum Schutz gegen die Kälte. Wie die meisten Indianer feierten die Irokesen die verschiedenen Ernte- und Jahreszeiten mit zahlreichen Festen.

Zur mittleren atlantischen Küstenregion gehören diejenigen Staaten zwischen Neuengland und Virginia, die über einen wichtigen Seehafen am Atlantik verfügen: New York, Pennsylvania, New Jersey, Delaware und Maryland. Die Landschaft dieser Region weist erstaunliche Gegensätze auf – von den zer-

Vorhergehende Seiten: *Pennsylvania hat sich viel von seiner Naturschönheit bewahrt, die schon William Penn bewunderte, als er sich hier niederließ. Diese Idylle in Bucks County ist typisch für den ländlichen Zauber dieses Bundesstaates.*

CATHERINE KARNOW

Links: *Morgendliche Gewitterwolken über dem Farmland von West-Maryland.*

MARC ROMANELLI/THE IMAGE BANK

Eine der roten Scheunen, wie sie typisch sind für das ländliche Amerika. Diese hier steht in New Paltz, einem Ort im Hudsontal, der 1678 von Hugenotten gegründet wurde.

klüfteten Adirondack Mountains bis zur sanften Chesapeake Bay. Mit Ausnahme des äußersten Nordens ist das Klima milder als in Neuengland. Die ersten Siedler dieses Gebiets waren besser auf die Neue Welt vorbereitet als die Pilgerväter, denn die Region war schon von Pelzhändlern erkundet worden.

Bereits im Jahre 1524 fuhr der italienische Seefahrer Giovanni da Verrazano in das Mündungsgebiet des Hudson, den heutigen Hafen von New York. Doch er nahm das Territorium nicht für Frankreich, das seine Reise finanziert hatte, in Besitz. Er wollte – wie so viele andere – einen westlichen Seeweg nach Asien finden, und Frankreich interessierte sich damals noch nicht sonderlich für die Neue Welt. Fünfundachtzig Jahre später segelte Henry Hudson den legendären Fluß hinauf, der heute seinen Namen trägt. Finanziert von den Holländern, suchte er die Route nach Osten, fand statt dessen aber ein Vermögen an Pelzen und Biberfellen, von denen sich die Indianer im Tausch gegen wertlosen Plunder und einige Flaschen Gin nur allzu bereitwillig trennten. Die Holländer, die rasch ihren Vorteil erkannten, gründeten eine Handelsniederlassung im heutigen Albany, New York, dem Tor zum Pelzhandel der Irokesen. Die Siedlung Albany entstand im Jahre 1623. Drei Jahre später kauften die Holländer den Indianern die Insel Manhattan für Waren im Gegenwert von sechzig Gulden ab. Nieuw Amsterdam, wie man es nannte, wurde die Hauptstadt von Nieuw Holland.

Die holländischen Kolonien blühten rasch auf und dehnten sich bald bis nach Long Island, ins Hudsontal und zum Connecticut River nach Osten aus, wo britische Siedler lebten, sowie quer durch New Jersey nach Süden, wo sich in Delaware die Schweden niedergelassen hatten. Die Schweden, die 1638 mit Fort Christina – nahe dem heutigen Wilmington – Neuschweden gründeten, hatten den Holländern nichts entgegenzusetzen und mußten ihnen bereits um 1655 weichen. Obwohl die ersten holländischen Siedler kein Interesse an der Landwirtschaft zeigten, lockte das reiche, fruchtbare Land bald wohlausgerüstete holländische Bauern in großer Zahl an. Mit im Gepäck hatten sie auch ihre traditionellen Rezepte für Haferbrei und Pudding, Vollkornbrot, Pfannkuchen, Waffeln, Kekse und verschiedene Krapfen. Und da sie Milchprodukte liebten, brachten sie gutes Milchvieh mit ins Land. Aber sie schätzten auch Schweinefleisch, Enten und Gänse und pflanzten Roggen, Gerste, Buchweizen und Weizen an. Das Getreide gedieh so prächtig, daß die Gegend später als die »Kornkammer des Freiheitskrieges« bekannt werden sollte.

Im Vergleich zu den britischen Kolonien war Neuholland wohlhabend. Es verfügte über wertvolle Felle, Nutzholz und Getreide, die es gegen Luxusartikel wie Schokolade, Zucker, Gewürze, Trockenfrüchte, Wein und Weinbrand eintauschen konnte. Wegen der Erfolge der Holländer liefen die Engländer im Jahre 1664 mit ihren Schiffen im Hafen von Nieuw Amsterdam ein und übernahmen die Kontrolle. So fielen mit einem Schlag die Staaten New York, New Jersey und Delaware unter britische Herrschaft. Knapp zehn Jahre später eroberten die Holländer Manhattan Island zwar zurück, verloren es aber nach nur fünfzehn Monaten erneut an die Engländer. Damit war New York als englisches Territorium etabliert.

In der mittleren Atlantikregion hatten die Engländer bis zu diesem Zeitpunkt nur an den Ufern der Chesapeake Bay Fuß gefaßt, in dem Gebiet, das Lord Baltimore 1634 vom König von England zugesprochen worden war. Die Siedler, die nach Maryland kamen, waren meist wohlhabende Katholiken. Es gab Wildbret und Wildtruthähne im Überfluß, aber der Reichtum an Meerestieren erst machte diese Region zu einem kulinarischen Paradies. Die Austern der Bucht sind anerkannt gut, und mit Austern gefüllter Truthahn gehörte zu den Spezialitäten Marylands. Diamantschildkröten, eine Meeresschildkrötenart, gab es so reichlich, daß ihr Verzehr selbst den Sklaven, die auf den Tabakfeldern arbeiteten, erlaubt war. Heute ist Maryland vor allem für seine Blaukrabben bekannt. Krabbenkuchen, Krabbensuppe, gebackene, gekochte oder scharf gewürzte Krabben sind typische Gerichte. Sehr beliebt sind *softshell crabs*, Blaukrabben, die ihren Panzer abgeworfen haben und gefangen werden, bevor sich der neue bildet.

Mitte des 17. Jahrhunderts besiedelten die Quäker West-New-Jersey (zu jener Zeit gab es noch West- und Ost-New-Jersey). Ursprünglich waren sie von England nach Massachusetts geflohen, wo sie aber ebenso wenig willkommen waren wie in ihrer Heimat. Mit königlicher Erlaubnis gründete dann im Jahr 1681 ein Glaubensbruder namens William Penn die Kolonie Pennsylvania. Auch die Besiedlung Philadelphias geht auf die Quäker zurück, und die Nachricht, daß die Kolonie allen religiösen Sekten gegenüber tolerant sei, verbreitete sich rasch. Manche behaupten, es seien die Quäker gewesen, die die Flüchtlinge aus Deutschland und der Schweiz, die sich westlich von Philadelphia ansiedelten, fälschlich als »Dutch« bezeichneten. Der Name geht entweder auf die falsche Aussprache des Wortes »Deutsch« zurück oder auf die Tatsache, daß viele dieser Einwanderer vor der Überfahrt nach Amerika eine Zeitlang in Holland gelebt hatten.

Viele der Pennsylvania-Deutschen, die 1683 ankamen, stammten aus dem Rheintal. Größtenteils waren es Bauern, die sich Berichten zufolge nur dort niederließen, wo schwarze Walnußbäume wuchsen, weil der Boden dort kalkhaltig sein mußte. Zu den berühmten Spezialitäten der Pennsylvania-Deutschen gehören Sauerbraten, Schweinefleisch mit Sauerkraut, »Schnitz und Knepp«, Klöße und Nudeln, verschiedene Krapfen und Hefegebäck mit Karamel. Es ist eine gehaltvolle Küche, so recht geeignet für hart arbeitende Bauern.

Aber nicht nur Bauern ließen sich in Pennsylvania nieder. Künstler und Handwerker, Ärzte und Lehrer – Menschen aller Berufe kamen, so daß die Pennsylvania-Deutschen weitgehend autark waren und wenig Kontakt zur Außenwelt hatten. Innerhalb der Gruppe gab es verschiedene religiöse Gemeinschaften: Lutheraner, Reformierte, Herrnhuter, Adventisten vom Siebenten Tag, Schwenkfelder, Mennoniten, Tunker und Amische. Die letzten drei Sekten wurden auch »Plain People« ge-

MARY LOUISE POGUETTE

»Little Italy« in Lower Manhattan ist voller kleiner Restaurants und Cafés, die meist als Familienbetriebe geführt werden.

nannt, da ihr Lebensstil, ihre Kleidung und ihr Gottesdienst bewußt einfach gehalten waren. Die Amischen führen noch heute das einfachste Leben und lehnen moderne Errungenschaften wie Strom, Telefon, Radio oder Fernsehen ab. Wenn man ihnen mit Pferd und Wagen, die ihnen nach wie vor als Transportmittel dienen, auf der Landstraße begegnet, bilden sie einen faszinierenden Kontrast zum Amerika des 20. Jahrhunderts. Die übrigen Sekten nannte man »Church People«. Sie waren dem Fortschritt aufgeschlossen, soweit er nicht im Widerspruch zu ihrer Religion stand. Die größte Gruppe, die Herrnhuter, gründete schon früh Gymnasien, Hochschulen und Musikvereine. Heute sind sie unter anderem im Mittelwesten und im Süden anzutreffen.

Die Staaten der mittleren Atlantikküste sind nicht nur für ihre traditionelle ländliche Küche berühmt, sondern auch für Spezialitäten, die in Städten entstanden. Obwohl die meisten ursprünglich in den großen New Yorker Restaurants kreiert wurden, gehören sie heute zu den Standardgerichten amerikanischer Haushalte. Aus New York City stammen *vichyssoise, Manhattan clam chowder*, »Eier Benedict« und *New York cheesecake*. Philadelphia hat nicht nur *scrapple* (kalten Maisbrei mit Schweinefleisch, der in Scheiben geschnitten serviert wird) und den *Philadelphia pepperpot* (pfeffrigen Eintopf mit Kutteln) beigesteuert, sondern auch seine berühmten gehaltvollen Eiscremes. Die heutigen Städte Amerikas spiegeln das kulturelle Erbe aller Einwanderer wider, die während der letzten zweihundert Jahre ins Land kamen. Und so sind jüdische *pastrami* aus New York, italienische *cheesesteak sandwiches* aus Philadelphia oder das überall verbreitete chinesische *take-out*-Essen Teil der amerikanischen Eßkultur geworden.

Lancaster County, Pennsylvania, ist die Heimat der Amischen, deren einfache Lebensformen sich seit dem 18. Jahrhundert nicht verändert haben.

JAKE RAJS/THE IMAGE BANK

Fische, Schal- und Krustentiere

CATHERINE KARNOW

Angeln ist in Amerika ein sehr beliebter Freizeitsport. In Vermont bieten die zahlreichen Seen, Bäche und Flüsse dazu reichlich Gelegenheit.

FISCHE, SCHAL- UND KRUSTENTIERE

Amerikas ausgedehnte Küstengebiete, die vielen Flüsse und Seen boten einst einen übergroßen Fischreichtum. Nachdem die Siedler die Fischfangmethoden der Indiander übernommen hatten, wurde ihr Leben viel leichter. Genau gesagt war das Fangen der Fische so einfach geworden, daß die Kolonisten ihrer bald überdrüssig wurden. Selbst prachtvolle Atlantiklachse mochte man nicht öfter als einmal in der Woche essen. Auch Hering, Plattfisch, Schellfisch, Barsch und viele andere gab es im Überfluß. Und im Hudson wie in den Flüssen Connecticuts wimmelte es von Alsen und Stören, wenn die Fische zu ihren Laichplätzen aufstiegen. Doch der wichtigste Fisch war der Kabeljau (es ist kein Zufall, daß er zum Wappentier von Massachusetts wurde). Neuenglands gesamte Wirtschaft war offenbar auf den Kabeljaufang ausgerichtet; getrockneter, gesalzener Kabeljau aus dieser Gegend wurde weltberühmt. Als es noch keine modernen Kühlmethoden gab, konnte man ihn nur auf diese Weise haltbar machen.

Auch heute noch können die Amerikaner aus einem großen Angebot an Fischen wählen. In den meisten großen Städten sind Frischfisch, Schal- und Krustentiere aus allen Regionen des Landes erhältlich. Flußbarsche, Renken, Stinte, Seeforellen, Zander und Silberlachse (sie wurden 1966 angesiedelt) schwimmen in den Great Lakes. Pompanos, Plattfische, Makrelen, *red snapper* und Schwertfische sind nur einige der Arten, die sich in den Gewässern rund um Florida tummeln. Weißer und Roter Thunfisch, Makrelen, Plattfische, Weiße Seebarsche, Schwarzfische und natürlich der Königslachs sind der Stolz des Pazifik. Forellen, Welse und Flußbarsche bevölkern die zahlreichen Bäche und Flüsse (obwohl nur Forellen und Welse aus Zuchtbetrieben in den Handel kommen).

Vorhergehende Seiten: *Seattle baked salmon* (Rezept S. 80)
FILLAMENTO

Berichte aus der Kolonialzeit über die Schal- und Krustentiere aus amerikanischen Gewässern klingen fast unglaublich: vierzig Pfund schwere Hummer, Austern von dreißig Zentimetern Durchmesser, Clams von riesigen Ausmaßen und dergleichen mehr. Schon lange bevor der erste Weiße amerikanischen Boden betrat, waren Clams bei den Indianern der Küstenregionen ein beliebtes Nahrungsmittel. In einigen Gebieten galten die Muschelschalen als Zahlungsmittel *(wampum)*. Austern, die in Amerika seit jeher gern gegessen werden, wurden im 19. Jahrhundert in allen Küstenstädten von Straßenhändlern feilgeboten. Auch Lokale, die ausschließlich Austern servierten, waren gang und gäbe. Miesmuscheln kommen an beiden Küsten Amerikas vor, wo sie sich in der Brandungszone an den Felsen festsetzen. Die größten und aromatischsten stammen aus den kalten Gewässern von Maine. Sie werden heute auch erfolgreich gezüchtet, haben aber dann nicht den feinen Geschmack wildlebender Exemplare. Clams, Austern und Miesmuscheln werden vor dem Verzehr oder dem Garen mit einer Drahtbürste gesäubert. Bei Miesmuscheln muß man außerdem die Byssosfäden (»Bärte«), mit denen sie sich an den Felsen festhalten, entfernen. Alle Weichtiere sollte man einige Zeit in eiskaltes Wasser legen, dem etwas Maisstärke zugesetzt wurde, damit sie Sand und andere Verunreinigungen ausscheiden. Weitere Mollusken, die in den Vereinigten Staaten vorkommen, sind Scallops (Kammuscheln), die man an beiden Küsten findet, Conchs (Flügelschnecken) von der Küste Floridas und die berühmten Abalonen des Pazifik.

Garnelen sind die beliebtesten Krebstiere in Amerika. Es gibt sie zwar an allen Küsten, doch stammt der größte Teil aus dem Atlantik und dem Golf von Mexiko. Außer in unmittelbarer Nähe der Südküste, wo Garnelen frisch verkauft werden, kommen sie meist tiefgekühlt in den Handel. Garnelen werden auf vielerlei Arten zubereitet; am häufigsten werden sie gekocht und mit einer Cocktailsauce serviert. Hummer gab es in der Kolonialzeit so reichlich, daß man sie am Strand nur einzusammeln brauchte. Zehnpfündige Hummer waren im Hafen von New York keine Seltenheit. Mit wachsendem Fortschritt und zunehmender Nachfrage wurden sie jedoch knapp und teuer; heute wiegen sie in der Regel eineinhalb bis drei Pfund. Obwohl es überall an der Atlantikküste Hummer gibt, stammen die besten aus den kalten Gewässern vor der Küste Maines.

Nirgendwo auf der Welt gibt es mehr Krabben- und Krebsarten als in Amerika. Die *blue crabs* (Blaukrabben) der Ostküste und die *Dungeness crabs* (Kalifornische Taschenkrebse) der Westküste sind die weitaus beliebtesten. Blaukrabben findet man an der gesamten Ostküste, doch ist vor allem die Region der Chesapeake Bay für ihre kreativen Zubereitungsarten bekannt. Besonders begehrt sind auch die *soft-shell crabs*, Blaukrabben, die gerade ihren Panzer abgeworfen haben und gefangen werden, bevor sich der neue gebildet hat. *Dungeness crabs* verdanken ihren Namen der gleichnamigen Stadt in Washington, in der sie erstmals systematisch für den Handel gefangen wurden. Sie haben vor allem im Winter Saison. Um die Bestände zu schützen, dürfen nur männliche Tiere ab einer bestimmten Mindestgröße gefangen werden. Weiter im Norden ist die riesige Königskrabbe verbreitet, die tiefgekühlt in den Handel kommt; man schätzt besonders das feine Fleisch ihrer langen Beine. Die Steinkrabbe, eine Delikatesse aus Florida, ist wegen des süßen Fleisches ihrer Scheren beliebt. Ein Gesetz schreibt vor, daß die Fischer den gefangenen Tieren lediglich die Scheren abbrechen dürfen und die Krabben dann wieder ins Meer werfen müssen, wo sie ihnen in einigen Monaten wieder nachwachsen. Die Scheren der Steinkrabben werden meist eiskalt serviert, was ihren Jodgeschmack etwas mildert.

BRIAN PARKER/TOM STACK & ASSOCIATES

Der »Pike Place Market« in Seattle, Washington, der seit 1907 besteht, ist nicht nur für frischen Fisch und Meeresfrüchte, sondern auch für seine einzigartige Atmosphäre bekannt.

Im 19. Jahrhundert war Nantucket ein bedeutendes Walfang-Zentrum. Heute locken die malerischen Gäßchen und die verwitterten Hütten nur noch Touristen, Künstler und Freizeitfischer an.

Krabbenküchlein aus Maryland

Maryland

MARYLAND CRAB CAKES
Krabbenküchlein aus Maryland

Maryland ist für seine Gerichte aus Blaukrabben berühmt, und diese Krabbenküchlein sind besonders beliebt. Frisches Krabbenfleisch, das vorgegart in den Handel kommt, ist nur selten erhältlich, so daß man auf »Crabmeat« aus der Dose ausweichen muß.

500 g gegartes Krabbenfleisch *(crabmeat)*, verlesen
60 g frische Weißbrotkrumen
80 ml Milch
½ Tasse Mayonnaise
1 Ei, leicht verschlagen
2 EL feingehackte frische Petersilie
2 EL feingehackte Frühlingszwiebeln (mit dem Grün)
½ TL Backpulver
½ TL Salz
¼ TL frisch gemahlener weißer Pfeffer
2 EL (30 g) Butter
2 EL Pflanzenöl
Weizenmehl
Sauce Tartare (Rezept rechts oben)

Das Krabbenfleisch in einer großen Schüssel mit den Weißbrotkrumen bestreuen und mit der Milch übergießen.

In einer Schüssel Mayonnaise, Ei, Petersilie, Frühlingszwiebeln, Backpulver, Salz und Pfeffer vermischen, über das Krabbenfleisch geben und vorsichtig vermengen. Die Mischung zu kleinen Kuchen von 6 cm Durchmesser formen und nebeneinander auf einen Teller legen. Mit Wachspapier abdecken und 1 Stunde kalt stellen.

Butter und Öl in einer großen schweren Pfanne bei mittlerer Temperatur erhitzen. Die Krabbenküchlein leicht mit Mehl bestäuben und auf jeder Seite in etwa 4 Minuten goldbraun braten. Sofort servieren und Sauce Tartare dazu reichen.

Für 5 Personen

SAUCE TARTARE

250 ml Mayonnaise
1 Tasse saure Sahne
½ TL Dijon-Senf
1 kleine Schalotte (oder Zwiebel), feingehackt
1 Gewürzgurke, feingehackt
1 EL gehackter frischer Dill
1 TL gehackte frische Petersilie
½ TL gehackter frischer oder eine Prise getrockneter Estragon
1 Spritzer Tabasco-Sauce
Salz und frisch gemahlener Pfeffer nach Geschmack

Alle Zutaten in einer Schüssel verrühren; die Sauce bis zum Servieren zugedeckt in den Kühlschrank stellen.

Ergibt etwa 2½–3 Tassen

Rhode Island

STEAMED CLAMS
Gedämpfte Clams

In Amerika werden zum Dämpfen meist Sandklaffmuscheln (»Soft-shell clams«) verwendet, doch kann man auch Venusmuscheln (»Hard-shell clams«) nehmen. Zu den »Soft-shell clams« der Ostküste gehören die Ipswich- und Maninose-Muscheln. Im Westen werden vorwiegend Schwertmuscheln und Teile der großen Geoduck-Muscheln feingehackt und gedämpft.

18 – 24 Clams pro Person
1 EL Maisstärke
Zerlassene Butter

Die Muscheln kräftig bürsten. Einen großen Topf mit kaltem Wasser füllen, die Maisstärke hineinrühren und die Muscheln 30 Minuten darin wässern. Anschließend gründlich abspülen.

Einen Topf 5 cm hoch mit kaltem Wasser füllen, Salz hinzufügen, die Muscheln hineingeben; zum Kochen bringen und zugedeckt etwa 3 Minuten dämpfen, bis die Clams sich öffnen. Mit dem durchgesiebten Sud und zerlassener Butter servieren.

California

STEAMED MUSSELS
Gedämpfte Miesmuscheln

Miesmuscheln kommen an beiden Küsten Amerikas vor, werden aber in den USA leider nicht sonderlich geschätzt. In einem aromatischen Sud gedämpft und in ihren Schalen serviert, die sich beim Garen öffnen, begleitet von knusprigem Stangenweißbrot zum Auftunken des Suds sind sie ein Hochgenuß.

48 frische Miesmuscheln
1 EL Maisstärke
⅛ l trockener Weißwein
⅜ l Wasser
1 Zwiebel, gehackt
2 Knoblauchzehen, zerdrückt
1 Stengel frischer Koriander
1 TL Salz
½ TL frisch gemahlener Pfeffer
3 EL (50 g) Butter
2 TL Zitronensaft

Gedämpfte Miesmuscheln (oben) *und Gedämpfte Clams* (unten)

Die Miesmuscheln mit einer harten Bürste säubern und die »Bärte« entfernen.

Einen großen Topf mit kaltem Wasser füllen, die Maisstärke hineinrühren und die Muscheln 30 Minuten darin wässern. Anschließend gründlich abspülen.

Wein, Wasser, Zwiebel, Knoblauch, Koriander, Salz und Pfeffer in einem großen Topf zum Kochen bringen und die Muscheln darin zugedeckt 4–5 Minuten bei starker Hitze dämpfen, bis sie sich öffnen; die, die geschlossen bleiben, wegwerfen. Die Muscheln auf vier Suppenschalen verteilen.

Die Butter in den heißen Sud geben und diesen auf ¼ l einkochen lassen. Den Zitronensaft hinzufügen und den Muschelsud durch mehrere Lagen Mulltuch filtern. Nochmals mit Zitronensaft abschmecken und über die Muscheln geben.

Für 4 Personen als Vorspeise

TIFFANY & CO.

Lebendfrische Clams oder Austern

Maryland

Clams or Oysters on the Half Shell

Lebendfrische Clams oder Austern

Venusmuscheln werden in Amerika meist lebendfrisch serviert. Zur Familie der Venusmuscheln – der Quahog-Muscheln – gehören die kleinen »Cherrystone clams« und die »Littleneck clams«. (Große Quahog-Muscheln werden für Eintopfgerichte verwendet.) Im Westen ißt man am liebsten »Butter clams« lebendfrisch. Die amerikanischen Austern heißen nach ihrer Herkunft »Blue Points« (New York), »Cotuits« und »Wellfleets« (Massachusetts), »Chincoteaques« (Maryland, Virginia) »Apalachicolas« (Florida) oder »New Orleans« und »Grand Isles« (Louisiana). Die einzigen an der Westküste heimischen Austern sind die kleinen »Olympias«, doch wurde inzwischen auch die pazifische Felsenauster dort angesiedelt.

Mindestens 6 – 8 Quahog-Muscheln (ostamerikanische Venusmuscheln) oder Austern pro Person
1 EL Maisstärke
Zitronenachtel

Die Muscheln kräftig bürsten. Einen großen Topf mit kaltem Wasser füllen, die Maisstärke hineinrühren und die Muscheln 30 Minuten darin wässern. Anschließend gründlich abspülen.

Quahog-Muscheln mit der flachen Seite nach unten fest in die Hand nehmen. Die Klinge eines vorn abgerundeten speziellen Clam-Messers bei der Einbuchtung am Scharnier ansetzen und in den Spalt drücken, ohne sie zu verkanten. Durch Hin- und Herbewegen den Schließmuskel durchtrennen und mit dem Messer am Rand der Muschelschale entlangfahren. Die obere Schalenhälfte abheben. Die Muschel flach hinlegen, damit der Saft nicht verlorengeht.

Austern mit der gewölbten Seite nach unten fest in die Hand nehmen; die Klinge eines Austernmessers nahe dem Scharnier zwischen die Schalenhälften drücken. Das Scharnier durchtrennen und mit dem Messer am Rand der Muschelschale entlangfahren. Die obere Schalenhälfte abheben.

Falls die Schalen beim Öffnen splittern, den Muschelsaft durch ein Tuch filtern und wieder über das Muschelfleisch geben. Muscheln oder Austern in ihren Schalen und mit ihrem Saft auf zerstoßenem Eis anrichten. Mit Zitrone garnieren.

Louisiana

Oysters Rockefeller

Austern Rockefeller

Austern nach diesem Rezept wurden erstmals im Jahr 1899 bei »Antoine's« in New Orleans serviert.

6 EL (90 g) Butter (mit Raumtemperatur)
3 Frühlingszwiebeln mit dem Grün, gehackt
½ Stange Bleichsellerie, gehackt
20 g Petersilie, gehackt
200 g Spinat, gehackt
1 Prise getrockneter Estragon
3 EL Pernod
30 g Semmelbrösel
½ TL Salz
1 Spritzer Tabasco-Sauce
24 lebendfrische, geöffnete Austern (siehe vorheriges Rezept)

Den Backofen auf 200 °C (Gasherd Stufe 3 – 4) vorheizen. In einer schweren Pfanne 2 Eßlöffel Butter bei schwacher Hitze zerlassen. Frühlingszwiebeln und Bleichsellerie 4 Minuten darin garen. Petersilie, Spinat und Estragon dazugeben und weitere

Austern Rockefeller

TIFFANY & CO.

4 Minuten garen. Die Zutaten zusammen mit 2 Eßlöffel Pernod im Mixer pürieren.

Das Püree in eine Schüssel füllen. Die verbliebenen 4 Eßlöffel Butter, Semmelbrösel, Salz und Tabasco daruntermischen. Mit Pernod abschmecken.

Eine große ofenfeste Servierplatte mit grobem Salz füllen und die Austern darauflegen. Auf jede 1 Teelöffel der Gemüse-Kräuter-Mischung geben. 10 Minuten im Backofen gratinieren.

Für 4 – 6 Personen

Washington

CRAB LOUIS

Krabbensalat Louis

Einige schreiben diesen Krabbensalat mit Chili-Mayonnaise dem »St. Francis Hotel« in San Francisco zu. Im Nordwesten dagegen wird erzählt, das Gericht sei im »Olympic Club« in Seattle kreiert worden und Enrico Caruso, der 1904 in der Stadt weilte, habe nicht genug davon bekommen können.

250 ml Mayonnaise
⅛ l Sahne, geschlagen
60 ml Chili-Sauce (American-style)
2 EL geriebene Zwiebel
1 Prise Cayenne-Pfeffer
Salz und frisch gemahlener Pfeffer
Kopfsalatblätter, in Streifen geschnitten
750 g gegartes Krabbenfleisch *(crabmeat)*, verlesen
2 hartgekochte Eier, in Scheiben geschnitten
2 kleine reife Tomaten, in Scheiben oder Achtel geschnitten

Die Mayonnaise mit geschlagener Sahne, Chili-Sauce, Zwiebel und Cayenne-Pfeffer in einer Schüssel verrühren. Mit Salz und Pfeffer abschmecken und bis zur Verwendung in den Kühlschrank stellen.

Die Salatstreifen auf einer Servierplatte verteilen. Das Krabbenfleisch darauf anrichten, mit der Chili-Mayonnaise übergießen und mit Ei und Tomate garnieren.

Für 4 Personen

Krabbensalat Louis

TIFFANY & CO.

California

Hangtown Fry
Austernpfanne

Zur Zeit des Goldrausches, so erzählt man sich, als Placerville aus naheliegenden Gründen noch Hangtown hieß, soll ein Goldgräber, der fündig geworden war, das beste Essen verlangt haben, das er für sein Geld oder seinen Goldstaub bekommen konnte; da setzte man ihm »Hangtown Fry« vor.

4 Scheiben Frühstücksspeck
90 g Räucherschinken, in Streifen geschnitten
6 Eier; 60 ml Sahne
2 EL Wasser
4 EL gehackte frische Petersilie
3 EL frisch geriebener Parmesan
Etwa 130 g Semmelbrösel
8 – 10 aus der Schale genommene Austern
1 Schalotte oder kleine Zwiebel, feingehackt und zerdrückt
Gehackte frische Petersilie (nach Belieben)
Salz und frisch gemahlener Pfeffer

Den Frühstücksspeck in einer großen ofenfesten Pfanne knusprig braten. Auf Küchenkrepp abtropfen lassen, in kleine Stücke brechen. Beiseite stellen. Die Schinkenstreifen im ausgebratenen Fett bei mittlerer Temperatur leicht anbräunen. Auf Küchenkrepp abtropfen lassen. Beiseite stellen.

Vier der Eier in einer Schüssel schaumig schlagen. Sahne, Wasser, Petersilie und Käse darunterrühren. Beiseite stellen.

Die beiden verbliebenen Eier in einer Schüssel verschlagen. Die Semmelbrösel auf einem Teller verteilen. Die Austern in das verschlagene Ei tauchen, in den Semmelbröseln wenden.

Den Grill vorheizen. Das Fett aus der Pfanne bis auf 2 Eßlöffel weggießen. Die Zwiebel darin 1 Minute anbraten. Die panierten Austern hinzufügen und auf jeder Seite 1 Minute bräunen. Speck und Schinken dazugeben und die mit Sahne und Käse verschlagenen Eier darübergießen. Ohne umzurühren 4 – 5 Minuten erhitzen, bis die Eier zu stocken beginnen. Unter den vorgeheizten Grill stellen und goldgelb gratinieren. Mit Petersilie bestreuen, mit Salz und Pfeffer würzen.

Für 6 Personen

Maryland

Sautéed Soft-Shell Crabs
Gebratene Soft-Shell Crabs

Soft-Shell Crabs sind Blaukrabben, die ihren Panzer abgeworfen haben und gefangen werden, ehe sich der neue gebildet hat. Bei jungen Tieren sind praktisch alle Teile eßbar.

8 kleine Soft-Shell Crabs (oder Butterkrabben), gesäubert
Milch
Weizenmehl
Salz und frisch gemahlener Pfeffer
60 g Butter; 60 ml Pflanzenöl
Zitronenachtel
Petersilie

Die Krabben unter fließendem Wasser abspülen, in eine Glasform geben. Mit Milch bedeckt 30 Minuten stehenlassen. Abgießen.

Die Krabben in Mehl wenden und auf einen Teller mit Wachspapier legen. Salzen und pfeffern. Butter und Öl in einer großen schweren Bratpfanne bei mittlerer Temperatur erhitzen. Die Krabben zunächst mit der Bauchseite nach oben hineingeben und auf jeder Seite 3 Minuten braten. Auf Küchenkrepp abtropfen lassen. Mit Zitrone und Petersilie garniert servieren.

Für 4 Personen

Linke Seite: *Austernpfanne*

Gebratene Soft-Shell Crabs (oben) *und Krabben auf Teufelsart* (unten)

California

Deviled Crab
Krabben auf Teufelsart

Scharf gewürzte Gerichte waren während des 19. Jahrhunderts sehr beliebt, besonders auch Krabben nach Teufelsart. Talentierte Küchenchefs erfinden auch heute noch immer neue originelle Varianten; die folgende stammt von Mario Rotti aus Los Angeles.

650 g Königskrabbenbeine, gekocht
3 EL Weißweinessig
1 ½ EL englisches Senfpulver
60 g Semmelbrösel
1 kleine Knoblauchzehe, zerdrückt
¼ TL getrockneter Origano
½ TL Tabasco-Sauce
¼ TL Salz
¼ TL frisch gemahlener Pfeffer
1 TL gehackte frische Petersilie
250 g Butter, zerlassen

Den Backofen auf 200 °C (Gasherd Stufe 3 – 4) vorheizen. Die Panzer der Krabbenbeine mit einer großen, scharfen Schere der Länge nach vorsichtig aufschneiden. Das Krabbenfleisch im ganzen herauslösen und in 5 cm lange Stücke schneiden.

In einer kleinen Schüssel Essig und Senfpulver verrühren. In einer zweiten Schüssel Semmelbrösel, Knoblauch, Origano, Tabasco, Salz, Pfeffer und Petersilie vermischen.

Das Krabbenfleisch zuerst in der Senfmischung, dann in den gewürzten Semmelbröseln wenden. In eine leicht ausgefettete ofenfeste Servierform geben und 10 Minuten in den Backofen stellen. Mit zerlassener Butter servieren.

Für 4 Personen als Vorspeise

Gegrillte Garnelen im Speckmantel (oben links), *Gegrillte Garnelen und Kammuscheln* (oben rechts) *und Gegrillte Plattfische* (unten)

Texas

Bacon-Wrapped Barbecued Shrimp

Gegrillte Garnelen im Speckmantel

Dieses Rezept stammt aus dem »Settlement Inn«, einer alten Postkutschenstation nördlich von San Antonio, deren Spezialität Barbecue-Gerichte sind. Die Garnelen werden mariniert, mit Speck umwickelt und gegrillt als Vorspeise serviert.

1 EL Butter
1 kleine Zwiebel, feingehackt
180 g Ketchup
3 EL Worcestershire-Sauce
2 EL Steak-Sauce
1 EL Apfelessig
3 EL brauner Zucker
60 ml Wasser
1 Spritzer Tabasco-Sauce
16 große Garnelen, aus der Schale gelöst, ohne Darm
6 dünne Scheiben Frühstücksspeck

Die Butter in einem Topf bei schwacher Hitze zerlassen. Die Zwiebel darin 5 Minuten glasig braten. Ketchup, Worcestershire- und Steak-Sauce, Essig, Zucker, Wasser und Tabasco hinzufügen. Zum Kochen bringen, die Hitze reduzieren und 20 Minuten im offenen Topf köcheln lassen. Die Barbecue-Sauce zum Abkühlen beiseite stellen.

Die Garnelen 30 Minuten in der abgekühlten Sauce marinieren. Inzwischen den Garten- oder Küchengrill vorheizen.

Die Speckscheiben quer in Drittel schneiden. Die Garnelen aus der Sauce nehmen und jede mit einem Stück Speck umwickeln. Mit gewässerten Zahnstochern feststecken. Die Garnelen auf Spieße stecken und bei starker Hitze auf jeder Seite etwa 3 Minuten grillen, bis der Speck knusprig ist. Die verbliebene Barbecue-Sauce nochmals erhitzen und dazu reichen.

Für 4 Personen als Vorspeise

Hawaii

Grilled Shrimp and Scallops

Gegrillte Garnelen und Kammuscheln

Die fächerförmigen Scallops oder Kammuscheln, zu deren Familie auch die Jakobsmuscheln gehören, kommen in allen Weltmeeren vor. Für die folgenden Spieße werden Muscheln und Garnelen in einer Marinade aus Mangopüree und Limettensaft eingelegt.

1 große reife Mango
2 EL Olivenöl
Saft von 1 Limette
Salz und frisch gemahlener Pfeffer
400 g aus den Schalen genommene atlantische Tiefwasser-Scallops
250 g Riesengarnelen, aus der Schale gelöst, ohne Darm
24 Zuckererbsen *(mange-tout)*

Die Mango schälen. Das Fruchtfleisch vom Stein schneiden und mit Öl und Limettensaft im Mixer pürieren. Mit Salz und Pfeffer würzen. (Die Marinade soll säuerlich schmecken; wenn nötig weiteren Limettensaft dazugeben.)

Kammuscheln und Garnelen in zwei Schüsseln mit je 4 Eßlöffeln Mangosauce übergießen, 1 Stunde marinieren.

Inzwischen die Zuckererbsen 30 Sekunden in kochendem Salzwasser blanchieren. Unter fließendem kaltem Wasser abschrecken und abtropfen lassen.

Den Garten- oder Küchengrill vorheizen. Abwechselnd Muscheln, Garnelen und Zuckererbsen auf vier Spieße stecken und auf jeder Seite etwa 4 Minuten grillen. Etwas Mangosauce getrennt dazu reichen.

Für 4 Personen

California

Grilled Sand Dabs

Gegrillte Plattfische

Doggerscharben, die kleinsten Plattfische der amerikanischen Westküste, haben ein feines Aroma, das nach einer einfachen Zubereitungsart verlangt. Auf dem Grill werden sie schön knusprig und bleiben innen saftig.

60 g Butter
2 EL Olivenöl
1 Schalotte oder kleine Zwiebel, zerdrückt
2 TL gehackter frischer Kerbel
8 Doggerscharben (oder Seezungen oder Schollen), je 200 – 250 g
Salz

Den Garten- oder Küchengrill vorheizen. Butter und Öl in einer kleinen schweren Pfanne erhitzen und die Schalotte etwa 10 Minuten darin weich garen. Vom Feuer nehmen, abkühlen lassen und den Kerbel hinzufügen.

Die Fische in der Buttermischung wenden und bei sehr starker Hitze 1 – 2 Minuten auf jeder Seite knusprig grillen. Salzen.

Für 4 Personen

New York

Garlicky Bay Scallops
Kammuscheln mit Knoblauch

Bay Scallops, die man in den Buchten und Meeresarmen der nordöstlichen Vereinigten Staaten findet, werden dort weitaus mehr geschätzt als die größeren Tiefwasser-Scallops.

650 g Kammuschelfleisch, vorzugsweise von Bay Scallops
3 EL Weizenmehl
6 EL (90 g) Butter
1 EL Olivenöl
2 Knoblauchzehen, zerdrückt
60 ml trockener Weißwein
2 EL Zitronensaft
2 EL gehackte frische Petersilie
Salz und frisch gemahlener Pfeffer
Reis (als Beilage)

Das Muschelfleisch leicht mit Mehl bestäuben.

Butter und Öl in einer großen schweren Pfanne bei niedriger Temperatur erhitzen. Den Knoblauch 2 Minuten darin garen. Auf mittlere Temperatur erhöhen, das Muschelfleisch dazugeben und in mehreren Partien in jeweils 3 - 4 Minuten goldgelb anbraten. Auf einem Teller beiseite stellen.

Wein und Zitronensaft in die Pfanne geben und den Bratensatz mit einem Holzlöffel lösen. Die Flüssigkeit in etwa 5 Minuten leicht sirupartig einkochen lassen. Die Hitze reduzieren, die Muscheln zurück in die Pfanne geben, mit Petersilie bestreuen und unter vorsichtigem Umrühren erhitzen. Mit Salz und Pfeffer abschmecken und mit frisch gekochtem Reis servieren.

Für 4 Personen

New York

Oyster Pan Roast
Austern in Sahnesauce

In der »Oyster Bar« der »Grand Central Station« in New York wird dieses Gericht seit der Eröffnung im Jahre 1912 serviert. Es ähnelt einem Eintopf und wird stets mit »Oyster crackers« gereicht, die man in die Sauce taucht.

16 aus der Schale genommene Austern mit ihrem Saft
60 ml *clam juice* (Fertigprodukt) oder Wasser
60 g Butter
1 Prise Selleriesalz
2 TL Worcestershire-Sauce
¼ l Milch (mit Raumtemperatur)
¼ l Sahne (mit Raumtemperatur)
Paprikapulver

Die Austern mit ⅛ l ihres Saftes, dem *clam-juice* oder Wasser, der Hälfte der Butter, dem Selleriesalz und der Worcestershire-Sauce in einen Topf geben. Über einen zweiten Topf mit kochendem Wasser setzen und die Austern unter Rühren 1 - 2 Minuten garen, bis sich ihre Ränder zu kräuseln beginnen. Milch und Sahne dazugießen und unter weiterem Rühren bis kurz vor den Siedepunkt erhitzen, aber nicht kochen lassen.

Die Austern mit der Sauce in Portionsschalen füllen und in jede Schale 1 Eßlöffel Butter geben. Mit Paprika bestreuen und mit *oyster crackers* servieren.

Für 2 Personen

Kammuscheln mit Knoblauch (rechts) *und Austern in Sahnesauce* (links)

TIFFANY & CO.

Ragout von Flußkrebsschwänzen (oben) *und Garnelen nach kreolischer Art* (unten)

Louisiana

SHRIMP CREOLE
Garnelen nach kreolischer Art

»Creole« deutet auf ein Gericht hin, das mit grünen Paprikaschoten und Tomaten zubereitet und kräftig mit Cayenne-Pfeffer oder scharfer Chili-Sauce gewürzt wird. Bei diesem Rezept werden die Garnelen außerdem mit gemahlenen Sassafrasblättern (siehe Glossar) aromatisiert – sie dürfen keinesfalls mitkochen.

3 EL Olivenöl
2 Zwiebeln, gehackt
2 Knoblauchzehen, zerdrückt
1 grüne Paprikaschote, entkernt und gehackt
2 Stangen Bleichsellerie, gehackt
3 große reife Tomaten, abgezogen, entkernt und gehackt
1 Prise Zucker
1 Lorbeerblatt
½ TL getrockneter Thymian
1 kg Riesengarnelen, aus den Schalen gelöst, ohne Darm
½ TL Cayenne-Pfeffer (oder nach Geschmack)
Salz und frisch gemahlener Pfeffer
1 TL gemahlene getrocknete Sassafrasblätter
Gehackte frische Petersilie
Reis (als Beilage)

Das Öl in einem Topf erhitzen. Die Zwiebeln 1 Minute darin anbraten, den Knoblauch dazugeben und 4 Minuten mitbraten. Paprika, Bleichsellerie, Tomaten, Zucker, Lorbeerblatt und Thymian darunterrühren und 10 Minuten zugedeckt garen.

Garnelen und Cayenne-Pfeffer dazugeben und weitere 5 Minuten zugedeckt erhitzen. Salzen und pfeffern. Vom Herd nehmen und die Sassafrasblätter darunterrühren. Mit Petersilie bestreuen und mit frisch gekochtem Reis servieren.

Für 4 – 6 Personen

Louisiana

CRAWFISH ÉTOUFFÉE
Ragout von Flußkrebsschwänzen

»Crawfish étouffée« ist ein gehaltvolles, dunkles Ragout, das stets auf Reis serviert wird. Meist bereitet man es am Vortag zu, denn es muß kalt gestellt und wieder aufgewärmt werden, damit die Aromen sich gut verbinden können.

2 EL Pflanzenöl; 2 EL Weizenmehl
60 g Butter
2 Zwiebeln, feingehackt
1 rote Paprikaschote, entkernt und feingehackt
2 große Knoblauchzehen, zerdrückt
1 TL Tomatenmark
1 kg ausgelöste frische oder tiefgekühlte und aufgetaute Flußkrebsschwänze (oder Schwänze von Australkrebsen oder Kaisergranat) mit dem angelagerten Fett*
2 große scharfe grüne Chili-Schoten, entkernt und ohne Rippen, gehackt
4 EL gehackter frischer Schnittlauch oder gehacktes Grün von Frühlingszwiebeln
4 EL gehackte frische Petersilie
Salz und frisch gemahlener Pfeffer
Reis (als Beilage)

In einem kleinen schweren Topf das Mehl in dem Öl anschwitzen; anschließend unter Rühren in etwa 25 Minuten bei schwacher Temperatur braun rösten. Beiseite stellen.

Inzwischen die Butter in einem schweren Topf bei schwacher Hitze zerlassen. Zwiebeln, Paprika und Knoblauch hinzufügen und zugedeckt unter gelegentlichem Rühren 25 Minuten garen.

Die Einbrenne und das Tomatenmark dazugeben. Die übrigen Zutaten darunterrühren und zugedeckt 30 Minuten garen. Abkühlen lassen und zugedeckt 4 Stunden oder über Nacht in den Kühlschrank stellen.

Das Ragout bei niedriger Temperatur etwa 30 Minuten erhitzen und auf frisch gekochtem Reis servieren.

Für 6 – 8 Personen

Louisiana

CRAWFISH PIES
Flußkrebspastetchen

Flußkrebse bewohnen die sumpfigen Flußarme und Gewässer Louisianas und anderer Gebiete. Zu besonderen Anlässen bereiten die Cajuns (versprengte Abkömmlinge der französischen Siedler Neuschottlands) opulente Flußkrebsessen zu, die ohne diese kleinen halbmondförmigen Pasteten unvollständig wären.

Pastetenteig (Rezept siehe nächste Seite)
125 g Butter
Weizenmehl
2 EL passierte Tomaten (Dose)
1 Zwiebel, feingehackt
½ kleine grüne Paprikaschote, entkernt und feingehackt
1 Stange Bleichsellerie, feingehackt
4 Frühlingszwiebeln, weiße und grüne Teile getrennt gehackt
1 Knoblauchzehe, zerdrückt
1 kg ausgelöste frische oder tiefgekühlte und aufgetaute Flußkrebsschwänze (oder Schwänze von Australkrebsen oder Kaisergranat) mit dem angelagerten Fett*
1 TL Cayenne-Pfeffer
Salz
2 Eiweiß
2 EL kaltes Wasser
60 ml Sahne

*Gute Fisch- oder Feinkostläden führen tiefgefrorene (oder auch frische) Flußkrebsschwänze. Das im Kopfabschnitt angelagerte Fett ist bei tiefgekühlten Flußkrebsschwänzen noch vorhanden.

Den Pastetenteig einen Tag im voraus zubereiten.

Die Butter in einem großen Topf bei mittlerer Temperatur zerlassen. 30 g Mehl hinzufügen und unter Rühren in etwa 30 Minuten braun rösten. Tomatensauce, Zwiebel, Paprika, Bleichsellerie, die weißen Teile der Frühlingszwiebeln sowie den Knoblauch hinzufügen. Die Hitze reduzieren und zugedeckt 1 Stunde garen; gelegentlich umrühren. Flußkrebsschwänze, das Grün der Frühlingszwiebeln und Cayenne-Pfeffer dazugeben und zugedeckt 20 Minuten garen lassen; danach ohne Deckel weitere 20 Minuten köcheln lassen. Mit Salz abschmecken, von der Kochstelle nehmen und 30 Minuten stehenlassen.

Den Backofen auf 200 °C (Gasherd Stufe 3 – 4) vorheizen. Ein Viertel des Pastetenteigs auf einem leicht bemehlten Brett 5 mm stark ausrollen und Teigscheiben von etwa 10 cm Durchmesser ausstechen; die Scheiben aufbewahren. Jeweils in die Mitte der Teigscheiben etwa 1 Eßlöffel der Krebsfleischfüllung geben.

Das Eiweiß mit dem Messer schaumig schlagen und die Teigränder damit bestreichen. Die Teigplatten halbmondförmig zusammenlegen und die Ränder gut mit einer Gabel andrücken. Die Pasteten in Mehl wenden; überschüssiges Mehl abschütteln. Die Pasteten auf ein gefettetes Backblech legen; insgesamt 20 Stück formen.

Die Pastetchen dünn mit Sahne bestreichen und im Backofen in etwa 25 Minuten goldbraun backen.

Ergibt 20 Pastetchen

PASTETENTEIG

250 g Weizenmehl
½ TL Salz
¼ TL Zucker
125 g kalte Butter
3 EL (50 g) kaltes Pflanzenfett
80 ml kaltes Wasser

Mehl, Salz und Zucker in einer Schüssel vermischen. Butter und Pflanzenfett mit dem Messer darunterarbeiten, so daß grobe Streusel entstehen. Das Wasser darunterrühren, damit der Teig geschmeidig wird. 1 Minute durchkneten; zugedeckt über Nacht in den Kühlschrank stellen.

Flußkrebspastetchen

Gebratene Garnelen (oben) *und Gebratener Wels* (unten, Rezept S. 72)

Louisiana

FRIED SHRIMP
Gebratene Garnelen

Die Schale der Garnelen läßt sich leicht entfernen, der dünne Darm, der am Rücken entlang verläuft, wird mit einem spitzen Messer herausgenommen. In »Black's Topless Oyster Bar« in Abbeville, Louisiana, werden gebratene Garnelen häufig in ausgehöhltem geröstetem Stangenweißbrot mit selbstgemachter Mayonnaise serviert.

2 – 3 Tassen Mayonnaise
60 ml Milch
500 g Riesengarnelen, aus der Schale gelöst, ohne Darm
Etwa 160 g frische Weißbrotkrumen
180 g Butter
2 EL Pflanzenöl
Salz
Zitronenachtel

In einer Schüssel Mayonnaise und Milch zu einer dicken Creme verrühren. Die Garnelen hineintauchen und mit Brotkrumen panieren. Auf Wachspapier geben.

Butter und Öl in einer großen schweren Pfanne bei mittlerer Temperatur erhitzen. Die Garnelen darin in kleinen Portionen in etwa 6 Minuten auf beiden Seiten goldbraun braten. Auf Küchenkrepp abtropfen lassen. Salzen und bei niedriger Temperatur im Backofen warm halten, bis alle Garnelen fertig sind. Mit Zitrone servieren.

Für 4 Personen

Mississippi

PAN-FRIED CATFISH

Gebratener Wels

Welse kommen in den Binnengewässern der USA reichlich vor, vor allem im Süden und Mittelwesten, wo sie schon immer ein wichtiges Nahrungsmittel waren. Nach traditioneller Art werden sie mit Maismehl paniert (im Süden mit weißem, im Mittelwesten mit gelbem) und in der Pfanne gebraten. Dazu gehören Maismehlkrapfen (Rezept S. 165).

60 g Weizenmehl
½ TL Salz
¼ TL frisch gemahlener Pfeffer
1 Prise Cayenne-Pfeffer
2 Eier, leicht verschlagen
1 EL Wasser
Etwa 250 g weißes Maismehl
1 kg Welsfilet
4 - 6 EL Pflanzenöl
Zitronenachtel

Weizenmehl, Salz, schwarzen Pfeffer und Cayenne-Pfeffer in einem Teller vermischen. Die Eier in einer flachen Schüssel mit dem Wasser verschlagen. Das Maismehl auf einen zweiten Teller geben. Die Fischfilets leicht mit Mehl bestäuben, in die Eimischung tauchen, abtropfen lassen und im Maismehl wenden. Auf einen Teller mit Wachspapier geben.

Das Öl in einer großen schweren Pfanne bei mittlerer Temperatur stark erhitzen - es darf aber nicht rauchen. Die Fischfilets in mehreren Portionen in etwa 2 Minuten auf jeder Seite goldbraun braten. Auf Küchenkrepp abtropfen lassen und bei niedriger Temperatur im Backofen warm halten, bis die übrigen Filets gebraten sind. Mit Zitrone servieren.

Für 4 Personen *Abbildung S. 71*

New York

LOBSTER NEWBURG

Hummer Newburg

Um 1890 ehrte das »Delmonico« in New York einen seiner Küchenchefs, indem es ein Gericht nach ihm benannte: Lobster Wenberg. Kurz darauf verkrachte Delmonico sich mit Wenberg und änderte den Namen in »Lobster Newburg« um.

1 gekochter Hummer (750 g - 1 kg)
3 EL (50 g) Butter
⅛ l Sahne
60 ml trockener Sherry
1 Spritzer Tabasco-Sauce
Salz und frisch gemahlener Pfeffer
2 kleine Eigelb, leicht verschlagen

Das Hummerfleisch auslösen und in etwa 1 cm dicke Scheiben schneiden.

Die Butter in einer schweren Pfanne bei mittlerer Hitze zerlassen. Das Hummerfleisch 3 Minuten darin schwenken; Sahne und Sherry dazugeben. Zum Kochen bringen, die Temperatur herunterschalten und die Flüssigkeit ohne Deckel auf die Hälfte einkochen lassen. Mit Tabasco, Pfeffer und Salz abschmecken. Auf sehr niedrige Temperatur herunterschalten.

Die Eigelb mit einigen Löffeln Sauce verrühren. Die Sauce mit dieser Mischung binden und noch 2 - 3 Minuten erhitzen, bis sie leicht eindickt; nicht kochen lassen.

Für 4 Personen

VILLEROY & BOCH, TIFFANY & CO

Rechts: *Hummer Newburg*

Mr. Peabody

Maine

Boiled, Steamed or Broiled Lobster

Gekochter, gedämpfter oder gegrillter Hummer

Nichts schmeckt besser als frischer Hummer aus Maine, vor allem wenn man ihn in einem der zahlreichen Fischlokale an der felsigen Küste ißt. Jeder Esser bekommt ein Gerät zum Aufbrechen der Scheren und eine Hummergabel zum Herauslösen des Fleisches.

1 lebender Hummer pro Person
Zerlassene Butter
Zitronenachtel

Kochen: In einem großen Topf Meerwasser oder kräftig gesalzenes Wasser zum Kochen bringen. Die Hummer mit dem Kopf voran in das sprudelnd kochende Wasser tauchen. Halb zugedeckt gar kochen; bei Hummern zwischen 600 - 750 g dauert das, nachdem das Wasser wieder kocht, etwa 10 Minuten. Mit einer Zange aus dem Wasser heben und über dem Topf abtropfen lassen. Die Panzer spalten, die Scheren aufbrechen und die Hummer heiß mit zerlassener Butter und Zitrone servieren.

Dämpfen: Aus Tierschutzgründen ist bei uns diese Garmethode verboten.

Grillen: Die Hummer mit dem Kopf voran in sprudelnd kochendes Wasser tauchen. Herausnehmen und auf ein Brett legen. Die Scheren aufknacken, die Hummer auf den Rücken drehen und der Länge nach spalten, ohne die Panzer ganz zu durchtrennen. Den Magensack hinter dem Kopf und die Atemorgane entfernen. Vorhandenen Rogen (Corail) nicht beschädigen. Mit zerlassener Butter bestreichen und die Hummer in etwa 10 cm Abstand zur Hitzequelle 10 - 12 Minuten grillen. Mit zerlassener Butter und Zitrone servieren.

Massachusetts

New England Clambake

Im Erdofen gebackene Meeresfrüchte

Von den Indianern lernten die ersten Siedler, am Strand Steine in Sandgruben zu erhitzen und darauf Muscheln zu backen. Wer seinen »Clambake« im eigenen Garten veranstalten möchte, aber kein Loch in seinem gepflegten Rasen ausheben will, kann sich mit einem alten Waschzuber behelfen.

Etwa 1 Dutzend Clams
1 EL Maisstärke
1 kleiner Hummer pro Person
2 Maiskolben pro Person
2 Kartoffeln pro Person
Frischer Seetang für den Erdofen

Eine Grube - etwa 1 m breit und ½ m tief - ausheben; mit großen glatten Steinen auslegen. Zwischenräume mit kleinen Steinen ausfüllen. Feuerholz darin aufschichten und etwa 1 Stunde lang ein starkes Feuer in Gang halten. Dann ausbrennen lassen.

Die Muscheln kräftig bürsten und 30 Minuten in einem Topf mit kaltem Wasser und 1 Eßlöffel Maisstärke wässern. Gut abspülen. Die Hummer in kochendem Wasser töten. Die Maiskolben kurz in Meerwasser oder stark gesalzenes Wasser legen.

Die Asche aus der Grube fegen. Eine Lage Seetang auf den heißen Steinen verteilen, mit Maschendraht abdecken. Muscheln, Hummer, Maiskolben und Kartoffeln darauflegen. Erneut Seetang darübergeben; mit einem Stück Segeltuch abdecken. Rasch arbeiten, damit die Steine nicht auskühlen. Backzeit: etwa 1 Stunde.

Abbildung S. 8 - 9

SUE FISHER KING; DILLINGHAM & COMPANY ANTIQUES

Rechts: *Gekochter Hummer*

Florida

Baked Fish with Oranges
Fisch im Ofen mit Orangen

Pompano und Roter Schnapper werden in Florida besonders geschätzt, aber jeder andere Fisch mit festem weißem Fleisch eignet sich ebenfalls für dieses Rezept.

5 EL (80 g) Butter, zerlassen
1 kg Fischfilet, in 4 Stücke geschnitten
Salz und frisch gemahlener Pfeffer
1 kleine Zwiebel, feingehackt
2 EL Cognac
1 TL in sehr feine Streifen geschnittene Orangenschale
⅛ l Sahne
2 EL gehackte frische Petersilie
2 EL Orangensaft
1 kernlose Orange, in dünne Scheiben geschnitten

Den Backofen auf 180 °C (Gasherd Stufe 2 - 3) vorheizen. Eine flache ofenfeste Form mit 1 Eßlöffel Butter einfetten. Die Fischfilets hineingeben und mit 2 Eßlöffeln Butter bestreichen. Salzen und pfeffern. Etwa 20 Minuten im Ofen garen, bis der Fisch sich leicht zerpflücken läßt.

Inzwischen die restlichen 2 Eßlöffel Butter in einer schweren Pfanne bei schwacher Temperatur erhitzen. Zwiebel, Cognac und Orangenschale darin 10 Minuten schwach garen.

Wenn der Fisch fertig ist, den Backofen ausschalten. Die Garflüssigkeit mit in die Pfanne geben, die Fischfilets zurück in den Ofen stellen. Die Sahne in die Pfanne geben und die Sauce noch 3 - 4 Minuten leicht dicklich einkochen lassen. Petersilie und Orangensaft darunterrühren. Den Fisch mit der Sauce überziehen und mit Orangenscheiben garnieren.

Für 4 Personen

Rechte Seite: *Gegrillte Thunfisch-Steaks* (oben, Rezept S. 78), *Panierte Abalonen-Steaks* (Mitte, Rezept S. 78) *und Scharbe oder Zungenbutt mit Zitronensauce* (unten)

California

Petrale or Rex Sole with Lemon Sauce
Scharbe oder Zungenbutt mit Zitronensauce

Die pazifische Scharbe ist der größte und saftigste Plattfisch der amerikanischen Westküste.

50 g Weizenmehl
1 Ei
⅛ l trockener Weißwein
100 - 130 g Semmelbrösel
4 Filets von pazifischen Scharben (oder entsprechend mehr von kleineren Plattfischen)
3 EL (50 g) Butter; 2 EL Olivenöl
2 kleine Zitronen, geschält, entkernt, in dünnen Scheiben
60 ml Wasser
Salz und frisch gemahlener weißer Pfeffer
1 EL gehacktes frisches Basilikum (oder Brunnenkresse)

Das Mehl auf einen Teller geben. In einer Schüssel das Ei mit 1 Eßlöffel Wein verschlagen. Die Semmelbrösel auf einem Teller verteilen. Den Fisch mit Mehl bestäuben, in der Eimischung wenden und dünn mit Bröseln panieren.

In einer großen schweren Pfanne 2 Eßlöffel der Butter und das Öl bei mittlerer Temperatur erhitzen. Die Fischfilets auf jeder Seite in etwa 3 - 4 Minuten goldgelb braten, bis sie sich leicht mit der Gabel zerpflücken lassen. Auf eine feuerfeste Servierplatte geben, bei niedriger Temperatur im Ofen warm halten.

Die restliche Butter in die Pfanne geben, Zitronenscheiben, verbliebenen Wein und Wasser hinzufügen. Zum Kochen bringen, die Hitze reduzieren und in etwa 4 Minuten auf die Hälfte einkochen lassen. Mit Salz und Pfeffer abschmecken. Den Fisch mit der Sauce übergießen und mit Kräutern bestreuen.

Für 4 Personen

Fisch im Ofen mit Orangen

FILAMENTO

California

SAUTÉED ABALONE STEAKS
Panierte Abalonen-Steaks

Abalonen, auch Meerohren genannt, sind große Schnecken und gelten an der Westküste der USA als Delikatesse. Ihr Fleisch muß erst zartgeklopft werden.

30 g Weizenmehl
½ TL Salz
¼ TL frisch gemahlener Pfeffer
1 Ei, leicht verschlagen
1 EL Wasser
4 Scheiben Abalonenfleisch (je etwa 120 – 150 g), mit einem Fleischklopfer zartgeklopft (siehe Glossar)
50 g Semmelbrösel
2 EL (30 g) Butter
1 EL Olivenöl
Zitronenachtel

Mehl, Salz und Pfeffer auf einem Teller vermischen. Ei und Wasser in einer flachen Schüssel verschlagen. Das Abalonenfleisch leicht im Mehl wenden, in die Eimischung tauchen, abtropfen lassen und dünn mit Semmelbröseln panieren.

Butter und Öl in einer schweren Pfanne bei mittlerer Temperatur erhitzen. Die Abalonen-Steaks auf jeder Seite 45 – 50 Sekunden sautieren. Nicht übergaren, damit sie nicht zäh werden. Sofort mit Zitrone servieren.

Für 4 Personen — *Abbildung S. 77*

California

BROILED TUNA STEAKS
Gegrillte Thunfisch-Steaks

Einst verdankten viele Städte Kaliforniens ihren Wohlstand dem Thunfischfang. Heute können die örtlichen Fischer nicht mehr mit den Fangflotten der großen nationalen und internationalen Gesellschaften konkurrieren. Gegrillte Steaks von frischem Thunfisch schmecken ausgezeichnet, aber auch Schwertfisch eignet sich für dieses Rezept.

4 Thunfisch-Steaks (2,5 cm dick)
60 ml Zitronensaft
⅛ l Olivenöl
1 kleine Knoblauchzehe, zerdrückt
1 Prise getrockneter Origano, zerrieben
½ TL feingeriebene Zitronenschale
Salz und frisch gemahlener Pfeffer

Den Thunfisch in eine Glas- oder Keramikform geben. Die übrigen Zutaten in einer Schüssel vermischen und den Fisch darin 30 Minuten marinieren.

Den Grill vorheizen, den Grillrost leicht einfetten. Die Thunfisch-Steaks auf jeder Seite 5 Minuten grillen, dabei mit der Marinade begießen.

Für 4 Personen — *Abbildung S. 77*

Wisconsin

PLANKED LAKE TROUT
Saibling auf Holz gegart

Das Garen von Fischen auf Holzplanken, das zu den Freizeitfreuden vieler Amerikaner gehört, stammt von den Indianern; sie banden die Fische auf Holzbretter und stellten sie aufrecht neben ein schwelendes Feuer. Wer Fisch nach dieser Methode im Backofen zubereiten möchte, muß das Brett vorher einölen und gründlich wässern. (Zum Auffangen des Saftes eine Fettpfanne darunterstellen.)

2 Seesaiblinge (je etwa 1 kg), küchenfertig vorbereitet
Salz und frisch gemahlener Pfeffer
Saft von 2 großen Zitronen
2 EL (30 g) Butter, zerlassen
Heißes Kartoffelpüree von etwa 5 großen Kartoffeln
1 Eigelb, leicht verschlagen
2 EL frisch geriebener Parmesan

Saibling auf Holz gegart

Den Backofen auf 180 °C (Gasherd Stufe 2–3) vorheizen. Die Fische innen und außen mit Salz und Pfeffer würzen, mit Zitronensaft beträufeln. Auf ein geöltes, gewässertes Brett aus abgelagertem Holz legen, mit zerlassener Butter bestreichen und in etwa 35 Minuten im Ofen garbacken.

In der Zwischenzeit das Kartoffelpüree zubereiten und das Eigelb darunterrühren.

Wenn die Fische gar sind, mit Püree-Rosetten aus dem Spritzbeutel umgeben; diese mit Parmesan bestreuen und alles kurz unter dem vorgeheizten Grill bräunen.

Für 4 Personen

Eingelegte Stinte

Michigan

Pickled Smelts
Eingelegte Stinte

Sehr kleine Stinte kann man knusprig ausbacken und im ganzen essen. Größere Exemplare werden nach osteuropäischer Tradition eingelegt.

Etwa 2 Dutzend Stinte (oder kleine Sardinen), ohne Köpfe, gesäubert
130 g grobes Salz
2 Zwiebeln, in Scheiben geschnitten
2 TL Einmachgewürz
2 kleine Lorbeerblätter
180 g Zucker
½ l Essig

Die Stinte mit Salz bestreut 10 Stunden stehenlassen. Anschließend sechsmal in kaltem Wasser waschen. Abtropfen lassen, in Stücke schneiden.

Die Fischstücke auf zwei sterilisierte 1-l-Gläser verteilen; jeweils die Hälfte der Zwiebeln, 1 Teelöffel Einmachgewürz und 1 kleines Lorbeerblatt hinzufügen.

Zucker und Essig in einem kleinen Topf zum Kochen bringen. Die Hitze reduzieren, 5 Minuten im offenen Topf köcheln lassen. Den Fisch damit übergießen, die Gläser verschließen und abkühlen lassen. Vor dem Verzehr mindestens 3 Tage im Kühlschrank durchziehen lassen. Im Kühlschrank aufbewahren.

Washington

Seattle Baked Salmon
Gegrillter oder gebackener Lachs aus Seattle

Die Indianer vom Puget Sound banden Lachse zum Garen auf Holzplanken, die sie aufrecht neben ein schwelendes Feuer stellten. Wer Lachs im Freien grillen möchte, sollte sich wegen des feinen Aromas Erlenholzspäne beschaffen. Holzspäne müssen immer gewässert werden, bevor man sie in die Glut wirft.

1 Lachs ohne Kopf (etwa 2 kg), der Länge nach aufgeschnitten, entgrätet und auseinandergeklappt
1½ EL brauner Zucker
2 EL Rotweinessig
3 EL Olivenöl
½ TL grobes Salz
¼ TL frisch gemahlener Pfeffer
4 EL gehackter frischer Dill

Den Lachs auseinanderklappen, mit dem Zucker bestreuen und mit Essig beträufeln. Zusammenklappen und zugedeckt über Nacht in den Kühlschrank geben.

Etwa 2 Stunden vor dem Garen Olivenöl, Salz, Pfeffer und Dill in einer Schüssel vermischen. Die Außenseite (Haut) des Lachses damit bestreichen. Zugedeckt bei Raumtemperatur stehenlassen.

Den Gartengrill vorheizen (den Backofen auf 190 °C, Gasherd Stufe 3). Den Lachs auseinandergeklappt auf einen gefetteten Rost legen (oder auf ein großes Backblech). Abdecken und über mittlerer Glut (oder bei mittlerer Hitze im Backofen) pro 3 cm Dicke etwa 10 Minuten garen, bis sich das Fleisch leicht zerpflücken läßt.

Für 4 - 6 Personen *Abbildung S. 58 - 59*

Oregon

Poached Salmon with Dill Sauce
Pochierter Lachs mit Dillsauce

Man sagt, Abigail Adams, die Frau des zweiten Präsidenten der USA, habe die Tradition begründet, am Unabhängigkeitstag pochierten Lachs zu servieren.

1 Zwiebel, in Scheiben geschnitten
1 Scheibe Zitrone
⅛ l trockener Weißwein
½ l Fischfond (siehe Glossar)
4 Lachs-Steaks (je etwa 250 g)
2 EL (30 g) Butter
2 EL Weizenmehl
60 ml Sahne (oder Sahne und Milch zu gleichen Teilen)
1 Eigelb
Salz und frisch gemahlener Pfeffer
4 EL gehackter frischer Dill

Zwiebel, Zitrone, Wein und Fischfond in einem großen Topf zum Kochen bringen. 1 Minute kochen lassen; die Temperatur herunterschalten. Die Lachs-Steaks in den Topf geben und zugedeckt etwa 10 Minuten garziehen (nicht kochen) lassen, bis sich das Fleisch mit der Gabel zerpflücken läßt. Vom Herd nehmen.

Inzwischen in einem Topf die Butter bei schwacher Hitze zerlassen. Das Mehl darin unter Rühren 2 Minuten anrösten. Wenn die Lachs-Steaks gar sind, ¼ l vom Pochiersud mit dem Schneebesen unter die Mehlschwitze rühren. Zum Kochen bringen, in etwa 3 Minuten dicklich einkochen lassen. Die Hitze reduzieren.

Sahne und Eigelb in einer Schüssel verschlagen; die Sauce damit binden; noch etwa 2 Minuten unter ständigem Rühren eindicken lassen; nicht kochen lassen. Mit Salz und Pfeffer abschmecken, den Dill darunterrühren, vom Feuer nehmen.

Die Lachs-Steaks aus dem Sud heben und auf Küchenkrepp abtropfen lassen. Auf einem Servierteller anrichten, die Sauce darübergeben und sofort auftragen.

Für 4 Personen

Rechte Seite: *Pochierter Lachs mit Dillsauce*

Gebratene Forelle (links) *und Klippfisch-Frikadellen* (rechts)

Massachusetts

Codfish Balls
Klippfisch-Frikadellen

Unter den traditionellen Lieblingsgerichten der Bostoner rangiert diese Spezialität gleich hinter den berühmten »Baked beans«.

250 g getrockneter gesalzener Kabeljau (Klippfisch), gewässert
Kaltes Kartoffelpüree von etwa 2 großen Kartoffeln
1 Ei, leicht verschlagen
1 EL Butter (mit Raumtemperatur)
2 EL Sahne (oder Sahne und Milch zu gleichen Teilen)
½ TL frisch gemahlener Pfeffer
6 EL (90 g) Pflanzenfett
Gehackte frische Petersilie (nach Belieben)

Den Klippfisch 24 Stunden in kaltem Wasser einweichen; das Wasser mehrmals erneuern.

Gut abtropfen lassen, in einem schweren Topf mit kaltem Wasser bedecken und langsam erhitzen, bis das Wasser beinahe kocht. Den Fisch 15 - 20 Minuten garziehen lassen - er darf nicht kochen, da er sonst hart wird. Abgießen und in eine Schüssel geben; mit einer Gabel in Stücke zerpflücken und abkühlen lassen.

Das Kartoffelpüree zum Fisch geben; Ei, Butter, Sahne und Pfeffer darunterrühren. Alles gründlich vermischen und in zwölf Portionen teilen; zu Frikadellen formen.

Die Hälfte des Pflanzenfetts in einer großen schweren Pfanne bei mittlerer Temperatur erhitzen. Die Hälfte der Frikadellen hineingeben und auf jeder Seite in etwa 1½ Minuten hellbraun braten. Auf Küchenkrepp abtropfen lassen; auf eine Platte geben und warm stellen, bis alle Frikadellen fertig sind. Mit Petersilie bestreut servieren.

Für 4 Personen

Wyoming

Skillet Trout
Gebratene Forelle

Als die Siedler westwärts zogen, wurden Forellen und Süßwasserlachse zu einem wichtigen Bestandteil ihrer Ernährung. Forellen sind die beliebtesten Süßwasserfische der Amerikaner. Am besten schmecken sie gebraten oder im Freien über offenem Feuer gegrillt.

⅛ l Milch
60 g Weizenmehl
½ TL Salz
4 Regenbogenforellen, küchenfertig vorbereitet
2 EL (30 g) Butter
2 EL Pflanzenöl
Zitronenachtel

Die Milch in eine flache Schüssel gießen. Mehl und Salz auf einem Teller vermischen. Die Fische in die Milch tauchen, überschüssige Flüssigkeit abtropfen lassen und leicht im Mehl wenden.

Butter und Öl in einer großen schweren Pfanne bei mittlerer Temperatur erhitzen. Die Fische auf jeder Seite 3 - 4 Minuten braten, bis sie knusprig und fest sind. Auf Küchenkrepp abtropfen lassen und mit Zitrone servieren.

Für 4 Personen

Rhode Island

Haddock Sauté
Gebratener Schellfisch

Schellfisch, ein Verwandter des Kabeljaus, wird häufig im Ofen gegart, pochiert und mit Eiersauce serviert oder – wie im folgenden Rezept – gebraten.

30 g Weizenmehl
Etwa 80 g frische Weißbrotkrumen
⅛ l Milch
750 g – 1 kg Schellfisch- oder Kabeljaufilet
125 g Butter
2 EL Pflanzenöl
1½ EL Malz- oder Rotweinessig
Zitronenachtel
Gehackte frische Petersilie

Den Backofen auf 180°C (Gasherd Stufe 2 – 3) vorheizen. Mehl und Brotkrumen auf getrennten Tellern verteilen und die Milch in eine flache Schüssel geben. Die Fischfilets leicht mit Mehl bestäuben, in die Milch tauchen und dünn mit Brotkrumen panieren.

In einer großen schweren Pfanne die Hälfte der Butter mit 1 Eßlöffel Öl bei mittlerer Temperatur erhitzen. Die Fischfilets in etwa 2 Minuten auf jeder Seite goldgelb braten; nach Bedarf weitere Butter und Öl hinzufügen. Den Fisch auf eine ofenfeste Servierplatte geben.

Mit Essig beträufeln und etwa 8 Minuten in den Backofen geben, bis er sich mit der Gabel zerpflücken läßt. Mit Zitrone garnieren und mit Petersilie bestreuen.

Für 4 Personen

Massachusetts

Baked Haddock or Codfish
Kabeljau im Ofen gebacken

Nach diesem Rezept läßt sich auch jeder andere festfleischige Fisch – selbst Blaubarsch – zubereiten.

2 EL (30 g) Butter
1 kleine Gemüsezwiebel, gehackt
750 g Kabeljau-, Schellfisch- oder Lengfilet
1 EL gehackte frische Kräuter (Petersilie, Estragon, Kerbel)
½ TL Salz
¼ TL frisch gemahlener Pfeffer
¼ l Sahne
Paprika

Den Backofen auf 180°C (Gasherd Stufe 2 – 3) vorheizen. Die Butter in einer kleinen schweren Pfanne bei schwacher Hitze zerlassen. Die Zwiebelstückchen in etwa 8 Minuten darin weich garen. Auf dem Boden einer flachen ofenfesten Form verteilen, in der die Fischfilets nebeneinander Platz haben.

Den Fisch auf die Zwiebeln legen und mit Kräutern, Salz und Pfeffer bestreuen. Mit der Sahne übergießen und leicht mit Paprika bestäuben. Die Form abdecken und 15 Minuten in den Backofen geben. Die Abdeckung entfernen und den Fisch je nach Dicke noch 10 – 15 Minuten im Ofen garen, bis er sich mit der Gabel zerpflücken läßt.

Für 4 Personen

Gebratener Schellfisch (oben) *und Kabeljau im Ofen gebacken* (unten)

697879
PORT OF HOUSTON, TX.
BUFFY ANN

DER SÜDEN

RE-BIR
JAZZ
BAND

LUIS CASTAÑEDA/THE IMAGE BANK

Der Süden

Im Süden herrschten die Muskogee-Indianer, wenn auch das Bergland von den zur Irokesen-Gruppe gehörenden Cherokee kontrolliert wurde. Zu den Muskogee-Stämmen zählten unter anderem die Choctaw, Chickasaw, Creek, Natchez und die Seminolen. Diese Indianerstämme des Südens sind dafür bekannt, daß sie aus Mais *hominy* herstellten. Dank des warmen Klimas konnten sie dreimal jährlich Mais ernten. Er wurde in einer aus Holzasche gewonnenen Lauge eingeweicht, damit die Körner aufquollen, und anschließend mehrmals in Quellwasser gewaschen, um die giftige Lauge zu entfernen. Der größte Teil der zu *hominy* verarbeiteten Maiskörner wurde zur Vorratshaltung getrocknet oder getrocknet und geschrotet. Maismehl verwendeten die Indianer für Fladenbrote und für ein längliches Brot, dessen Teig Heidelbeeren enthielt.

Die Indianer bauten Sonnenblumen, Kürbisse und Bohnen an und - wie einige Historiker meinen - auch Süßkartoffeln und Melonen. Bei Süßkartoffeln mag dies zutreffen, aber Melonen wurden erst durch die Spanier von den Westindischen Inseln eingeführt. Die Wälder waren voller Brombeeren, Erdbeeren, Persimonen und Pecannüsse. Die Nüsse kochten die Indianer in Wasser und erhielten so eine süße, gehaltvolle Flüssigkeit, mit der sie Suppen und Maisbrote verfeinerten. Fleisch lieferten ihnen Opossums, Eichhörnchen, Kaninchen, Rehwild, Schlangen, Frösche und Wildgeflügel. In den Flüssen und Bayous (Flußarme im Mündungsgebiet des Mississippi) tummelten sich Welse und Flußkrebse, in den Küstengewässern die verschiedensten Fische, Schal- und Krustentiere sowie Seeschildkröten. Fische wurden über offenem Feuer gegrillt, geräuchert oder in Eintopfgerichten verwendet.

Virginia war die erste britische Kolonie in Nordamerika; zu jener Zeit stand das Gebiet allerdings noch unter der Obhut der »Virginia Company of London«. Der Tabak gedieh hier

Vorhergehende Seiten: *Die Boote der Garnelenfischer bei Sonnenuntergang in Delcambre, Louisiana. Garnelen sind die beliebtesten Krebstiere in Amerika; die Mehrzahl stammt aus dem Atlantik oder dem Golf von Mexiko.*

TOM ALGIRE/TOM STACK & ASSOCIATES

Links: *Straßenmusikanten sind ein gewohntes Bild im französischen Viertel von New Orleans, das nicht nur für seine französische Architektur und kunstvollen Balkons berühmt ist, sondern auch für seinen traditionellen Jazz und Blues.*

Farmer in Kentucky zeigen den Stolz der Südstaatler, der für den kultivierten, aber bodenständigen Lebensstil dieser Region charakteristisch ist.

besonders gut, und nachdem man 1617 eine neue Methode zum Trocknen des Tabaks entwickelt hatte, blühte die bis dahin ländlich-arme Kolonie in kürzester Zeit auf. Der wachsende Wohlstand Virginias war für die britische Regierung Grund genug, die Charter (das königliche Patent) der »Virginia Company of London« rückgängig zu machen. So wurde Virginia im Jahre 1624 Kronkolonie. Unter »royalistischem« Recht entstand in Virginia (und anderenorts) eine elitäre Gesellschaftsschicht von wenigen reichen Plantagenbesitzern. Das herrschaftliche Leben, das die privilegierten Schichten im Süden vor dem Bürgerkrieg führten, war natürlich nur durch die Sklavenhaltung möglich.

Carolina war Teil einer Schenkung König Karls II. von England an seine Anhänger. Als erste Siedlung entstand Charlestown (heute Charleston), das über einen der besten Häfen an der Atlantikküste verfügte und deshalb rasch aufblühte. Als Ludwig XIV. im Jahre 1685 das »Edikt von Nantes« aufhob, das die Rechte der Protestanten schützte, löste dies eine Fluchtbewegung der Hugenotten aus Frankreich aus. Die meisten fanden in Acadia (Nova Scotia), entlang des Sankt-Lorenz-Stroms sowie in Quebec und Maine Zuflucht, doch kamen auch viele nach Charleston, das zeitweise bis zu zwanzig Prozent von Franzosen bewohnt war. Zwischen dem nördlichen und dem südlichen Teil Carolinas entwickelten sich starke politische Differenzen, die 1730 zur Teilung durch die britische Regierung führten. South Carolina nahm – wie Virginia – einen raschen Aufschwung. Riesige Plantagen entstanden, deren Besitzer ein üppiges, aristokratisches Leben mit Sklaven und Bediensteten führten. In North Carolina hingegen gab es nur kleinere Farmen, die von freien Siedlern selbst bewirtschaftet wurden.

Georgia war die letzte Kolonie, die die Engländer gründeten. Als James Oglethorpe vorschlug, eine Kolonie zu gründen, in der verfolgte Protestanten und Insassen englischer Gefängnisse eine Heimat finden sollten, stimmte die Krone zu – allerdings nicht ohne Eigennutz. Sie hoffte, daß die neue Kolonie und ihre Bewohner South Carolina gegen die von den Spaniern unterstützten Angriffe der Indianer schützen und eine Pufferzone zwischen den englischen Kolonien und dem spanisch besetzten Florida bilden würde.

Im »Frieden von Versailles« wurde 1783 die Westgrenze der Vereinigten Staaten bis an den Mississippi vorgeschoben. Spanien beherrschte jedoch weiterhin Florida und das Küstengebiet am Golf von Mexiko bis nach New Orleans. 1792 wurde Kentucky und 1796 Tennessee in die Union aufgenommen. Doch Spanien kontrollierte noch immer den unteren Mississippi und blockierte damit den wichtigsten Wasserweg in den Mittelwesten. Kurz nachdem 1795 mit Spanien eine Vereinbarung über den freien Zugang zum Hafen von New Orleans unterzeichnet worden war, traten die Spanier das Gebiet an Frankreich ab. Thomas Jefferson, der damalige Präsident, drängte den Kongreß, Frankreich zwei Millionen Dollar für die Stadt zu bieten. Die Franzosen unter Napoleon Bonaparte, die kurz zuvor eine Niederlage auf Haiti hatten hinnehmen müssen, verblüfften die Amerikaner, indem sie ihnen das Louisiana-Territorium für fünfzehn Millionen Dollar zum Kauf anboten. Das Gebiet umfaßte große Teile des Kernlandes der heutigen Vereinigten Staaten; es reichte in nordwestlicher Richtung von Louisiana bis nach Montana und östlich bis zum Mississippi. Florida wurde den Spaniern 1819 abgekauft.

Die Indianer bauten verschiedene Maissorten an, doch wurde weißer Mais von den Siedlern im Süden bevorzugt. Da Weizenmehl aus England oder aus den Staaten der mittleren Atlantikküste importiert werden mußte, wurde den Broten im Süden Maismehl zugesetzt. Wer sich überhaupt kein Weizenmehl leisten konnte, übernahm die indianischen Zubereitungsmethoden für Fladen, in Asche gebackene Kuchen und Brote aus Maismehl. Die ersten Kuchen und Süßspeisen im Süden, etwa Topfkuchen, *chess pies*, Obst- und Puddingdesserts basierten auf englischen Rezepten. Batatenkuchen dagegen ist eine amerikanische Erfindung.

Reis spielte Anfang des 18. Jahrhunderts eine wichtige Rolle in der Wirtschaft beider Teile Carolinas; heute kommt der größte Teil der Reisernte im Süden aus Louisiana und Arkansas (die beiden anderen Hauptanbaugebiete liegen in Texas und Kalifornien). Viele amerikanische Reisgerichte wie *dirty rice, jambalaya* und *hopping John* stammen aus dem Süden. *Hopping John,* eine Mischung aus Reis und Augenbohnen, die den Eiweißbedarf weitgehend deckt, stammt ursprünglich von Afrikanern und soll – zu Neujahr gegessen – Glück bringen. Durch afrikanische Sklaven, die in den Plantagenküchen arbeiteten, wurde die Küche des Südens stark beeinflußt. So ist die Verwendung von Okraschoten, Sesamkörnern, Melonen und scharfen Gewürzen ihnen zuzuschreiben.

Schweinefleisch kam im Süden regelmäßig auf den Tisch, und *barbecued pork* erlangte Berühmtheit. In Smithfield, Virginia, mästete man die Schweine mit Erdnüssen, und die über Hickory-Holz geräucherten Schinken sind auch heute noch eine begehrte Spezialität dieser Region. *Fried chicken* mit Sahnesauce und Schinkensteaks mit Kaffeesauce, zu denen man in Tennessee Maisgrütze und *biscuits* reicht, sind weitere Spezialitäten des Südens. Kentucky hat seinen Bourbon zu bieten und *burgoo*, einen Eintopf aus Fleisch und Gemüse. Georgia ist berühmt für seine Pfirsiche, Pecannüsse und für *Country Captain*, ein mit Curry gewürztes Hühnergericht. Alabama und Mississippi sind bekannt für ihren Wels und für *fried pies.* Florida mit seinem spanischen Erbe kombiniert Zitrusfrüchte mit frischen Meerestieren. Damit kommen wir zu Louisiana.

Obwohl Louisianas Küche in vielem der des übrigen Südens gleicht, sind die Rezepte aus New Orleans einzigartig. Ursprünglich wurde die Stadt von den Franzosen besiedelt, später kam sie unter spanische Herrschaft. New Orleans hatte immer einen bedeutenden Hafen und ist daher sehr kosmopolitisch. Die kreolische Küche der Stadt basiert zwar auf der klassischen französischen Kochkunst, wurde jedoch im Lauf der Jahre stark durch die Spanier beeinflußt. Und die Gewürze und Gemüse, die in vielen Gerichten zu finden sind, lassen sich bis zu den Choctaw-Indianern und zu den schwarzen Sklaven zurückverfolgen. Die Küche von New Orleans ist zweifellos eine der besten Amerikas.

Im südlichen Teil des Bundesstaates Louisiana liegt das

CATHERINE KARNOW

Land der *Cajuns*. Die Bezeichnung *Cajun* stammt von *Acadian*, denn die *Cajuns* sind Nachfahren der französischen Hugenotten, die 1685 nach Acadia flohen. Als England die Kontrolle über Kanada übernahm, verweigerten die Akadier der britischen Krone den Gehorsam und waren auch nicht bereit, ihre Sprache aufzugeben. Die Geschichte ihrer Deportation im Jahre 1755 ist wohlbekannt: Familien wurden auseinandergerissen, Männer von ihren Frauen, Frauen von ihren Kindern getrennt und in alle Winde zerstreut – viele von ihnen sahen einander nie wieder. Zahlreiche Akadier kamen nach Louisiana, das zu dieser Zeit unter französischer Herrschaft stand. Und so wurzelt auch die Küche der *Cajuns* in der ihrer französischen Vorfahren, doch ist sie rustikaler, schärfer, frecher. Sowohl die kreolischen Gerichte als auch die der *Cajuns* basieren auf den landwirtschaftlichen Produkten der Gegend und auf der Fülle der Meerestiere, die der Golf von Mexiko bietet: Garnelen, Flußkrebse, Austern, Krabben, Chili-Schoten, Reis und Sassafrasblätter sind zum Beispiel wichtige Zutaten. *Gumbos, jambalayas*, Garnelen- und Fischgerichte nach kreolischer Art, *pain perdu* und unzählige andere Spezialitäten sind der Beitrag Louisianas zur Küche Amerikas.

Ein Merkmal, das die Bewohner des Südens auszeichnet, ist ihre Vorliebe für gutes Essen, vor allem, wenn sie es mit Freunden genießen. Das mag auch daran liegen, daß der Süden zum größten Teil noch ländlich geprägt ist. Wenn die Menschen hier zusammenkommen, gehört auch immer eine gemeinsame Mahlzeit dazu.

Die sanft hügelige Landschaft bei Paris im nördlichen Virginia.

Mit seiner frischen, bunten Ware und den auffälligen Schildern erregt dieser Obststand in New Orleans die Aufmerksamkeit der Passanten.

ANNE RIPPY/THE IMAGE BANK

GEFLÜGEL UND WILDGEFLÜGEL

JOE ROSSI

Wildenten und -gänse waren bei den frühen Siedlern sehr beliebt. Die Indianer brachten ihnen bei, sie über offenem Feuer zu rösten oder in der Glut zu garen.

GEFLÜGEL UND WILDGEFLÜGEL

Die Engländer fanden einen großen Wildreichtum vor, als sie nach Amerika kamen. Obwohl die meisten von ihnen nichts von der Jagd verstanden und mit ihren klobigen Musketen nicht mal ein Scheunentor treffen konnten, lernten sie schnell – es ging ums Überleben. Von den Indianern lernten sie nicht nur, wie man wilde Truthähne, Enten, Gänse, Wachteln, Lerchen, Tauben, Rebhühner und sogar Möwen erlegt, sondern auch, wie man die Vögel über offenem Feuer röstete oder in heißer Glut garte, häufig gefüllt mit Kräutern, Gemüsen, Nüssen oder Früchten.

Damals kamen Wildtruthähne in Mexiko, im Südwesten, im Mittelwesten und im Osten Amerikas vor. Während die Indianerstämme des Mittelwestens und des Ostens die Tiere nur jagten, domestizierten die Indianer im Südwesten, wie etwa die Azteken, die Vögel schon lange, bevor die Spanier ins Land kamen. Die Siedler wußten das schmackhafte Fleisch sehr bald zu schätzen, und Truthahn wurde rasch zum beliebtesten Wildgeflügel Amerikas. Im 17. und 18. Jahrhundert kam es sogar zwei- bis dreimal wöchentlich auf den Tisch und gehörte schließlich so sehr zum *american way of life*, daß Benjamin Franklin einmal äußerte: »Ich bedaure es, daß der Weißkopfadler zum Wappentier unseres Landes wurde. Der Truthahn ist ein viel anständigerer Vogel und außerdem ein echter Ureinwohner Amerikas.« Seiner Ansicht nach besaß der Adler »einen schlechten Charakter, den Betrügern und Räubern unter den Menschen nicht unähnlich«. Er versuchte allen Ernstes, den Truthahn zum nationalen Symbol zu erheben, bekanntlich ohne Erfolg. Im Laufe der Zeit dezimierte sich die Zahl der wilden Truthähne. Statt dessen wurden sie in zunehmendem Maße gezüchtet. Heute essen die meisten Amerikaner nur einmal jährlich Truthahn, und zwar zum Erntedankfest.

Irgendwann nahmen neue Siedler schließlich auch Hühner mit auf ihre Reise über den Ozean und brachten sie mit in die Neue Welt. Während des 17. und 18. Jahrhunderts gab es sie allerdings noch kaum zu kaufen – sie waren teuer und galten als ausgesprochener Luxus. Mitte des 19. Jahrhunderts gab es schon Hühnerzuchtbetriebe, und durch Kreuzung wurden so bekannte Rassen wie White Plymouth Rock, Rhode Island White, Rhode Island Red und Wyandotte gezüchtet. So sind die beliebten Cornischen Wildhennen eine Kreuzung zwischen dem Cornischen Wildhahn und dem Plymouth-Rock-Huhn. Als Hühner immer leichter zu haben waren, entstanden in jeder Region eigene Gerichte mit Hühnerfleisch. Die Neuengländer verwendeten es in ihren *pot pies*, die Südstaatler liebten *fried chicken*, im Südwesten gab es mexikanische Hühnergerichte, im Mittleren Westen wurden Hühner unter freiem Himmel gegrillt, und in Kalifornien machte »Huhn à la Tetrazzini« Furore.

Die meisten Hühner, die man heute in amerikanischen Supermärkten kauft, stammen aus Massentierhaltungen und schmecken nicht halb so gut wie Freilandhühner. Dank der Autorität berühmter Starköche, die nur allerbeste Qualität gelten lassen, wächst jedoch allmählich wieder der Bedarf nach Tieren aus kleinen ländlichen Geflügelfarmen. Enten und

Vorhergehende Seiten: *Truthahn mit Maisbrotfüllung zum Erntedankfest* (Rezept S. 106)

TIFFANY & CO.: MISSY HAMILTON

Gänse, die heute in Amerika weniger gefragt sind, erfreuten sich bei den frühen Siedlern größter Beliebtheit. Anfangs aß man Wildenten; erst 1873 wurden domestizierte Peking-Enten eingeführt, und in Long Island entwickelte sich die Aufzucht von Enten zu einem wichtigen Wirtschaftszweig (noch heute werden Hausenten in Amerika als »Long Island ducklings« bezeichnet). Auch Gänse waren im frühen Amerika von großer Bedeutung, und nicht nur wegen ihres Fleisches. Ihr Fett wurde als Heilsalbe gegen Bronchitis verwendet, ihre Federn als Füllung für Bettdecken und die Federkiele zum Schreiben. Die aufmerksamen Tiere wurden sogar als »Wachhunde« eingesetzt, da sie jeden Eindringling, ob zwei- oder vierbeinig, mit lautem Gekreisch zu vertreiben suchten. Gänsebraten wird nach alter Tradition zu Weihnachten gegessen. Noch immer fliegen Scharen von Wildgänsen und -enten über weite Teile der Vereinigten Staaten - ein beliebtes Ziel für die Jäger. Diese Vögel haben einen intensiveren Geschmack als ihre domestizierten Verwandten und sind lange nicht so fett.

Neben Wildenten und -gänsen gehören heute Fasane, Birkhühner, Wachteln und Tauben zu den bevorzugten Wildgeflügelarten. Im 18. Jahrhundert wurde der Fasan aus Europa und Asien eingeführt. George Washington brachte die prachtvollen Vögel auf sein Landgut Mount Vernon. Heute findet man sie in über dreißig Bundesstaaten. Auch Birkhühner sind für die Jäger eine reizvolle Beute, nicht nur wegen ihres Geschmacks, sondern weil sie äußerst schlau und schwer zu erlegen sind. Das Haselhuhn ist das schmackhafteste aus der Birkhuhnfamilie. Birkhühner gab es auch reichlich in den Plains, wo man sie als Präriehuhn bezeichnete.

Überall in den USA findet man die winzigen Wachteln. Im Süden werden sie Rebhühner genannt, fälschlicherweise, denn es gibt keine Rebhühner in Amerika. Unter den Wildtauben unterscheidet man die *mourning dove* aus dem Osten, die *white-winged dove* aus dem Süden und die *band-tailed pigeon* aus dem Westen. In manchen Neuengland-Staaten sind *mourning doves* übrigens als Singvögel geschützt.

GEORGE OLSON

Neue Siedler brachten Hühner mit nach Amerika; schon Mitte des 19. Jahrhunderts war die Hühneraufzucht überall verbreitet.

JIM BRANDENBURG

Wegen der steigenden Nachfrage nach freilaufenden Hühnern haben kleine Geflügelfarmen auf dem Land wieder mehr Erfolg.

Gebackenes Huhn

Maryland

Fried Chicken

Gebackenes Huhn

Es gibt so viele Rezepte für Backhühnchen, daß sich das »eine«, das jeden Geschmack trifft, kaum finden läßt. In dieser Version werden die Hühnerteile durch eine leichte Mischung aus Ei und Milch gezogen; man kann aber auch darauf verzichten.

1 Ei
160 ml Milch
1 Poularde (etwa 2 kg), in Portionsstücke zerlegt
Salz und frisch gemahlener Pfeffer
1½ EL Weizenmehl
250 g Schweineschmalz
250 g Pflanzenfett
½ l Sahne

Ei und Milch in einer flachen Schüssel leicht schaumig schlagen. Die Hühnerteile hineintauchen und die überschüssige Flüssigkeit abtropfen lassen. Das Geflügel auf einen großen Teller legen und von beiden Seiten großzügig mit Salz und Pfeffer bestreuen.

250 g Mehl auf einem großen Teller verteilen. Das Hühnerfleisch darin wälzen und das Mehl gut andrücken.

Den Backofen auf 120 °C (Gasherd Stufe 1) vorheizen. Schweineschmalz und Pflanzenfett in einer großen gußeisernen Bratpfanne bei mittlerer Temperatur erhitzen. Die Hühnerteile mit ausreichendem Abstand zueinander vorsichtig in die Pfanne legen, auf beiden Seiten in etwa 7 Minuten goldbraun backen. Auf mittlere Hitze reduzieren, den Deckel halb auflegen und die Hühnerteile noch 20 Minuten garen; dabei mehrmals wenden. (Das Geflügel soll eine intensive Kupferfarbe bekommen; bräunt es zu rasch, die Temperatur weiter herunterschalten.) Die Stücke auf Küchenkrepp abtropfen lassen; im Backofen warm halten.

Das Fett aus der Pfanne bis auf 2 Eßlöffel weggießen. 1½ Eßlöffel Mehl hinzufügen und bei schwacher Hitze unter ständigem Rühren 2 Minuten anrösten. Die Sahne darunterrühren. Zum Kochen bringen, dabei den Bratensatz von den Seiten und dem Boden der Pfanne ablösen. Die Sauce dicklich einkochen lassen. Mit Salz und Pfeffer abschmecken, zum Geflügel reichen.

Für 3–4 Personen

New Mexico

Chicken Pot Pie

Hühnerfleisch-Pastete

Früher hatten »Pot pies« einen Boden und einen Deckel aus Teig und wurden in schweren Töpfen über glühenden Kohlen gegart.

1 Poularde (1,8–2 kg)
1 große Gemüsezwiebel, ungeschält, halbiert
2 Karotten, eine in Scheiben geschnitten, eine gewürfelt
1 Stange Bleichsellerie, gehackt
1 weiße Rübe, gehackt; 1 Pastinake, gehackt
4 Stengel Petersilie
1 l Hühnerfond (siehe Glossar)
1 TL Rotweinessig
2 EL Pflanzenöl
20 kleine Champignonköpfe
1 große Stange Porree, gewaschen und gehackt
1 kleine Kartoffel, geschält und in Würfel geschnitten
2 EL (30 g) Butter
1½ EL Weizenmehl
¼ l Sahne
1 Messerspitze gemahlene Muskatblüte (Macis)
1 Messerspitze frisch gemahlene Muskatnuß
Salz und frisch gemahlener Pfeffer
130 g grüne Erbsen, enthülst
1 EL Milch

PASTETENTEIG

180 g Weizenmehl
¼ TL Salz
60 g kalte Butter
60 g kaltes Pflanzenfett oder Schweineschmalz
2 EL Wasser

Das Huhn in einen großen Kochtopf geben. Zwiebel, Karotten, Sellerie, weiße Rübe, Pastinake, Petersilie sowie den Hühnerfond hinzufügen, mit Wasser bedecken. Zum Kochen bringen, die Temperatur herunterschalten; halb zugedeckt etwa 50 Minuten köcheln lassen, bis das Huhn weich ist. Vom Feuer nehmen, den Essig darunterrühren, das Huhn 30 Minuten in der Brühe abkühlen lassen.

Inzwischen für den Pastetenteig Mehl und Salz in einer großen Schüssel vermischen. Butter und Pflanzenfett mit dem Messer darunterarbeiten, bis grobe Streusel entstehen. Das Wasser dazugeben, mit der Gabel einen weichen Teig herstellen. Zugedeckt 1 Stunde kalt stellen.

Wenn das Huhn abgekühlt ist, Haut und Knochen entfernen und das Fleisch in mundgerechte Stücke schneiden. Die Brühe durch ein Sieb gießen und beiseite stellen.

Das Öl in einer Pfanne erhitzen. Die Champignons bräunen. In eine Schüssel füllen.

In einem Topf den Porree mit ⅜ l der Hühnerbrühe zum Kochen bringen. Die gewürfelte Karotte hinzufügen und die Temperatur herunterschalten. 5 Minuten im offenen Topf bei schwacher Hitze garen. Die Kartoffelstücke dazugeben, 5 Minuten weitergaren. Das Gemüse abtropfen lassen, beiseite stellen. Die Garflüssigkeit wenn nötig mit Brühe auf ¼ l ergänzen.

Die Butter in einem Topf bei schwacher Hitze zerlassen. Das Mehl hinzufügen, unter Rühren 2 Minuten anrösten. Die Garflüssigkeit dazugießen, 3 Minuten kochen lassen. Sahne, Macis und Muskatnuß hinzufügen, mit Salz und Pfeffer abschmecken. Vom Herd nehmen, die Sauce unter Rühren 10 Minuten abkühlen lassen. Hühnerfleisch, Gemüse, Champignons und Erbsen daruntermengen. Eine runde ofenfeste Form von etwa 25 cm Durchmesser einfetten, die Geflügelmischung hineinfüllen.

Den Backofen auf 200 °C (Gasherd Stufe 3–4) vorheizen. Den Teig auf einem bemehlten Brett ausrollen, als Deckel auf die Form legen. Am Rand abschneiden, wellenförmig andrücken. Den Teigdeckel mit Milch bestreichen, mehrere Schlitze anbringen. Die Pastete in etwa 25 Minuten goldbraun backen.

Für 4–6 Personen

Rechte Seite: *Hühnerfleisch-Pastete*

Huhn vom Holzkohlengrill

Ohio

BARBECUED CHICKEN
Huhn vom Holzkohlengrill

Sehr gut geeignet für dieses Rezept ist auch die Barbecue-Sauce zu den gegrillten Garnelen im Speckmantel auf Seite 68. (Hier wird ein in den USA gebräuchlicher, verschließbarer Grill mit Luftschlitzen verwendet, ein sogenannter Kugelgrill.)

2 EL (30 g) Butter
1 EL Senfpulver
⅛ l Ahornsirup
250 g Chili-Sauce (American-style)
150 g Ketchup
⅛ l Apfelessig
1 TL Selleriesamen
1 TL Cayenne-Pfeffer
½ TL Salz
2 Poularden (je etwa 1,5 kg), in Portionsstücke zerlegt
Pflanzenöl

Die Butter in einem Topf bei mittlerer Hitze zerlassen. Senfpulver, Ahornsirup, Chili-Sauce, Ketchup, Essig, Selleriesamen, Cayenne-Pfeffer und Salz hinzufügen, umrühren. Zum Kochen bringen, die Temperatur herunterschalten, die Sauce 20 Minuten im offenen Topf köcheln, dann abkühlen lassen.

Die Hühnerteile in eine große Glas- oder Keramikschüssel geben. Nur soviel Sauce hinzufügen, daß die Stücke damit dünn überzogen werden. Zugedeckt über Nacht kalt stellen.

1 Stunde vor dem Grillen das Hühnerfleisch aus dem Kühlschrank nehmen, trockentupfen und dünn mit Öl bestreichen.

Den Grill vorheizen. Das Hühnerfleisch bei mittlerer Hitze auf den leicht mit Öl eingefetteten Rost legen und den Deckel daraufgeben. Auf beiden Seiten jeweils 15 Minuten bei geöffneten Luftschlitzen grillen. Den Deckel entfernen und die Fleischstücke noch etwa 5 Minuten auf jeder Seite grillen, bis die Haut schön knusprig ist; dabei mehrmals mit der Barbecue-Sauce bestreichen. (Das Geflügel kann auch auf jeder Seite etwa 20 Minuten im Ofen gegrillt werden.) Die restliche Sauce erhitzen und getrennt dazu reichen.

Für 6–8 Personen

Texas

TEXAS CHICKEN
Huhn texanische Art

Dies ist ein typisches, kräftig gewürztes Huhn nach Texas-Art.

3 Knoblauchzehen, fein zerdrückt
2 TL Cayenne-Pfeffer
1 TL Chili-Pulver
Saft von 1 Zitrone
2 EL Paprika (edelsüß)
60 ml Olivenöl
1 Poularde (1,8 - 2 kg), in Portionsstücke zerlegt

In einer Schüssel Knoblauch, Cayenne-Pfeffer und Chili-Pulver zu einer Paste zerdrücken. Den Zitronensaft hinzufügen, Paprika und Olivenöl darunterrühren.

Die Hühnerteile mit der Knoblauchmischung bestreichen, in einer Glasschüssel zugedeckt über Nacht kalt stellen. 1 Stunde vor dem Grillen herausnehmen.

Den Grill vorheizen. Die Hühnerteile mit ungefähr 15 cm Abstand zur Hitzequelle in etwa 20 Minuten von jeder Seite knusprig grillen, bis beim Hineinstechen klarer Saft austritt.

Für 3–4 Personen

Texas

FLAUTAS
Tortillas mit Hühnerfüllung

Diese gefüllten und aufgerollten Tortillas nennt man »Flautas«.

Erdnußöl zum Braten
500 g gegartes Hühnerfleisch, grobgehackt
Salz und frisch gemahlener Pfeffer
12 Tortillas aus Maismehl, fertig gekauft
1 Kopf Eisbergsalat, in Streifen geschnitten
Guacamole (Rezept siehe unten)
oder
½ l saure Sahne; 130 g milder Schnittkäse, gerieben

Eine große schwere Bratpfanne 1 cm hoch mit Öl füllen und dieses stark erhitzen; es darf aber nicht rauchen.

Das Hühnerfleisch salzen, pfeffern und jeweils 50 g in einem breiten Streifen auf den Tortillas verteilen. Diese so fest wie möglich zusammenrollen; mit Zahnstochern sichern. Jeweils wenige in 1–2 Minuten im heißen Öl knusprig backen. Auf Küchenkrepp abtropfen lassen; warm halten.

Die *flautas* auf dem Eisbergsalat anrichten und *Guacamole* daraufgeben. Oder mit in Streifen geschnittenem Salat bestreuen und mit saurer Sahne und Käse garnieren. Sofort servieren.

Für 4–6 Personen

GUACAMOLE (mexikanisches Avocadopüree)

2 reife Avocados; 1 EL sowie 1 TL Limettensaft
1 große reife Tomate, entkernt und gehackt
2 EL feingehackte Zwiebel; ½ rote Zwiebel, feingehackt
1 kleine scharfe grüne Chili-Schote, entkernt, ohne Rippen, gehackt
2 EL frische Korianderblätter, gehackt; Salz

Die Avocados schälen, die Kerne herausnehmen, aufbewahren. Das Fruchtfleisch in einer Schüssel grob zerdrücken. Die übrigen Zutaten hinzufügen, salzen, gut vermengen. Damit sich das Püree nicht verfärbt, die Kerne wieder hineindrücken. Zugedeckt 1 Stunde kalt stellen. Die Kerne herausnehmen, das Püree noch einmal durchrühren.

Ergibt 2 - 3 Tassen

Rechte Seite: *Huhn texanische Art* (oben) *und Tortillas mit Hühnerfüllung* (unten)

Huhn mit Klößen

Ohio

Chicken with Dumplings
Huhn mit Klößen

Im 19. Jahrhundert war dieses Gericht überall in Amerika ein beliebtes Abendessen.

6 EL (90 g) kalte Butter
1 EL Pflanzenöl
2 Brathühner (jeweils gut 1 kg), in Portionsstücke zerlegt
1 Zwiebel, feingehackt
¼ l trockener Weißwein
Hühnerfond (siehe Glossar)
2 Stangen Bleichsellerie mit Blättern, gehackt
¾ TL Salz
½ TL frisch gemahlener Pfeffer
¼ TL gemahlener Piment
250 g sowie 1 EL Weizenmehl
2½ TLBackpulver
1 EL Zucker
160 ml Milch
60 ml Sahne
Gehackte frische Petersilie (nach Belieben)

60 g der Butter zusammen mit dem Öl in einem großen schweren Kochtopf oder einem flachen Bratentopf erhitzen. Jeweils einige Hühnerteile etwa 15 Minuten anbraten, bis sie auf allen Seiten gut gebräunt sind. Achtgeben, daß die Butter nicht verbrennt. Die angebratenen Geflügelstücke auf einen Teller legen.

Die Zwiebel in den Topf geben und 1 Minute andünsten. Mit dem Weißwein ablöschen und den Bratensatz von den Seiten und dem Boden des Topfes lösen. Das Hühnerfleisch wieder hineingeben und soviel Fond dazugießen, daß es bedeckt ist.

Bleichsellerie, ½ Teelöffel Salz, Pfeffer und Piment dazugeben. Zum Kochen bringen, die Temperatur herunterschalten und das Geflügel zugedeckt etwa 30 Minuten garen, bis es weich ist.

Währenddessen für die Klöße in einer Schüssel 250 g Mehl gründlich mit dem Backpulver, dem Zucker und ¼ Teelöffel Salz vermischen. Zunächst die verbliebenen 2 Eßlöffel (30 g) Butter und anschließend die Milch darunterrühren, so daß ein weicher Teig entsteht. Auf einem bemehlten Brett 1 cm dick ausrollen und 5 cm große Kreise ausstechen.

Den Backofen auf 120 °C (Gasherd Stufe 1) vorheizen. Das Hühnerfleisch in eine große, flache feuerfeste Form legen und locker mit Alufolie abdecken. Zum Warmhalten in den Ofen stellen.

Die Garflüssigkeit durch ein Sieb geben und zurück in den Topf gießen. 1 Eßlöffel Mehl mit 2 Eßlöffeln Sahne glattrühren und zusammen mit der restlichen Sahne hinzufügen. Die Sauce zum Köcheln bringen und die Klöße hineingeben. Bei schwacher Hitze etwa 18 Minuten garen, bis sie fest sind.

Zuletzt die Klöße mit dem Schaumlöffel aus der Sauce nehmen und auf dem Hühnerfleisch anrichten. Die Sauce darübergeben und mit Petersilie bestreuen.

Für 6–8 Personen

California

GARLICKY GRILLED CHICKEN
Gegrilltes Huhn mit Knoblauch

Dieses Rezept stammt aus Los Angeles, ist aber thailändischen Ursprungs. Die verwendeten Korianderwurzeln geben erheblich mehr Aroma als nur die Blätter.

1 Poularde (1,8–2 kg), in Portionsstücke zerlegt
1 TL Salz
2 EL ganze schwarze Pfefferkörner
6 Knoblauchzehen
1 kleine scharfe grüne Chili-Schote, entkernt und ohne Rippen, gehackt
4 ganze Stengel frischer Koriander mit Wurzeln, gewaschen, trockengetupft und gehackt
2 EL Zitronensaft
2 EL Pflanzenöl

Die Hühnerteile in eine Schüssel geben. Alle übrigen Zutaten im Mixer zu einer glatten Creme pürieren. Das Geflügel mit dieser Creme übergießen, gründlich darin wenden und 1 Stunde stehenlassen.

Den Grill vorheizen. Das Hühnerfleisch mit ungefähr 15 cm Abstand zur Hitzequelle auf jeder Seite etwa 20 Minuten grillen, bis es schön knusprig ist und beim Hineinstechen klarer Saft austritt.

Für 3–4 Personen

California

CHICKEN WITH ANCHOVIES
Hühnerbrust mit Sardellenpaste

Die Hühnerbrust aus dem folgenden Rezept kann vor dem Servieren noch mit Parmesan bestreut und unter dem heißen Grill überbacken werden. Aber auch kalt mit Mayonnaise gereicht schmeckt sie ausgezeichnet.

50 g Weizenmehl
½ TL Salz
¼ TL frisch gemahlener Pfeffer
3 große Hühnerbrüste, ohne Haut und Knochen, halbiert
1 Knoblauchzehe, leicht zerdrückt
1½–2 TL Sardellenpaste
60 g Butter
2 EL Pflanzenöl
Saft von 1 großen Zitrone
Gehackte frische Petersilie (nach Belieben)

Mehl, Salz und Pfeffer auf einem Teller vermischen.

Die Hühnerbrüste gründlich mit der Knoblauchzehe abreiben. Die Oberseite mit je etwa ¼ Teelöffel Sardellenpaste bestreichen. Jedes Stück leicht in dem gewürzten Mehl wenden.

In einer großen schweren Bratpfanne Butter und Öl bei mittlerer Temperatur erhitzen. Das Fleisch auf jeder Seite etwa 3 Minuten anbraten, bis es leicht gebräunt ist. Kurz auf Küchenkrepp abtropfen lassen, auf einer Servierplatte warm halten.

Das Fett aus der Pfanne bis auf 2 Eßlöffel weggießen. Den Zitronensaft hinzufügen und den Bratensatz lösen. Die heiße, aber noch nicht kochende Flüssigkeit über das Hühnerfleisch gießen. Mit Petersilie bestreuen.

Für 4–6 Personen

WILLIAMS-SONOMA INC.

Huhn à la Tetrazzini (links), *Gegrilltes Huhn mit Knoblauch* (oben) *und Hühnerbrust mit Sardellenpaste* (unten)

California

CHICKEN TETRAZZINI
Huhn à la Tetrazzini

Dieses Gericht ist nach der italienischen Opernsängerin Luisa Tetrazzini benannt, die Anfang des Jahrhunderts zu Ruhm gelangte.

5 EL (80 g) Butter
250 g Champignons, in Scheiben geschnitten
250 g dünne Spaghetti
2 EL Weizenmehl
½ l heißer Hühnerfond (siehe Glossar)
¼ l Sahne
3 EL trockener Sherry
1 Messerspitze frisch gemahlene Muskatnuß
Salz und frisch gemahlener Pfeffer
300 g gegartes Hühner- oder Putenfleisch, grobgehackt
60 g frisch geriebener Parmesan

In einer großen schweren Pfanne 3 Eßlöffel Butter bei mittlerer Temperatur zerlassen. Die Champignons hinzufügen und unter ständigem Rühren goldbraun braten. Beiseite stellen.

Die Spaghetti in kochendem Salzwasser knapp gar kochen. Unter fließendem kaltem Wasser abschrecken; abtropfen lassen.

Den Backofen auf 180 °C (Gasherd Stufe 2–3) vorheizen. In einem Topf die verbliebenen 2 Eßlöffel Butter bei schwacher Hitze zerlassen. Das Mehl hinzufügen und unter ständigem Rühren 2 Minuten anrösten. Den heißen Fond darunterrühren. Die Temperatur ein wenig erhöhen und die Flüssigkeit 2 Minuten erhitzen. Sahne und Sherry dazugießen und die Sauce noch etwa 8 Minuten köcheln lassen, bis sie eingedickt ist. Mit Muskat, Salz und Pfeffer abschmecken.

Die Spaghetti in eine gefettete, flache ofenfeste Form geben und mit der Hälfte der Sauce übergießen. Hühnerfleisch und Champignons auf den Nudeln verteilen und die restliche Sauce darübergießen. Mit Parmesan bestreuen und in etwa 20 Minuten im Ofen goldgelb überbacken.

Für 4–6 Personen

Huhn mit Apfelringen

Massachusetts

Shaker Chicken with Apple Rings

Huhn mit Apfelringen

Die Shaker, von denen dieses Rezept stammt, gehörten einer inzwischen fast ausgestorbenen religiösen Sekte an, die in England gegründet wurde und um die Mitte des 18. Jahrhunderts nach Amerika gelangte.

1 Poularde (1,8–2 kg), in Portionsstücke zerlegt
Salz und frisch gemahlener Pfeffer
125 g Butter
1 EL Pflanzenöl
⅛ l sowie 3 EL Cidre
2 große rote süße Äpfel
Saft von 1 Zitrone
250 g Zucker
¼ l Sahne
2 TL abgeriebene Zitronenschale
Gehackte frische Petersilie (nach Belieben)
Gekochter Reis (als Beilage)

Den Backofen auf 180 °C (Gasherd Stufe 2–3) vorheizen. Die Hühnerteile mit Küchenkrepp trockentupfen und mit Salz und Pfeffer würzen. In einer großen schweren Bratpfanne die Hälfte der Butter bei mittlerer Temperatur erhitzen. Das Hühnerfleisch in zwei Partien auf beiden Seiten jeweils 10 Minuten goldbraun anbraten. Auf einen Teller legen.

Das Fett bis auf 2 Eßlöffel weggießen. Mit 3 Eßlöffel Cidre ablöschen und den Bratensatz von den Seiten und dem Boden der Pfanne lösen. Das Hühnerfleisch wieder in die Pfanne geben und zugedeckt etwa 30 Minuten bei niedriger Temperatur garen, bis es weich ist; die Stücke dabei einmal wenden.

Die Kerngehäuse ausstechen und die Äpfel in 1 cm dicke Ringe schneiden. Mit Zitronensaft beträufeln. Den Zucker auf einem Teller verteilen und die Apfelringe hineindrücken, bis sie auf beiden Seiten gut damit bedeckt sind.

Die verbliebene Butter in einer großen schweren Pfanne bei mittlerer Hitze zerlassen. Die Apfelringe in kleinen Portionen goldgelb braten. Auf einen ofenfesten Teller legen, 15 Minuten in den Backofen stellen. Herausnehmen, die Temperatur auf 120 °C (Gasherd Stufe 1) reduzieren.

Wenn das Hühnerfleisch gar ist, die Stücke in eine ofenfeste Servierform legen. Mit den Apfelringen umgeben und im Backofen warm halten.

Die Pfanne mit dem verbliebenen ⅛ l Cidre ablöschen, Sahne und Zitronenschale darunterrühren, zum Kochen bringen und in etwa 5 Minuten dicklich einkochen lassen. Mit Salz und Pfeffer abschmecken und über das Hühnerfleisch gießen. Mit Petersilie bestreuen. Als Beilage Reis servieren.

Für 4 Personen

Delaware

Roast Chicken with Vegetables

Brathuhn mit Gemüse

Im Bundesstaat Delaware, einem bedeutenden Geflügelproduzenten, gibt es nicht nur Massentierhaltung, sondern auch ländliche Kleinerzeuger, die sehr schmackhaftes Geflügel anbieten.

125 g Butter
1 Zwiebel, gehackt
2 Kartoffeln, geschält und in Würfel geschnitten
2 Karotten, geschält und in Würfel geschnitten
1 Zucchini, in Würfel geschnitten
4 EL gehackte frische Petersilie
1 EL Sojasauce
Salz und frisch gemahlener Pfeffer
2 ganze Brathühner oder Poularden (je etwa 1,5 kg)
1 Knoblauchzehe, leicht zerdrückt
4 Scheiben Frühstücksspeck
¼ l Wasser; ¼ l Hühnerfond (siehe Glossar)
1 EL Weizenmehl
¼ l Sahne
1 EL Bourbon
Gehackte frische Petersilie

Den Backofen auf 200 °C (Gasherd Stufe 3–4) vorheizen. In einer großen, schweren Bratpfanne 60 g Butter bei schwacher Temperatur zerlassen. Die Zwiebel hinzufügen und 5 Minuten braten. Kartoffel-, Karotten- und Zucchiniwürfel dazugeben und weitere 5 Minuten garen. Petersilie und Sojasauce darunterrühren. Mit Salz und Pfeffer abschmecken, vom Herd nehmen.

Das Geflügel waschen, trockentupfen. Die Hühner innen und außen mit der Knoblauchzehe einreiben und mit der Hälfte der Gemüsemischung füllen. Mit Küchengarn binden.

Auf den Rost einer Fettpfanne oder eines Bräters geben. Jedes Huhn mit 1 Eßlöffel Butter bestreichen und mit 2 Scheiben Speck belegen. In den Backofen geben. Nach 15 Minuten das Wasser in die Fettpfanne gießen und auf 190 °C (Gasherd Stufe 3) herunterschalten. Die Hühner mit etwas Fond begießen und weitere 15 Minuten braten. Den restlichen Fond in die Fettpfanne geben und die Hühner noch etwa 1 Stunde garen, bis beim Hineinstechen klarer Saft austritt; während dieser Zeit alle 20 Minuten begießen. Das Küchengarn entfernen und die Hühner warm stellen. Den Bratensaft entfetten.

Die verbliebenen 2 Eßlöffel Butter in einem Topf bei schwacher Hitze zerlassen. Das Mehl hinzufügen und 2 Minuten unter ständigem Rühren anrösten. Den Bratensaft und die Sahne darunterrühren. Zum Kochen bringen, die Hitze reduzieren und die Sauce etwa 5 Minuten köcheln lassen, bis sie etwas eingedickt ist. Den Bourbon hinzufügen und mit Salz und Pfeffer abschmecken. Etwas Bratensauce über die Hühner schöpfen und Petersilie darüberstreuen. Die übrige Sauce und das restliche Gemüse getrennt dazu servieren.

Für 6 Personen

Rechte Seite: *Brathuhn mit Gemüse*

Gebratenes Huhn nach Richmond-Art (links) *und im Ofen gebackenes Huhn*

Virginia

RICHMOND FRIED CHICKEN

Gebratenes Huhn nach Richmond-Art

Dies ist ein altes Rezept, das sich im Laufe der Jahre kaum verändert hat. Ungewöhnlich ist, daß das Geflügel ohne Haut gebraten wird. Dennoch wird es nicht trocken und schmeckt wirklich köstlich.

1 Poularde (etwa 2 kg), in Portionsstücke zerlegt
60 g Weizenmehl
Salz und frisch gemahlener Pfeffer
1 Messerspitze gemahlener Piment
⅛ TL frisch geriebene Muskatnuß
125 g Butter
2 EL Pflanzenöl
¼ l Hühnerfond (siehe Glossar)
¼ l Sahne
1 TL Bourbon (nach Belieben)
Gehackte frische Petersilie

Die Haut von den Hühnerteilen abziehen. In einer großen Papiertüte das Mehl, ½ Teelöffel Salz, ¼ Teelöffel Pfeffer, Piment und Muskat vermischen. Jeweils einige Geflügelstücke in die Tüte geben und schütteln, damit sie sich gleichmäßig mit gewürztem Mehl überziehen. 2 Eßlöffel von dem Mehl beiseite stellen.

Den Backofen auf 140 °C (Gasherd Stufe 1) vorheizen. In einer großen gußeisernen Bratpfanne die Butter mit 1 Eßlöffel Öl bei schwacher Temperatur erhitzen. Die Hühnerteile nicht zu dicht gedrängt hineinlegen und auf jeder Seite in 12–15 Minuten goldbraun braten. Bräunen sie zu rasch, die Temperatur herunterschalten; falls erforderlich, mehr Öl hinzufügen.

Wenn die Oberfläche knusprig ist, das Geflügel auf Küchenkrepp abtropfen lassen. Die Stücke in eine flache ofenfeste Servierform legen und mindestens 30 Minuten, aber nicht länger als 1 Stunde in den Backofen stellen.

In der Zwischenzeit das Bratfett bis auf 2 Eßlöffel weggießen. Das beiseite gestellte Mehl in die Pfanne geben und unter ständigem Rühren 2 Minuten anrösten. Mit dem Fond ablöschen, den Bratensatz von den Seiten und dem Boden der Pfanne lösen. Die Sahne hinzufügen und die Sauce unter gelegentlichem Rühren 20 Minuten köcheln lassen. Mit Salz und Pfeffer abschmecken und nach Belieben mit Bourbon verfeinern. Das Hühnerfleisch mit etwas Sauce übergießen und mit Petersilie bestreuen. Die restliche Sauce getrennt dazu reichen.

Für 3–4 Personen

Nebraska

OVEN-FRIED CHICKEN

Im Ofen gebackenes Huhn

Im Ofen gebackenes Huhn ist eine Spezialität des Mittelwestens und der Plains. Das Geheimnis der Zubereitung besteht darin, daß man das Hühnerfleisch auf einen Rost ziemlich hoch über der Fettpfanne plaziert, damit von allen Seiten Hitze daran gelangt und es schön knusprig wird.

1 Poularde (etwa 2 kg), in Portionsstücke zerlegt
Gut ⅜ l Milch
2 TL Tabasco-Sauce
2 TL Sojasauce
60 g Kleieflocken, zerstoßen
30 g Weizenmehl
½ TL Salz
¼ TL frisch gemahlener Pfeffer
⅛ TL gemahlener Piment
125 g Butter
⅛ l Wasser

Die Hühnerteile in eine flache Glas- oder Keramikform legen. In einer Schüssel Milch, Tabasco- und Sojasauce verrühren. Das

Hühnerfleisch damit übergießen und zugedeckt 3 Stunden in den Kühlschrank stellen; einmal wenden. 30 Minuten vor dem Garen aus dem Kühlschrank nehmen.

Den Backofen auf 190 °C (Gasherd Stufe 3) vorheizen. Das Hühnerfleisch abtropfen lassen und trockentupfen. Kleieflocken, Mehl, Salz, Pfeffer und Piment in einer Papiertüte vermischen. Jeweils einige Hühnerteile hineingeben und schütteln, damit sie gleichmäßig mit Panade überzogen werden. Das panierte Hühnerfleisch mit der Hautseite nach unten auf den eingefetteten Rost legen und - ziemlich hoch über der Fettpfanne - in den Backofen schieben.

Das Wasser in einen kleinen Topf geben, die Butter hinzufügen und zerlassen. Das Hühnerfleisch nach 5 Minuten Garzeit damit begießen. Weitere 25 Minuten garen, dabei alle 5 Minuten begießen. Die Stücke wenden und noch etwa 30 Minuten backen, dabei weiter alle 5 Minuten mit der Mischung aus Butter, Wasser und Bratensaft begießen, bis sie knusprig sind und beim Hineinstechen klarer Saft austritt.

Für 3–4 Personen

Florida

Roast Chicken with Oranges

Gebratenes Huhn mit Orangen

In Florida, wo man die Orangen im eigenen Garten pflücken kann, wird fast alles mit diesen Früchten zubereitet. Sie passen besonders gut zu gebratenem Geflügel, wie zum Beispiel zu diesem Huhn mit seiner traditionellen Bratfüllung: Es wird von einer süß-sauren Orangensauce begleitet.

1 Poularde (1,8–2 kg)
1 Knoblauchzehe, leicht zerdrückt
Salz und frisch gemahlener Pfeffer
2 kleine Orangen
2 Scheiben Weißbrot, in Würfel geschnitten und geröstet
1 große Stange Bleichsellerie, in schmale Streifen geschnitten
60 g Butter, zerlassen
¼ TL getrockneter Estragon
¼ TL getrockneter Thymian oder Rosmarin
½ l Hühnerfond (siehe Glossar)
60 ml Weißweinessig
3 EL Zucker
1 EL Maisstärke
Petersilie oder Rosmarinzweige (nach Belieben)

Den Backofen auf 190 °C (Gasherd Stufe 3) vorheizen. Das Huhn waschen, mit Küchenkrepp trockentupfen, innen und außen mit der Knoblauchzehe einreiben, dann innen und außen mit Salz und Pfeffer würzen.

Eine Orange schälen und die Schale in feine Streifen schneiden. Beiseite stellen. Die Orange auspressen und den Saft ebenfalls beiseite stellen. Die zweite Orange schälen und filieren; Kerne gegebenenfalls entfernen.

In einer Schüssel Brotwürfel, Bleichsellerie, Butter, ½ Teelöffel Salz, ¼ Teelöffel Pfeffer und die Hälfte der Kräuter vermischen. Die Orangenstücke daruntermengen und die Mischung mit 2–3 Eßlöffeln Fond anfeuchten. Das Huhn damit füllen und mit Küchengarn binden. Das Geflügel etwa 1½ Stunden im Backofen braten, bis beim Hineinstechen klarer Saft austritt; zwischendurch gelegentlich mit etwas Fond und Bratensaft begießen.

Währenddessen in einem schweren Topf Essig, Zucker und gut ⅜ l Hühnerfond zum Kochen bringen und auf die Hälfte reduzieren. Den Orangensaft und die restlichen Kräuter darunterrühren. Die Sauce 10 Minuten köcheln lassen.

Das fertig gebratene Huhn auf einer Servierplatte warm halten. Den Bratensaft in einer Schüssel mit der Maisstärke verrühren und zur Sauce gießen. Bei mittlerer Temperatur unter Rühren erhitzen, bis die Flüssigkeit eindickt. Die Sauce durchsieben, die Orangenschale hinzufügen. Mit Salz und Pfeffer abschmekken. Das Huhn mit etwas Sauce begießen und mit Petersilie garnieren. Die restliche Sauce getrennt dazu reichen.

Für 3–4 Personen

TIFFANY & CO.

Huhn in pikanter Tomatensauce (oben) *und Gebratenes Huhn mit Orangen*

Georgia

Country Captain

Huhn in pikanter Tomatensauce

Die Bewohner von Georgia behaupten, das Gericht »Country Captain« stamme aus Savannah, das zu Zeiten des Gewürzhandels eine bedeutende Hafenstadt war. Andere glauben, ein britischer Captain habe das Rezept einst aus Indien mitgebracht.

60 g Weizenmehl
Salz und frisch gemahlener Pfeffer
1 Poularde (1,8–2 kg), in Portionsstücke zerlegt
2 EL (30 g) Butter
2 EL Pflanzenöl
1 große Zwiebel, gehackt
1 große Knoblauchzehe, zerdrückt
1 grüne Paprikaschote, entkernt und gehackt
3 reife Tomaten, entkernt und gehackt
½ TL Zucker
1½ TL Curry
¼ TL getrockneter Thymian
60 g Korinthen
60 g geröstete Mandelstifte
Gehackte frische Petersilie
Gekochter Reis (als Beilage)

Das Mehl mit 1 Teelöffel Salz und ½ Teelöffel Pfeffer vermischen und die Hühnerteile darin wenden.

Butter und Öl in einer großen schweren Pfanne bei mittlerer Temperatur erhitzen. Das Hühnerfleisch in zwei Portionen auf jeder Seite in etwa 10 Minuten goldbraun anbraten. Auf einen Teller legen.

Das Fett bis auf 2 Eßlöffel weggießen. Zwiebel, Knoblauch und Paprika in die Pfanne geben und bei schwacher Hitze 5 Minuten unter häufigem Rühren anbraten. Tomaten, Zucker, Curry und Thymian hinzufügen. Alles gut vermischen und das Hühnerfleisch dazugeben; zum Kochen bringen, die Temperatur herunterschalten und zugedeckt etwa 30 Minuten garen, bis es weich ist. Wenn nötig die Hitze erhöhen, damit die gesamte Flüssigkeit verdampft. Die Korinthen darunterrühren und mit Mandeln und Petersilie bestreuen. Als Beilage Reis servieren.

Für 3–4 Personen

Hühnerflügel Buffalo mit Blauschimmelkäse-Dressing

New York

BUFFALO CHICKEN WINGS

Hühnerflügel Buffalo

Obwohl diese Spezialität des Lokals »Anchor Bar & Grill« in Buffalo, New York, erst in den sechziger Jahren kreiert wurde, erfreut sie sich mittlerweile in ganz Amerika großer Beliebtheit. Die Hühnerflügel sind scharf gewürzt, so daß man zum Kühlen des Gaumens den Bleichsellerie und das Käse-Dressing nicht vergessen sollte.

20–24 kleine Hühnerflügel
Öl zum Fritieren
60 g Butter
1 Tasse scharfe Barbecue-Sauce, vorzugsweise »Frank's Louisiana Red Hot Sauce«
4 Stangen Bleichsellerie, in etwa 8 cm lange und 6 mm dicke Stücke geschnitten
Dressing aus Blauschimmelkäse (Rezept siehe rechts oben)

Die Spitzen der Hühnerflügel abschneiden und zum Kochen eines Fonds aufbewahren. Die Flügel an den Gelenken halbieren. Trockentupfen.

In einem schweren Topf reichlich Öl erhitzen; es darf nicht rauchen. Die Hühnerflügel etwa 12 Minuten darin knusprig fritieren.

In der Zwischenzeit die Butter und die Barbecue-Sauce in einem großen Topf erhitzen. Die fritierten Flügel auf Küchenkrepp abtropfen lassen und in die Sauce geben. Gründlich darin wenden. Sofort servieren. Den Bleichsellerie und das Käse-Dressing in Portionsschälchen dazu reichen.

Für 4 Personen

BLAUSCHIMMELKÄSE-DRESSING

2 EL geriebene Zwiebel
1 Knoblauchzehe, zerdrückt
4 EL gehackte frische Petersilie
250 ml Mayonnaise
1 Tasse saure Sahne
1 EL Zitronensaft
1 EL Rotweinessig
200 g halbfester Blauschimmelkäse, in Stücke geschnitten
Salz und frisch gemahlener Pfeffer

Alle Zutaten in einer Schüssel glattrühren. Das Dressing vor dem Servieren kalt stellen.

Ergibt gut 3 Tassen

New Mexico

CHICKEN MOLE

Huhn mexikanische Art

»Mole« ist eine mexikanische Sauce, die mit Schokolade aromatisiert wird. Spanische Nonnen, die von Mexiko nach Norden zogen, machten sie im Südwesten Amerikas bekannt. Ursprünglich reichte man »Mole« vermutlich zu Wildtruthahn.

2 Brathühner (je etwa 1½ kg), in Portionsstücke zerlegt
1 Knoblauchzehe, leicht zerdrückt
Salz und frisch gemahlener Pfeffer
2 EL (30 g) Butter
1 EL Olivenöl
1 Zwiebel, gehackt
1 EL Rotweinessig
1 frische scharfe grüne Chili-Schote, entkernt und ohne Rippen, grobgehackt
1 große Dose Eiertomaten (800 g), mit ihrem Saft
3 große eingelegte milde grüne Chili-Schoten
30 g ungesüßte Kochschokolade, gerieben
Gehackte frische Petersilie (nach Belieben)

Die Hühnerteile gründlich mit der Knoblauchzehe einreiben. Mit Salz und Pfeffer würzen.

Butter und Öl in einer großen schweren Bratpfanne bei mittlerer Temperatur erhitzen. Die Hühnerteile auf beiden Seiten jeweils etwa 10 Minuten anbraten, bis sie goldbraun sind. In einen großen Kochtopf oder einen flachen Bratentopf legen.

Das Fett bis auf 2 Eßlöffel weggießen. Die Zwiebel in die Pfanne geben und bei schwacher Hitze in etwa 5 Minuten goldgelb dünsten. Mit dem Essig ablöschen und den Bratensatz von den Seiten und dem Boden der Pfanne lösen. Die Flüssigkeit zum Hühnerfleisch in den Topf gießen.

Scharfe Chili-Schote, Tomaten und Chillies im Mixer glatt pürieren und über das Hühnerfleisch geben. Zum Kochen bringen, die Temperatur herunterschalten und die geriebene Schokolade darunterrühren. Das Geflügel zugedeckt etwa 30 Minuten bei schwacher Hitze garen, bis es weich ist. Auf eine Servierplatte legen, die Sauce mit Salz und Pfeffer abschmecken und darübergeben. Mit Petersilie bestreuen.

Für 6–8 Personen

Arizona

CHICKEN WITH SAUSAGE AND RICE

Huhn mit Wurst und Reis

»Arroz con pollo« – Reis mit Huhn – ist im gesamten Südwesten Amerikas beliebt. Die mexikanische Herkunft des Gerichts ist unverkennbar. In diesem speziellen Rezept aus Arizona wird neben Hühnerfleisch auch »Chorizo«, eine spanische Wurst, verwendet. Man bekommt sie in Geschäften, die mexikanische oder spanische Lebensmittel führen.

COTTONWOOD

Huhn mexikanische Art (oben) *und Huhn mit Wurst und Reis* (unten)

500 g *chorizo* (spanische Wurst), in 1 cm dicke Scheiben geschnitten
2 EL Pflanzenöl
1 Poularde (etwa 2 kg), in Stücke zerlegt
1 große Zwiebel, gehackt
2 Knoblauchzehen, zerdrückt
1 große grüne Paprikaschote, entkernt und in feine Streifen geschnitten
1 scharfe grüne Chili-Schote, entkernt und ohne Rippen, fein zerdrückt
2 große reife Tomaten, entkernt und gehackt
½ TL Zucker
1 EL gehackte frische Korianderblätter
½ TL gehackter frischer Thymian oder eine Prise getrockneter Thymian
Etwa ½ l Hühnerfond (siehe Glossar)
160 g Langkornreis
130 g Maiskörner
80 g eingelegte milde rote Paprikaschoten, gehackt
Salz und frisch gemahlener Pfeffer
2 EL gehackte frische Petersilie

Einen großen Kochtopf oder flachen Bratentopf leicht einfetten. Die Wurstscheiben etwa 15 Minuten bei schwacher Hitze braten, bis sie goldgelb sind und das Fett ausgelassen ist. Auf einen Teller geben.

Das Fett bis auf 1 Eßlöffel weggießen und das Öl in den Topf geben. Die Hühnerteile bei mittlerer Temperatur etwa 8 Minuten auf jeder Seite anbraten, bis sie goldbraun sind. Zur Wurst auf den Teller legen.

Die Zwiebel in den Topf geben und bei schwacher Hitze 2 Minuten braten; dabei den Bratensatz von den Seiten und dem Boden des Topfes lösen. Den Knoblauch hinzufügen und 4 Minuten mitbraten. Paprika, Chili-Schote, Tomaten, Zucker, Korianderblätter und Thymian dazugeben und alles 4 Minuten garen. Fond, Reis, Mais und Paprikaschoten hinzufügen und zum Kochen bringen. Den Topf vom Feuer nehmen.

Den Backofen auf 190 °C (Gasherd Stufe 3) vorheizen. Das Hühnerfleisch und die Wurstscheiben zurück in den Topf geben und vorsichtig in die Reis-Mais-Mischung hineindrücken.

Das Gericht zugedeckt 35 Minuten in den Backofen geben. Den Deckel abnehmen und 5 Minuten weitergaren. Mit Salz und Pfeffer abschmecken und zuletzt mit Petersilie bestreuen.

Für 4–6 Personen

Connecticut

ROAST THANKSGIVING TURKEY WITH CORNBREAD STUFFING

Truthahn mit Maisbrotfüllung zum Erntedankfest

Das erste Erntedankfest feierten die Siedler, die mit der Mayflower gekommen waren, 1621, nachdem sie das erste harte Jahr in der Neuen Welt überstanden hatten. Der »Thanksgiving Day« wurde daraufhin alljährlich in Neuengland gefeiert, allerdings legte jede Kolonie einen anderen Tag dafür fest. Später erklärte Präsident George Washington den 26. November zum nationalen Feiertag. Präsident Lincoln verlegte ihn schließlich auf den letzten Donnerstag im November. Niemand weiß genau, ob zum ersten »Thanksgiving Day« wirklich schon Truthahn gegessen wurde, doch für das zweite Jahr ist er als Festmahl verbürgt und wird seither immer serviert. Während der ersten Jahre in der Neuen Welt wurde die Füllung mit Maisbrot und Austern zubereitet. Das Maisbrot muß ein bis zwei Tage im voraus gebacken werden.

1 Truthahn (9–10 kg)
2 große Knoblauchzehen, leicht zerdrückt
Salz und frisch gemahlener Pfeffer
Maisbrotfüllung (Rezept siehe unten)
3 Scheiben Frühstücksspeck
⅛ l trockener Weißwein
1 l Wasser
1 Zwiebel
1 Stange Bleichsellerie, in Stücke geschnitten
3 Stengel Petersilie sowie Petersilie zum Garnieren
¼ TL Salz
4 ganze schwarze Pfefferkörner
1½ EL (30 g) Butter
1½ EL Weizenmehl
60 ml Sahne

Den Backofen auf 170 °C (Gasherd Stufe 1–2) vorheizen. Das Geflügelklein nach Belieben für die Bratensauce beiseite stellen, die Leber jedoch nicht verwenden. Den Truthahn innen und außen mit einem feuchten Tuch säubern, dann innen und außen mit einer der zerdrückten Knoblauchzehen einreiben; anschließend salzen und pfeffern. Mit der Maisbrotmischung füllen und mit Küchengarn binden.

Den Truthahn auf den Rost der Fettpfanne geben und die Brust mit den Speckscheiben belegen. Ein Stück Mulltuch zuschneiden, das groß genug ist, um den Vogel damit zu bedecken. Das Tuch in den Wein tauchen und über den Truthahn breiten. Den verbliebenen Wein darübergießen und 30 Minuten im Ofen garen.

In der Zwischenzeit das Geflügelklein (mit Ausnahme der Leber), Wasser, Zwiebel, Bleichsellerie, die verbliebene Knoblauchzehe, Petersilie, Salz und Pfefferkörner in einen großen Topf geben. Zum Kochen bringen, die Hitze verringern und alles im offenen Topf köcheln lassen, bis die Flüssigkeit auf ½ l reduziert ist. Den Fond durch ein Sieb geben.

Den Truthahn mit dem Fond begießen und weiter braten – dabei alle 30 Minuten begießen –, bis sich die Beine leicht bewegen lassen und klarer Saft austritt, wenn man die Keulen an der Innenseite einsticht. Die Garzeit beträgt 5½–6 Stunden. Während der letzten halben Stunde das Mulltuch abnehmen – zuvor wird es mit dem Bratensaft angefeuchtet, damit es sich mühelos abziehen läßt – und die Temperatur auf 190 °C (Gasherd Stufe 3) erhöhen, damit die Haut schön knusprig wird. Schließlich den Truthahn auf ein Tranchierbrett heben und 15 Minuten ruhen lassen.

Währenddessen den Bratensaft durch ein Sieb gießen und, falls erforderlich, das Fett abschöpfen. Die Butter in einem Topf bei schwacher Hitze zerlassen. Das Mehl hinzufügen und unter ständigem Rühren 2 Minuten anrösten. Den Bratensaft und die Sahne darunterrühren und die Sauce 5 Minuten köcheln lassen. Wenn nötig nachwürzen. Den Truthahn mit Petersilie garnieren, die Bratensauce und die Füllung getrennt dazu servieren.

Für 8–10 Personen *Abbildung S. 90–91*

MAISBROTFÜLLUNG
250 g Wurstbrät (vom Schwein)
125 g Butter, zerlassen
1 große Zwiebel, gehackt
2 Stangen Bleichsellerie, gehackt
1 kleine grüne oder rote Paprikaschote, entkernt und feingehackt
20 g frische Petersilie, gehackt
Etwa 1 Dutzend aus der Schale genommene Austern, mit ihrer Flüssigkeit
1 quadratisches Stück Maisbrot von 20 cm Seitenlänge (S. 155)
1 TL feingehackter frischer oder ¼ TL getrockneter Salbei
Salz und frisch gemahlener Pfeffer

Das Wurstbrät in einer großen schweren Bratpfanne bei mittlerer Temperatur etwa 10 Minuten unter ständigem Rühren anbraten, bis es leicht gebräunt ist. In eine große Schüssel füllen.

Das Fett bis auf 2 Eßlöffel weggießen. 60 g der zerlassenen Butter in die Pfanne geben, Zwiebel, Bleichsellerie, Paprika hinzufügen, unter Rühren 10 Minuten braten. Vom Feuer nehmen und die Petersilie hinzufügen. Die Austern abtropfen lassen (die Flüssigkeit auffangen), unter das Gemüse mischen.

Das Maisbrot zerkrümeln und zum Wurstbrät in die Schüssel geben. Die Gemüse-Austern-Mischung, den Salbei und nach Geschmack Salz und Pfeffer hinzufügen und umrühren. Nach und nach die Austernflüssigkeit sowie die restliche Butter dazugeben und alles vermengen – die Masse soll feucht, aber nicht zu flüssig sein. Vor dem Füllen des Truthahns kalt stellen.

Ausreichend für einen Truthahn von etwa 10 kg

Alabama

GAME HEN CUSTARD

Wildgeflügel in Eiercreme

Dieses Gericht war während des 17. und 18. Jahrhunderts im Süden Amerikas sehr beliebt. Die im Originalrezept vorgeschriebenen »Rock Cornish hens«, eine spezielle Wildgeflügel-Kreuzung, werden hier durch Perlhühner ersetzt.

2 große junge Perlhühner (je etwa 1 kg), in Portionsstücke zerlegt
Salz und frisch gemahlener Pfeffer
3 EL gehackte frische Minze
60 ml Wodka
1 kleine Aubergine (etwa 130 g)
130 g Bauch- oder Frühstücksspeck, in Würfel geschnitten
3 EL Pflanzenöl
1 EL Butter
1 Zwiebel, feingehackt
2 Knoblauchzehen, zerdrückt
2 kleine scharfe grüne Chili-Schoten, entkernt und feingehackt
180 ml Hühnerfond (siehe Glossar)
180 ml Sahne
90 g Weizenmehl
1 Messerspitze gemahlener Piment
6 Eier, leicht verschlagen

Die Geflügelteile in eine große Schüssel legen. Mit Salz und Pfeffer würzen. Minze und Wodka hinzufügen und gut umrühren. 1 Stunde marinieren lassen.

Die Aubergine in 1 cm große Würfel schneiden, mit Salz bestreuen und in einem Durchschlag 30 Minuten abtropfen lassen. Trockentupfen.

Den Speck 2 Minuten in kochendem Wasser blanchieren. Abgießen und trockentupfen. In einer großen schweren Bratpfanne knusprig ausbraten. Auf einen Teller geben. Das Fett beiseite stellen.

2 Eßlöffel Öl in die Pfanne geben und jeweils einige Geflügelteile anbraten, bis sie rundum gut gebräunt sind. Zum Speck auf den Teller legen. Das Fett aus der Pfanne zum ausgebratenen Fett des Specks gießen (insgesamt etwa 4 Eßlöffel); den in der Pfanne anhaftenden Bratensatz nicht loslösen.

Die Butter in die Pfanne geben und bei mittlerer Hitze zerlassen. Die Zwiebel hinzufügen und 1 Minute darin anbraten. Den Knoblauch dazugeben und weitere 4 Minuten braten. Die Chil-

TIFFANY & CO.

Wildgeflügel in Eiercreme (links, in Portionsschalen) *und »Capitolade« von gebratenem Geflügel* (oben rechts)

lies darunterrühren. Geflügelteile und Pökelfleisch in die Pfanne geben, den Hühnerfond dazugießen. Zum Kochen bringen, die Temperatur herunterschalten und zugedeckt etwa 25 Minuten köcheln lassen, bis das Geflügel weich ist.

Die Auberginenwürfel im verbliebenen Eßlöffel Öl bei mittlerer Hitze goldgelb sautieren. Auf Küchenkrepp abtropfen lassen.

Den Backofen auf 190 °C (Gasherd Stufe 3) vorheizen. Eine runde ofenfeste Form von 30 cm Durchmesser leicht einfetten.

Geflügelstücke, Speck, Chillies und Zwiebeln hineingeben. Die Auberginenwürfel darauf verteilen.

Das zurückbehaltene Fett, die Garflüssigkeit aus der Pfanne, Sahne, Mehl, Piment und Eier im Mixer verquirlen. Das Geflügel mit dieser Mischung übergießen und 35 Minuten im Ofen backen, bis die Eiercreme aufgegangen und goldgelb ist.

Für 4 Personen

Virginia

Capitolade of Roast Fowl
»Capitolade« von gebratenem Geflügel

»Capitolade«, ein Vorläufer des Hühnerfrikassees, war ein Lieblingsgericht Thomas Jeffersons. Über salziges Gebäck gehäuft aß er es gerne zum Frühstück.

3 EL (50 g) Butter
1 Frühlingszwiebel, feingehackt
1 Prise getrockneter Thymian
1½ EL Weizenmehl
Gut ⅜ l Hühnerfond (siehe Glossar)
80 ml trockener Weißwein
500 g Reste eines Geflügelbratens, grobgehackt
1 Messerspitze frisch geriebene Muskatnuß
Salz und frisch gemahlener Pfeffer
125 ml Sahne
1 Eigelb
2 EL Zitronensaft
2 TL gehackter frischer Dill
2 TL gehackte frische Petersilie

Die Butter in einem großen Topf bei schwacher Hitze zerlassen. Frühlingszwiebel und Thymian hinzufügen und 3 Minuten anbraten. Das Mehl dazugeben und unter ständigem Rühren 2 Minuten anrösten. Hühnerfond und Wein mit dem Schneebesen darunterrühren. Zum Kochen bringen, die Hitze reduzieren und die Sauce 10 Minuten köcheln lassen.

Das Geflügelfleisch daruntermischen. Mit Muskat, Salz und Pfeffer abschmecken.

Sahne, Eigelb und Zitronensaft verrühren und das Geflügelragout damit binden. Bei niedriger Temperatur erhitzen, bis die Sauce leicht eingedickt ist – sie darf nicht zum Kochen kommen. Zum Servieren mit Dill und Petersilie bestreuen.

Für 4 Personen

New York

Roast Goose with Fruit and Nut Dressing

Gänsebraten mit Früchten und Nüssen

Hausgänse wurden erstmals von den Holländern nach Amerika gebracht und später auf Long Island gezüchtet. Eine Füllung aus Früchten und Nüssen macht Gänsebraten bekömmlich.

500 g Trockenpflaumen
¼ l trockener Weißwein
150 g getrocknete halbierte Aprikosen
⅛ l Orangensaft; 2 EL Zucker
2 säuerliche Äpfel, geschält und ohne Kerngehäuse, grobgehackt
1 Zitrone
1 EL in sehr feine Streifen geschnittene Zitronenschale
150 g Datteln, gehackt
3 EL (50 g) Butter
180 g Walnüsse, feingehackt; ¼ TL gemahlener Zimt
1 Glas Portwein
1 Gans (5 kg)
Kochendes Wasser
2 EL Cognac
Salz und frisch gemahlener Pfeffer

Die Pflaumen 5 Minuten in heißem Wasser einweichen. Abtropfen lassen und die Steine entfernen. Die Früchte halbieren und mit dem Wein in einen kleinen Topf geben. Zum Kochen bringen, die Hitze reduzieren und die Pflaumen zugedeckt 10 Minuten garen. Abtropfen lassen; die Flüssigkeit auffangen.

Aprikosen, Orangensaft und Zucker in einem Topf zum Kochen bringen. Die Temperatur herunterschalten und 15 Minuten im offenen Topf köcheln lassen. Die Aprikosen abtropfen lassen und die Flüssigkeit auffangen.

Die Apfelstücke in eine große Schüssel geben und mit dem Saft einer halben Zitrone beträufeln. Pflaumen, Aprikosen, Zitronenschale und Datteln hinzufügen. 1 Eßlöffel Butter in kleine Stücke schneiden, mit den Walnüssen und dem Zimt zu den Früchten geben. Soviel Portwein hinzufügen, daß eine leicht feuchte Mischung entsteht.

Den Backofen auf 220 °C (Gasherd Stufe 4–5) vorheizen. Das Gänseklein und lose anhängendes Fett entfernen. Die Haut des Tieres mit der verbliebenen Zitronenhälfte einreiben. Die Bauchhöhle mit einem Tuch säubern und mit der Früchtemischung füllen. Die Gans mit Küchengarn binden. Die Haut an Keulen, Rücken und der unteren Brustpartie mit einer Gabel einstechen, den Vogel mit der Brust nach oben in einen Bräter legen und 15 Minuten im Ofen garen.

Die Backofentemperatur auf 180 °C (Gasherd Stufe 2–3) herunterschalten. Die Gans erst auf die eine, dann auf die andere Seite drehen und jeweils 1 Stunde braten; alle 15 Minuten mit 2 Eßlöffeln kochendem Wasser begießen. Das ausgebratene Fett mit einer Pipette abziehen.

Die Ofentemperatur auf 220 °C (Gasherd Stufe 4–5) erhöhen. Den Vogel mit der Brustseite nach oben legen und noch etwa 15 Mintuen braten, bis die Haut schön knusprig ist. Den Backofen ausschalten.

Die Füllung aus der Gans herausnehmen und in eine ofenfeste Schüssel geben. Das Tier auf eine hitzebeständige Platte legen und zusammen mit der Füllung in den Backofen stellen. Die Ofentür einen Spalt offenlassen.

Für die Sauce das verbliebene Fett abschöpfen und die Garflüssigkeit der Trockenfrüchte in den Bräter gießen. Etwas einkochen lassen. Den Cognac hinzufügen und 1 Minute weiterkochen. Mit Salz und Pfeffer abschmecken. Vom Feuer nehmen und die restlichen 2 Eßlöffel Butter darunterrühren. Die Sauce getrennt zu Gänsebraten und Füllung reichen.

Für 4–6 Personen

Michigan

Roast Wild Duck

Gebratene Wildente

Wildenten sind erheblich kleiner als ihre domestizierten Verwandten. Da sie auch viel weniger Fett enthalten, sollte man sie beim Braten mit Speck belegen. Manche Feinschmecker sind der Ansicht, Wildenten müßten innen noch blutig sein, aber meist werden sie rosa gebraten bevorzugt. Auf keinen Fall darf man sie vollständig durchbraten, da sie sonst zäh werden.

Gänsebraten mit Früchten und Nüssen

Fasan mit Wildreisfüllung (rechts) *und Gebratene Wildente* (links)

4 Wildenten (je 650–750 g)
Salz und frisch gemahlener Pfeffer
4 kleine Zwiebeln
4 Stengel Petersilie
4 Scheiben Frühstücksspeck, halbiert

Den Backofen auf 240 °C (Gasherd Stufe 5–6) vorheizen. Die Enten mit Küchenkrepp trockentupfen, innen und außen mit Salz und Pfeffer würzen. In jede Ente eine Zwiebel und einen Stengel Petersilie stecken. Die Brust jeweils mit zwei halben Scheiben Speck belegen.

Die Enten auf dem Rost der Fettpfanne etwa 20 Minuten braten, wenn sie innen noch blutig sein sollen. Wenn man das Fleisch rosa gebraten wünscht, die Ofentemperatur nach 15 Minuten auf 180 °C (Gasherd Stufe 2–3) herunterschalten und die Garzeit um etwa 15 Minuten verlängern.

Für 4 Personen

Minnesota

Roast Pheasant or Grouse with Wild Rice Stuffing

Fasan oder Schneehuhn mit Wildreisfüllung

Fasane gehören zwar nicht zu den einheimischen Vögeln Amerikas, doch gibt es sie in so großer Zahl, daß sie zu einem der beliebtesten Wildgeflügel geworden sind. Aber auch das heimische Schneehuhn hat viele begeisterte Anhänger. Je nach Art wiegen Schneehühner etwas weniger als Fasane, so daß man ein bis zwei mehr zubereiten sollte.

90 g Wildreis
Salz
⅜ l Wasser
10 EL (160 g) Butter, zerlassen
2 Schalotten, gehackt
90 g Champignons, gesäubert und ohne Stiele, in dünne Scheiben geschnitten
¼ TL gehackter frischer oder eine Prise getrockneter Rosmarin
Frisch gemahlener Pfeffer
2 Fasane (je 1,3–1,5 kg) oder entsprechend mehr Schneehühner
2 Scheiben Frühstücksspeck, halbiert
1 EL Weizenmehl
Etwa ⅛ l Hühnerfond (siehe Glossar)
1 EL Sahne
1 Messerspitze frisch geriebene Muskatnuß

Den Wildreis unter kaltem Wasser abspülen und abtropfen lassen. Mit Salz und Wasser in einen Topf geben. Zum Kochen bringen und bei schwacher Hitze zugedeckt je nach Sorte 35–60 Minuten garen, bis er weich ist. Abgießen.

In der Zwischenzeit in einem Topf 2½ Eßlöffel Butter bei schwacher Hitze zerlassen. Die Schalotten hinzufügen und 5 Minuten dünsten. Die Champignons dazugeben und in etwa 2 Minuten weich garen; umrühren. Vom Herd nehmen.

Den Backofen auf 190 °C (Gasherd Stufe 3) vorheizen. Den Wildreis zu den Pilzen geben und den Rosmarin hinzufügen. Mit Salz und Pfeffer würzen.

Die Fasane oder Schneehühner mit einem feuchten Tuch säubern, innen und außen salzen und pfeffern, mit der Reis-Pilz-Mischung füllen und mit Küchengarn binden. Auf einen Rost in den Bräter geben und die Brust mit dem Speck belegen.

Das Geflügel locker mit Alufolie abdecken und 40 Minuten im Ofen garen; dabei häufig mit der verbliebenen Butter begießen. Die Folie abnehmen und weitere 30 Minuten garen; mit Bratensaft begießen. Aus dem Bräter nehmen und warm stellen.

Das Bratenfett bis auf 2 Eßlöffel weggießen. Den Bräter bei schwacher Hitze auf den Herd stellen. Das Mehl hineingeben und unter Rühren 2 Minuten anrösten; den Bratensatz lösen. Den Hühnerfond darunterrühren. Zum Kochen bringen, die Temperatur herunterschalten und die Sauce köcheln lassen, bis sie leicht eindickt. Die Sahne darunterziehen, mit Muskat, Salz und Pfeffer abschmecken, getrennt zum Geflügel reichen.

Für 6 Personen

North Dakota

Braised Quail or Squab
Geschmorte Wachteln oder Täubchen

Man rechnet zwei Wachteln pro Person; sie werden besonders saftig und zart, wenn man sie schmort. Täubchen, die man nach diesem Rezept zubereitet, sollten nicht älter als einen Monat sein.

8 Wachteln oder Täubchen
1 Zitrone, halbiert
Weizenmehl
3 EL (50 g) Butter
1 EL Pflanzenöl
2 Frühlingszwiebeln, gehackt
2 EL feingehackte grüne und/oder rote und gelbe Paprikaschote
2 Knoblauchzehen, zerdrückt
½ l Hühnerfond (siehe Glossar)
60 ml trockener Rotwein
8 Scheiben Toastbrot, ohne Rinde
Salz und frisch gemahlener Pfeffer
½ TL gehackter frischer Rosmarin
Gehackte frische Petersilie (nach Belieben)

Die Wachteln oder Täubchen innen und außen mit Zitronensaft einreiben. Leicht mit Mehl bestäuben.

In einem großen schweren Topf, in dem die Vögel nebeneinander Platz haben, die Butter und das Öl erhitzen. Das Geflügel in zwei Portionen jeweils etwa 10 Minuten bei mittlerer Temperatur rundum anbraten. Auf eine große Platte legen.

Den Backofen auf 170°C (Gasherd Stufe 1–2) vorheizen. Frühlingszwiebeln, Paprikaschoten und Knoblauch in den Topf geben und den Bratensatz vom Boden und den Seiten lösen. Die Hitze reduzieren, 2 Eßlöffel Mehl hinzufügen, unter Rühren 2 Minuten anrösten; Fond und Wein darunterrühren. Zum Kochen bringen, dann die Temperatur herunterschalten. Das Geflügel zurück in den Topf geben und zugedeckt etwa 30 Minuten im Ofen garen, bis es weich ist.

Den Topf auf den Herd stellen. Den Toast auf einer vorgewärmten Platte anrichten und mit einem Schaumlöffel auf jede Scheibe eine Wachtel oder ein Täubchen legen. Die Sauce mit Salz und Pfeffer abschmecken, Rosmarin hinzufügen, aufkochen lassen und den Topf vom Feuer nehmen. Das Geflügel jeweils mit etwa 1 Eßlöffel Sauce begießen. Mit Petersilie bestreuen. Die restliche Sauce getrennt dazu servieren.

Für 4 Personen

Oklahoma

Roast Duckling with Hot Pepper Jelly
Gebratene junge Ente mit scharfem Chili-Gelee

Oklahoma wird auch von der kräftig gewürzten texanischen Küche beeinflußt, wo das »Pepper jelly« recht scharf ist.

2 Hausenten (je etwa 2,5 kg)
Salz
½ TL Zitronensaft
2 Knoblauchzehen, leicht zerdrückt
Frisch gemahlener Pfeffer
1 Zwiebel, in Scheiben geschnitten
1 Tasse scharfes Chili-Gelee (Rezept nächste Seite)
Brunnenkresse

Fettpolster und herabhängende Haut an Hals und Bürzel der Enten abtrennen. Kontrollieren, ob die Fettdrüsen am Bürzel entfernt sind. Eventuell Reste davon wegschneiden und den Bereich mit Salz und Zitronensaft einreiben. Die Haut an Keulen, Rükken und der unteren Brustpartie im Abstand von 1 cm einstechen. Auf einen Rost legen und über Nacht an einem sehr kühlen Platz (oder im Kühlschrank) unabgedeckt stehenlassen.

Die Enten innen und außen mit den zerdrückten Knoblauchzehen abreiben. Die Bauchhöhle mit Salz und Pfeffer würzen, je eine Knoblauchzehe sowie die Hälfte der Zwiebelscheiben hineingeben. Mit Küchengarn binden. Jede Ente mit der Hälfte des Chili-Gelees überziehen. 1 Stunde stehenlassen.

Den Backofen auf 190°C (Gasherd Stufe 3) vorheizen. Die

TIFFANY & CO.

Geschmorte Wachteln

Gebratene junge Ente mit scharfem Chili-Gelee

Enten mit der Brustseite nach oben in einen Bräter legen und 20 Minuten im Backofen braten. Dann auf die Seite drehen und weitere 30 Minuten garen. Ausgebratenes Fett mit einer Pipette abziehen. Die Enten wenden und weitere 30 Minuten braten. Anschließend mit der Brust nach oben legen und noch etwa 25 Minuten garen, bis klarer Saft austritt, wenn man eine der Keulen ansticht. Das Geflügel in Stücke zerlegen und auf einer Platte anrichten. Mit Brunnenkresse garnieren.

Für 6–8 Personen

SCHARFES CHILI-GELEE

750 g saftige rote Äpfel
⅜ l Wasser
1 Streifen Zitronenschale (5 cm lang)
1,8 kg Zucker (oder nach Geschmack)
130 g scharfe rote Chili-Schoten, entkernt, ohne Rippen, feingehackt
130 g scharfe grüne Chili-Schoten, entkernt und ohne Rippen, feingehackt
1 große Zwiebel, feingehackt; ¼ l Apfelessig

Die Stiele entfernen und die Äpfel in Viertel schneiden. Die Apfelstücke in einen großen Topf geben, das Wasser und die Zitronenschale hinzufügen. Zum Kochen bringen, die Temperatur herunterschalten und das Obst zugedeckt 30 Minuten köcheln lassen. Die Äpfel mit der Flüssigkeit über einem Topf in einen Durchschlag geben, der mit einem Tuch ausgelegt ist. Stehenlassen, bis der Saft vollständig abgetropft ist. Die Äpfel nicht ausdrücken. Es sollen sich gut 600 ml Saft bilden.

Die Flüssigkeit zum Kochen bringen und 500 g Zucker hinzufügen. Die Hitze reduzieren und den Saft etwa 20 Minuten köcheln lassen, bis er geliert, wenn man eine kleine Menge davon auf einen kalten Teller gibt. Von der Kochstelle nehmen.

Chillies, Zwiebel und Essig in einem zweiten Topf zum Kochen bringen. Den verbliebenen Zucker hinzufügen und unter Rühren 4 Minuten kochen lassen, damit er sich vollständig auflöst. Den aufgefangenen Saft der Äpfel dazugießen und die Temperatur herunterschalten. 10 bis 15 Minuten im offenen Topf köcheln lassen, bis die Gelierprobe (siehe oben) gelingt.

Das Chili-Gelee in sterilisierte Gläser füllen und diese fest verschließen. Die Gläser beim Abkühlen des Gelees behutsam schütteln, damit sich die Chili-Stückchen gleichmäßig verteilen. Auf Vorrat gekochtes Gelee kühl und dunkel aufbewahren.

Ergibt etwa 1,5 l

Der Mittelwesten und die Great Plains

KEVIN MAGEE/TOM STACK & ASSOCIATES

Der Mittelwesten und die Great Plains

Als die Siedler nach Westen vorrückten, trafen sie auf die drei Indianervölker des Mittelwestens und der Great Plains: auf die Algonkin, die Siouans und die Caddoans. Sie entdeckten auch seltsame, von Menschenhand geformte Erdhügel *(mounds)*. Die moderne Wissenschaft hat diese großen Hügel – es gibt quadratische, achteckige, kreisrunde und sogar solche in Tierform – als Begräbnisstätten, Befestigungsanlagen und Kultstätten prähistorischer Indianer identifiziert. Untersuchungen haben ergeben, daß diese Völker, die als *mound builder* in die Geschichte eingingen, sich nicht viel anders ernährt haben als ihre Nachfahren. Im Gebiet der großen Seen labten sich die Ojibwas, Winnebagos und Chippewas an jenem wohlschmeckenden Gras, das wir heute als wilden Reis kennen. Diese Indianerstämme wußten sehr geschickt mit Birkenrinde umzugehen; sie bauten wasserdichte Kanus, um auf den Seen zu fischen und Reis zu ernten. Die Reisernte war damals wie heute Aufgabe der Frauen. Zu zweit sitzen sie in einem Kanu; während die eine vorne langsam paddelt, biegt die andere mit zwei langen spitzen Stöcken die zarten Pflanzenstengel um, so daß die losen Körner beim Schütteln auf den Boden des Kanus fallen. Dann wird der Reis über rauchendem Feuer getrocknet und schließlich durch Tanzen und Stampfen mit den Füßen bearbeitet, bis sich die Spreu von den Körnern löst. Obwohl die Stämme auch zur Jagd gingen, entfernten sie sich nie sehr weit von ihren natürlichen Reisfeldern. Die Uferregionen der großen Flüsse, die durch das Land fließen, waren fruchtbar; und so lebten die Osage, Caddos, Omahas, Wichitas und Shawnees vom Ackerbau.

Die Indianer, die in den Great Plains lebten, betrieben fast keinen Ackerbau. Sie wurden *buffalo hunters* (Büffeljäger) genannt, und zu ihnen zählten die Blackfoot, die Cheyenne und die Arapaho-Stämme des Algonkin-Volkes, die Sioux, Dakotas

Vorhergehende Seiten: *Viele aus Deutschland und Skandinavien eingewanderte Farmer, die sich im 19. Jahrhundert im nördlichen Iowa niederließen, fühlten sich durch die Landschaft an ihre alte Heimat erinnert.*
PHOTO: TALIS BERGMANIS

Links: *Liebliche grüne Wiesen und Hügel: In der Sprache der indianischen Ureinwohner bedeutet Iowa »Schönes Land«.*

JOE ROSSI

Diese Dampfer auf dem vereisten Mississippi in St. Paul, der Hauptstadt von Minnesota, sollen die Touristen an alte Zeiten erinnern.

und Crows vom Siouan-Volk und die Pawnees vom Caddo-Volk. Obwohl Wildgeflügel, vor allem Birkhühner, etwas Fleisch und Eier lieferten, lebten diese Stämme vorwiegend vom Büffel. Jeder Teil des Tieres fand Verwendung, als Nahrung, als Kleidung oder für ihre Zelte. Um das Fleisch haltbar zu machen, schnitten die Büffeljäger es in dünne Streifen und trockneten es an der Sonne, wie es die anderen Stämme mit dem Wildfleisch machten. Später brachten sie den Pionieren diese Konservierungsmethode bei, allerdings trat bald Rindfleisch an die Stelle von Büffel- und Wildfleisch. Die Indianer stellten auch Pemmikan her: Gedörrtes Wild- oder Büffelfleisch wurde zerstoßen, mit Beeren und Fett vermischt und zu kleinen Kuchen gepreßt. Eines der beliebtesten Würzmittel war die Bisonbeere, der Größe nach etwa einer Preiselbeere vergleichbar. Sie wurde nach dem ersten Frost gepflückt, weil sie dann süßer war. Gekocht wurde in den Plains meist im Freien, entweder über offenem Feuer oder in mit Steinen ausgelegten Gruben.

Nach dem Freiheitskrieg erhoben mehrere Staaten, darunter auch Massachusetts und Virginia, Anspruch auf das riesige Gebiet um die großen Seen. Da der Staat Maryland jedoch befürchtete, in der neuen Regierung unterrepräsentiert zu sein, bestand er mit einigen anderen, älteren Binnenstaaten darauf, daß das Land der zentralen Regierung unterstellt wurde. 1785 ließ der Kongreß das Land im Nordwesten des Ohio River vermessen; so entstand das *Northwest Territory*. Die fünf Staaten, die daraus hervorgingen, sind Ohio, Indiana, Illinois, Michigan und Wisconsin. Doch was wir heute als Mittelwesten bezeichnen, umfaßt über diese fünf Staaten hinaus noch Minnesota, Iowa und Missouri. Dieses hügelige Prärieland mit seinem fruchtbaren Boden gilt als *corn belt*, als »Maisgürtel« Amerikas.

Jenseits der Prärie liegen die Great Plains, die großen Ebenen. Das Klima ist hier bedeutend trockener, und obwohl die Landschaft flach wirkt, steigt sie in Wirklichkeit in westlicher Richtung – also auf die Rocky Mountains zu – sanft an. Da die Pioniere, die nach Westen zogen, die Great Plains für unbewohnbar hielten, wurden die beiden Dakotas, Nebraska, Kansas und Oklahoma erst zuletzt besiedelt. Es ist kaum vorstellbar, daß der Ansturm der Siedler auf das ihnen zugewiesene Freiland im Cherokee Strip Territory in Oklahoma noch keine hundert Jahre her ist. Im ersten Jahrzehnt des 20. Jahrhunderts starteten die Gouverneure der dünn besiedelten Staaten zusammen mit den Eisenbahngesellschaften eine Art Werbekampagne, um mehr Menschen ins Land zu holen; eine Initiative, die sogar von Politikern der übervölkerten Staaten im Osten unterstützt wurde. Im In- und Ausland wurden die Great Plains als ein einziger fruchtbarer Garten angepriesen. Statt dessen fanden die Ankömmlinge aber ein rauhes Land vor, mit langen kalten Wintern, sehr heißen Sommern und gelegentlichen Dürreperioden. Schlimmer noch waren die Stürme, die während dieser Dürrezeiten über das Land brausten, Teile des Erdreichs abtrugen und überall eine dicke Staubschicht hinterließen. Noch heute kann das Leben in den Plains beschwerlich sein, doch die guten Jahre bringen so enorme Weizenernten, daß die Gegend als »Weizengürtel« bekannt ist.

Für die frühen Siedler dieser Gebiete war das Leben fast so hart wie für die ersten Kolonisten im Osten. Im Mittelwesten wie in den Plains mußte gerodet, urbar gemacht, gepflanzt werden. Metallgegenstände, Töpferwaren, Werkzeuge und Geräte aller Art waren knapp, und der Nachschub aus dem Osten erwies sich als schwierig. So lebten viele Siedler zunächst in Lehmhütten mit Dächern aus Präriegras. Im Lauf der Zeit entstanden jedoch Städte entlang der großen Flüsse, die so zu Lebensadern des Gebietes wurden. Der Mittelwesten begann aufzublühen, als die Pioniere allmählich in die Plains kamen. Häuser und Scheunen wurden gebaut, das tägliche Leben begann, es wurde genäht, gekocht, gebacken. Außer den Problemen, die die Besiedlung eines neuen Territoriums ohnehin mit sich bringt, mußten die Menschen, die in den Mittelwesten und in die Great Plains zogen, sich einer besonderen Aufgabe stellen: der Auseinandersetzung mit den Indianern. Sie wurden immer feindseliger, je weiter die weißen Siedler in ihr Gebiet vordrangen. Die Shawnees leisteten besonders hartnäckigen Widerstand und verbündeten sich 1812 mit den Briten – für eine verlorene Sache, wie sich bald herausstellen sollte. Auf den Plains töteten weiße Jäger Millionen von Büffeln, weil sie mit dem Leder Geschäfte machten, und entzogen so den Indianern ihre Lebensgrundlage. Die Auseinandersetzungen hörten auch nach dem Freiheitskrieg nicht auf. Gegen Ende des 19. Jahrhunderts waren die meisten Indianer in Reservate verbannt; zwar gab es danach auch noch Aufstände, doch schlug sie die Kavallerie bald nieder.

Die Küche des Mittelwestens und der Great Plains basiert auf verschiedenen Eßkulturen. Die ersten Akzente setzten die Pioniere aus dem Osten und Süden, die in Richtung *Northwest Territory* unterwegs waren, um ein neues Leben in dem fruchtbaren Land zu beginnen. In das Gebiet von Ohio bei den Great Lakes zogen vor allem Siedler aus Neuengland, die ihre Yankee-Küche mitbrachten. Auch aus Kentucky, Tennessee, West Virginia und Arkansas kamen viele, die ihre Vorliebe für die Gerichte des Südens beibehielten. Auch die Shaker (eine in England gegründete Sekte), die ihrer Zeit auf dem Gebiet der Ernährung weit voraus waren, ließen sich in Ohio und Indiana nieder.

Im 19. Jahrhundert strömten deutsche Einwanderer in den Mittelwesten und in die Great Plains. Zwar hatten sich die Nachkommen der deutschen Amischen und der Moravians (Angehörige der Mährischen Kirche) aus Pennsylvania schon in Ohio und Indiana niedergelassen; doch erst die neuen Einwanderer sollten den Mittelwesten nachhaltig prägen. Neben den Schweizern waren die Deutschen für die Molkereierzeugnisse und die Käseproduktion verantwortlich, die bis heute in der Region eine große wirtschaftliche Rolle spielen. Die Deutschen wurden auch die Braumeister Amerikas. Aber vor allem waren sie Meister in der Kunst des Fleischerhandwerks; sie machten leicht verderbliches Frischfleisch durch Räuchern haltbar und verarbeiteten es zu Wurst und Schinken, die nach Osten verschickt wurden. Noch heute wird Vieh zur Verarbeitung und zum Versand in die Staaten des Mittelwestens und der Great Plains verschickt.

Einwanderer aus Skandinavien siedelten sich im gesamten

Mittelwesten an. Die Schweden drangen bis zu den Great Plains vor und trafen in North und South Dakota auf die Norweger. Ungarn, Rumänen, Polen und andere Osteuropäer kamen, um in den Stahlwerken zu arbeiten, und ließen sich später in dichter besiedelten Gegenden wie Michigan, Illinois und Ohio nieder; viele Tschechen leben auch in Nebraska. Zahlreiche Russen wurden durch die Werbekampagne in die Plains gelockt und landeten schließlich in Kansas. Im 20. Jahrhundert zog die Autoindustrie von Detroit eine große Zahl von Einwanderern an, unter anderem auch Araber. In Chicago entstanden große irische, griechische und italienische Gemeinden.

Der Mittelwesten und die Great Plains leisteten einen sehr vielgestaltigen Beitrag zur Küche Amerikas mit Rezepten wie Krautsuppe und eingelegten Stinten aus Michigan, Huhn mit Klößen aus Ohio, Weizenvollkornbrot aus Kansas, panierten Rindersteaks aus Oklahoma und Missouri oder geschmorten Wachteln aus North Dakota, um nur einige zu nennen. Der Mittelwesten kann sich auch rühmen, den Hamburger und die Hot dogs hervorgebracht zu haben, die erstmals bei der Weltausstellung von 1904 in St. Louis angeboten wurden. Der Mittelwesten und die Great Plains sind also gewissermaßen der *melting pot* der amerikanischen Küche.

GEORGE OLSON/THE PHOTOFILE

In Kansas, dem Herzen der Great Plains, hat das Leben einen ruhigen, beschaulichen Rhythmus.

Der Highway 160 verbindet Colorado mit dem Nordwesten von Kansas. Kansas ist der größte Weizenproduzent der Vereinigten Staaten.

FLEISCH UND WILD

CATHERINE KARNOW

Zwei Cowboys bei ihrem herzhaften Mittagessen: Rindfleisch mit Bohnen.

FLEISCH UND WILD

Bären, Hirsche und Rehe, Wapitis, Elche, Eichhörnchen, Hasen, Waschbären, Ottern, Opossums und gelegentlich auch Schlangen lieferten den Indianern im Osten reichlich Fleisch. Weiter westwärts wurden Büffel, Gürteltiere, Dickhornschafe und Biber gejagt. Es dauerte eine ganze Weile, bis auch die Siedler zu geschickten Jägern wurden, doch von da an begannen die Kolonien aufzublühen. Im Osten blieb Wild bis weit in das 19. Jahrhundert hinein ein wichtiges Nahrungsmittel, im Westen noch länger. Ende des 19. Jahrhunderts gab es schon reichlich Schweinefleisch, und die Rindfleischbestände wuchsen ebenfalls an, doch Wild kam nach wie vor regelmäßig auf den Tisch. Auf Märkten und in Gasthöfen wurde so viel Wild angeboten, daß schon damals Abschußquoten festgelegt werden mußten, um den Bestand mancher Arten zu schützen. Dank strenger Tierschutzverordnungen hat sich heute das Wild in den ländlichen Gebieten wieder stark vermehrt, und die Jagd ist nach wie vor ein beliebter Sport der Amerikaner. In vielen Bundesstaaten ist das erlegte Wild allerdings dank strenger Gesetze nicht frei verkäuflich; in den Handel kommen also fast nur Tiere aus Gehegen. Heute wird Wild in den Vereinigten Staaten nicht regelmäßig gegessen, sondern gilt eher als Delikatesse.

Die ersten Haustiere, die in Amerika eingeführt wurden, waren Schweine. Hernando de Soto brachte sie im Jahr 1539

Vorhergehende Seiten: *Honolulu-Spareribs* (links, Rezept S. 128) und *Schweinebraten-Barbecue* (rechts, Rezept S. 132)

TIFFANY & CO.

Rechts: *Fertigungsindustrien und Tourismus sind heute die beiden wichtigsten Wirtschaftszweige West-Virginias – und doch sieht es in den Bergen noch fast so aus wie vor hundert Jahren.*

NICK NICHOLSON/THE IMAGE BANK

(oder auch erst 1542, wie manche meinen) aus Spanien mit nach Florida. Jedenfalls war das Hausschwein im Süden wie im Norden bald verbreitet. Die Tiere liefen frei in den Wäldern umher, wo sie sich hauptsächlich von Nüssen ernährten – das gab ihrem Fleisch ein ganz spezielles Aroma. (Viele dieser Haustiere verwilderten später; ihre Nachkommen werden oft fälschlicherweise als Wildschweine bezeichnet.) Die Siedler im Süden erkannten sehr bald, wie gut sich Erdnüsse als Schweinefutter eignen, und noch heute sind viele Betriebe in den Südstaaten auf die Aufzucht und die Verarbeitung von Schweinen spezialisiert, die mit Erdnüssen gemästet werden. Als deutsche Einwanderer im 19. Jahrhundert im Mittelwesten der Vereinigten Staaten eintrafen, waren sie als Meister des Fleischerhandwerks hochwillkommen. Überall entstanden Schweinezuchtbetriebe, und Cincinnati, Ohio, entwickelte sich zu einem Zentrum für die Konservierung und Verpackung des Fleisches. Lange spielte Schweinefleisch in der Ernährung der Amerikaner eine überragende Rolle. Das änderte sich erst nach dem Bürgerkrieg, als der Westen allmählich erschlossen wurde und Rindfleisch in größeren Mengen mit Eisenbahn-Kühlwaggons Richtung Osten transportiert werden konnte.

Im Jahr 1550 wurden von spanischen Siedlern die ersten Rinder mit nach Florida gebracht. Die Engländer führten sie später in ihre Kolonien ein; schon 1611 gab es Rinder in Jamestown, und das erste Schlachthaus eröffnete 1662 in Boston. Allerdings war die Rinderhaltung nicht so einfach wie die Schweinehaltung. Außerdem brauchten Rinder sehr viel mehr Fläche zum Grasen; deshalb blieb das Fleisch lange Zeit ziemlich teuer. Anfangs wurde es meist gepökelt oder sauer eingelegt. Erst nach dem Bürgerkrieg, als die Eisenbahnstrecken ausgebaut werden konnten, wurde Rindfleisch auch über lange Entfernungen transportiert. Die ersten lebenden Rinder wurden im Jahr 1867 in Eisenbahnwaggons von Kansas in den Osten der Vereinigten Staaten gebracht; eine schwierige und teure Unternehmung, mit der die Zeit der großen Viehtransporte begann. Bald darauf, im Jahr 1871, erfand G. H. Hammond den Eisenbahn-Kühlwaggon. Von nun an mußten die Tiere nicht mehr lebend über die lange Strecke von West nach Ost transportiert werden. Da Chicago weiter westlich liegt als Cincinnati, verlagerte sich das Zentrum der Fleischindustrie dorthin; hier wurden die Rinder geschlachtet und dann in die neuen Kühlwaggons verladen. (Heute ist vor allem Omaha auf die Fleischkonservierung spezialisiert.)

Die Amerikaner, vor allem diejenigen englischer Abstammung, zeigten einen solchen Appetit auf *beef*, daß Rindfleisch Anfang des 20. Jahrhunderts jedes andere Fleisch an Beliebtheit übertraf – und das ist bis heute so geblieben. Die Eßgewohnheiten der jüdischen Einwanderer, denen aus religiösen Gründen Schweinefleisch verboten war, haben diese Entwicklung entscheidend mitbestimmt. Kalbfleisch spielte in der Küche der USA nie eine große Rolle – vielleicht wegen seines Preises – und wird höchstens in italienischen oder französischen Restaurants angeboten.

Auch Lammfleisch wird in amerikanischen Haushalten kaum zubereitet. Zwar wurde es in den letzten Jahren populärer, aber dennoch bleibt es in der Beliebtheit weit hinter Rind- und Schweinefleisch zurück. Dabei gibt es vorzügliches Lammfleisch in den USA; viele Köche halten es für weit besser als das tiefgefrorene aus Neuseeland. Schafe und Ziegen wurden übrigens von den Spaniern mit in die Neue Welt gebracht, und kein spanisches Barbecue-Fest kommt heute ohne am Spieß gebratene Zicklein aus. Als die Schafherden im Bergland zur Erbitterung der Rinderzüchter immer größer wurden, holte man baskische Schäfer ins Land; und heute machen die kleinen, gemütlichen baskischen Restaurants in Nevada und Idaho ein gutes Geschäft.

Die Spanier führten im Südwesten Amerikas Rinder ein, und die Mexikaner, die man anstellte, um die Herden zu hüten, waren die ersten »Cowboys«.

CATHERINE KARNOW

Schinkensteaks mit Kaffeesauce (oben) *und Paniertes Rindersteak*

Missouri

Chicken-Fried Steak

Paniertes Rindersteak

Flachgeklopfte Rindersteaks schätzten die Engländer schon lange bevor sie nach Amerika kamen. »Chicken-fried steaks« kennt man im Mittleren Westen, den Great Plains und in einigen Gegenden des Südens. Es handelt sich um flachgeklopfte Rindersteaks, die wie Huhn paniert und gebraten werden.

2 Eier, leicht verschlagen
3 EL Milch
1 Spritzer Tabasco-Sauce (nach Belieben)
130 g Weizenmehl, Semmelbrösel oder zerkrümelte Cracker
1 TL Salz
½ TL frisch gemahlener Pfeffer
1 kg Rindfleisch (Oberschale), in 4 - 6 Steaks geschnitten und flachgeklopft
3 EL (30 g) ausgelassenes Fett von Bauch- oder Frühstücksspeck
¼ l Sahne

Eier, Milch und Tabasco in einer flachen Schüssel verrühren. Mehl oder Brösel auf einem Teller mit dem Salz und dem Pfeffer vermischen.

Die Rindersteaks in der Eimischung wenden, überschüssige Flüssigkeit abtropfen lassen. Mit Mehl oder Bröseln panieren. Auf einen mit Wachspapier bedeckten Teller legen.

Das Fett in einer großen schweren Bratpfanne bei mittlerer Temperatur erhitzen. Die Steaks auf jeder Seite 1-2 Minuten kräftig darin anbraten. Kurz auf Küchenkrepp abtropfen lassen und auf eine feuerfeste Servierplatte legen. Bei niedriger Temperatur im Backofen warm halten.

Die Sahne zum Fett in die Pfanne geben und den Bratensatz lösen. Die Sauce 3-4 Minuten kochen lassen, bis sie eindickt, und über die Steaks gießen.

Für 4-6 Personen

Tennessee

Ham with Redeye Gravy

Schinkensteaks mit Kaffeesauce

Schinkensteaks mit Kaffeesauce kennt man überall im Süden der Vereinigten Staaten.

2 Beinschinken-Steaks (etwa 5 mm dick)
60 ml Wasser
60 ml starker Kaffee
1 EL Sahne (nach Belieben)

Überschüssiges Fett abschneiden und die Schinkensteaks in einer großen, schweren Pfanne braten, bis das Fett ausgelassen ist. Weggießen und die Steaks bei mittlerer bis starker Hitze auf beiden Seiten jeweils 2-3 Minuten braten, bis sie am Rand goldgelb werden. Auf einer Servierplatte warm stellen.

Das Wasser, den Kaffee und gegebenenfalls die Sahne in die Pfanne gießen. Rasch erhitzen, den Bratensatz vom Pfannenboden lösen und die Sauce kochen lassen, bis sie leicht eingedickt ist. Die Schinkensteaks damit übergießen und sofort servieren.

Für 2 Personen

Wyoming

Roast Lamb with Buttermilk and Rosemary

Lammkeule mit Buttermilch und Rosmarin

In Wyoming wird mit das beste Lammfleisch der Welt erzeugt - dennoch hat es in der amerikanischen Küche nie die Beliebtheit erlangt, die es eigentlich verdient. Das folgende Rezept stammt aus Cheyenne.

1 Lammkeule (etwa 3 kg)
1 Knoblauchzehe, in feine Stifte geschnitten
2 Knoblauchzehen, zerdrückt
1 EL Dijon-Senf
½ TL frisch gemahlener Pfeffer
3 EL Olivenöl
60 ml Buttermilch
⅛ l trockener Weißwein
Etwa ⅜ l Rinderfond (siehe Glossar)
2 Zweige Rosmarin
1 EL Butter
Salz und frisch gemahlener Pfeffer

Die ganze Oberseite der Lammkeule im Abstand von 4 cm mit einem scharfen spitzen Messer einstechen. In jeden Schlitz ein Stückchen Knoblauch stecken. Die zerdrückten Knoblauchzehen, Senf, Pfeffer, Öl und Buttermilch miteinander verrühren und die Lammkeule damit bestreichen. Mindestens 6 Stunden stehenlassen, dabei häufig mit der Marinade bestreichen.

Den Backofen auf 200 °C (Gasherd Stufe 3-4) vorheizen. Die Lammkeule auf einen Rost in einen großen Bräter legen und 15 Minuten in den Backofen stellen. Die Marinade mit dem Wein und ⅛ l Rinderfond verrühren. In den Bräter gießen und den Rosmarin hinzufügen. Die Backofentemperatur auf 150 °C (Gasherd Stufe 1) herunterschalten und die Lammkeule pro 500 g Gewicht etwa 15 Minuten braten, so daß das Fleisch innen noch rosa ist. Während des Garens nach Bedarf weiteren Fond dazugießen, damit der Bratensaft nicht anbrennt. Die fertige Lammkeule 10 Minuten ruhen lassen.

In der Zwischenzeit das Fett vom Bratensaft abschöpfen. Die Sauce mit Butter anreichern, mit Salz und Pfeffer abschmecken und getrennt zum Fleisch reichen.

Für 6-8 Personen

Rechte Seite: *Lammkeule mit Buttermilch und Rosmarin*

Vermont

Loin of Pork with Apples
Schweinskarree mit Äpfeln

Lange Zeit aß man in Amerika vorwiegend Schweinefleisch. Erst mit dem großen Zug nach Westen wurde Rindfleisch populärer. In Neuengland wird Schweinefleisch oft mit Äpfeln kombiniert.

1 Schweinskarree (etwa 2 kg)
Salz und frisch gemahlener Pfeffer
Weizenmehl
250 g Zucker
80 ml Apfelessig
4 säuerliche Äpfel, geschält und ohne Kerngehäuse, in Viertel geschnitten
2 TL Zucker
¼ l Sahne (mit Raumtemperatur)

Den Backofen auf 230 °C (Gasherd Stufe 5) vorheizen. Das Schweinskarree an der Oberseite leicht einritzen. Mit Salz, Pfeffer und Mehl einreiben. Mit den Knochen nach oben auf den Rost eines Bräters legen. 15 Minuten im Backofen garen.

In einem Topf Zucker und Essig unter Rühren zum Kochen bringen. Die Hitze reduzieren und 5 Minuten köcheln lassen.

Das Schweinskarree mit der Essig-Zucker-Mischung begießen und die Backofentemperatur auf 180 °C (Gasherd Stufe 2–3) herunterschalten. Soviel Wasser in den Bräter gießen, daß der Topfboden mit Flüssigkeit bedeckt ist. Das Fleisch noch etwa 1 Stunde und 45 Minuten (30 Minuten pro 500 g) im Backofen garen. Alle 20 Minuten mit der Essig-Zucker-Mischung begießen und nach Bedarf verdampfte Flüssigkeit durch Wasser ergänzen.

Etwa 30 Minuten, bevor das Fleisch gar ist, die Äpfel in den Bräter geben und gründlich im Bratensaft wenden. Die Äpfel mit Zucker bestreuen und unter gelegentlichem Wenden zusammen mit dem Fleisch garen, bis sie weich sind.

Das Schweinskarree auf einer Servierplatte mit den Äpfeln anrichten. Den Bratensaft entfetten, die Sahne hinzufügen, zum Kochen bringen und zum Braten reichen.

Für 4 Personen

Arizona

Green Chilied Pork
Schweinefleisch mit Paprika und Chillies

Die Kombination von Schweinefleisch und gerösteten grünen Paprikaschoten findet man häufig in der Küche des Südwestens. Reis oder »Burritos« (mit Bohnen gefüllte Tortillas) passen gut dazu.

3 große grüne Paprikaschoten
60 g ausgelassenes Fett von Bauch- oder Frühstücksspeck
Gut 1 kg Schweineschulter ohne Knochen, in 2–3 cm große Würfel geschnitten
2 große Zwiebeln, gehackt
2 große Knoblauchzehen, zerdrückt
2 EL Weizenmehl
500 g milde grüne Chili-Schoten (Dose), abgetropft und gehackt
1 l Hühnerfond (siehe Glossar)
Salz und frisch gemahlener Pfeffer
Gekochter Reis (als Beilage)

Die Paprikaschoten über einer Gasflamme oder unter dem Grill anrösten, bis die Haut rundum geschwärzt ist. Vorsichtig in Küchenkrepp wickeln, in einen Gefrierbeutel geben und abkühlen lassen. Anschließend die Haut mit Küchenkrepp abreiben. Die Paprika entkernen, hacken und beiseite stellen.

Das Fett in einem großen Kochtopf bei mittlerer Temperatur erhitzen. Die Fleischwürfel in mehreren Portionen anbraten, bis sie leicht gebräunt sind. Auf einen Teller füllen.

Die Zwiebeln in den Topf geben und 1 Minute andünsten. Den Knoblauch hinzufügen, 2 Minuten weiterdünsten. Das Fleisch wieder in die Pfanne geben, die Hitze reduzieren.

Die Fleischwürfel mit dem Mehl bestäuben und unter Rühren 2 Minuten anbraten. Geröstete Paprika, Chili-Schoten und Hühnerfond hinzufügen. Zum Kochen bringen, die Hitze reduzieren und etwa 1 Stunde und 15 Minuten halb zugedeckt garen, bis das Fleisch weich ist. Falls das Ragout zu dünnflüssig ist, die Temperatur ein wenig erhöhen. Mit Salz und Pfeffer abschmecken und mit gekochtem Reis servieren.

Für 6 Personen

Schweinskarree mit Äpfeln (links) *und Schweinefleisch mit Paprika und Chillies*

VILLEROY & BOCH

VILLEROY & BOCH

Gekochtes Rindfleisch nach neuenglischer Art

New Hampshire

New England Boiled Dinner

Gekochtes Rindfleisch nach neuenglischer Art

Dieses traditionelle Gericht wurde in Neuengland von jeher aus gepökeltem Rindfleisch zubereitet. Gleich nach dem Frühstück stellte man den Topf mit dem Fleisch auf den Herd; so war bis zum Mittag eine herzhafte Mahlzeit fertig, und die Hausfrau konnte inzwischen anderen Pflichten nachgehen. Die Reste solch eines »Boiled dinner« wurden am nächsten Morgen als »Red flannel hash«, eine Art Bauernfrühstück mit roten Rüben, serviert (siehe S. 238).

2–2,5 kg gepökelte Rinderbrust (vorbestellen)
12 kleine Karotten, geschält
6 kleine weiße Rüben, geschält
6 Kartoffeln, geschält
8 kleine rote Rüben, geputzt, aber nicht geschält
1 kleiner Kopf Weißkraut, gehackt
1½ EL (20 g) Butter
1½ EL Weizenmehl
1½ EL Senfpulver
1 TL Dijon-Senf
1 EL Rotweinessig
⅛ l saure Sahne (mit Raumtemperatur)
Salz und frisch gemahlener Pfeffer

Die Rinderbrust mit kaltem Wasser abspülen und in einen großen schweren Kochtopf oder einen flachen Bratentopf legen. Mit kaltem Wasser bedecken und zum Kochen bringen. Wenn nötig den Schaum abschöpfen. Die Temperatur herunterschalten und das Rindfleisch 2½ Stunden zugedeckt köcheln lassen.

Karotten, weiße Rüben und Kartoffeln hinzufügen und noch etwa 40 Minuten im geschlossenen Topf mitgaren, bis Fleisch und Gemüse weich sind.

In der Zwischenzeit die roten Rüben in einen Topf geben und mit kaltem Wasser bedecken. Zum Kochen bringen, die Hitze reduzieren und etwa 30 Minuten im offenen Topf köcheln lassen, bis sie weich sind. Sofort unter fließendem kaltem Wasser abspülen. Schälen und in eine hitzefeste Schüssel legen. Bei niedriger Temperatur im Backofen warm halten.

Nach der halben Garzeit der roten Rüben das Weißkraut in einen Topf geben. ⅛ l von der Rindfleischbrühe an das Kraut geben. Zum Kochen bringen, die Temperatur herunterschalten und zugedeckt etwa 15 Minuten garen, bis es weich ist. Wenn die Flüssigkeit noch nicht vollständig verdampft ist, den Deckel abnehmen. Das Kraut bei schwacher Hitze warm halten.

Die Rinderbrust auf eine hitzefeste Platte geben, Karotten, weiße Rüben und Kartoffeln in eine ofenfeste Schüssel füllen. Zudecken und bei niedriger Temperatur im Backofen warm halten. Die Rindfleischbrühe beiseite stellen.

In einem Topf die Butter bei niedriger Temperatur zerlassen, Mehl, Senfpulver und Senf hinzufügen und unter ständigem Rühren 3 Minuten erhitzen. Den Essig und knapp ⅜ l der beiseite gestellten Fleischbrühe darunterrühren. Die Sauce etwa 4 Minuten kochen lassen, bis sie leicht eingedickt ist. Den Topf vom Feuer nehmen und die saure Sahne darunterrühren. Mit Salz und Pfeffer abschmecken.

Das Fleisch in Scheiben schneiden, auf der Platte anrichten und mit den Karotten, Kartoffeln und weißen Rüben umlegen. Weißkraut und rote Rüben in separaten Schüsseln auftragen. Die Sauce getrennt dazu reichen.

Für 6 Personen

TIFFANY & CO.

Geschmorte Wildsteaks

Wyoming

SMOTHERED VENISON
Geschmorte Wildsteaks

Wild, eine der wichtigsten Nahrungsgrundlagen der frühen Siedler, kommt heute in den USA nur noch selten auf den Tisch, es sei denn, der Hausherr ist passionierter Jäger. Das Erlegen und der Verkauf von Wild unterliegen strikten Gesetzen; das im Handel angebotene Wildfleisch stammt überwiegend aus Zuchtbetrieben.

60 g Weizenmehl
1 TL Salz
½ TL Pfeffer
4 Wildsteaks (je etwa 250 g), 2 - 3 cm dick
2 EL (30 g) Butter
2 EL Pflanzenöl
1 große Zwiebel, gehackt
1 Knoblauchzehe, zerdrückt
80 ml trockener Rotwein
500 g geschälte Eiertomaten (Dose), mit ihrem Saft
3 große frische Tomaten, entkernt und gehackt
1 kleine Karotte, feingehackt
1 kleine Stange Blechsellerie, feingehackt
1 EL Worcestershire-Sauce
Gehackte frische Petersilie (nach Belieben)

Den Backofen auf 170 °C (Gasherd Stufe 1-2) vorheizen. Mehl, Salz und Pfeffer vermischen. Die Steaks darin wenden, das Mehl fest anklopfen. Verbliebenes Mehl aufbewahren.

Butter und Öl in einem großen schweren Kochtopf oder einem flachen Bratentopf erhitzen und die Steaks auf beiden Seiten kräftig anbraten. Das Fleisch auf einen Teller legen.

Das Fett bis auf 2 Eßlöffel weggießen. Die Zwiebel in den Topf geben, 2 Minuten anbraten, dabei den Bratensatz lösen.

Den Knoblauch hinzufügen, 3 Minuten weitergaren. Das zurückbehaltene Mehl dazugeben, unter Rühren 2 Minuten anrösten. Den Wein, Tomaten, Karotte, Bleichsellerie und Worcestershire-Sauce hinzufügen. Umrühren, zum Kochen bringen, die Hitze reduzieren, 10 Minuten köcheln lassen. Die Steaks zurück in den Topf geben und in die Gemüsemischung hineindrücken. Den Topf in den Backofen stellen, die Steaks zugedeckt - je nach Wildart - etwa 1½ Stunden schmoren, bis sie weich sind. Den Deckel abnehmen und noch 30 Minuten garen. Mit Petersilie bestreut servieren.

Für 4 Personen

California

GRILLED BUTTERFLIED LAMB
Gegrilltes Lammkeulen-Steak

Entbeint und flach auseinandergeklappt braucht eine Lammkeule nicht länger als ein dickes Steak. Es sollte innen noch rosa sein. (Hier wird ein in den USA gebräuchlicher, verschließbarer Grill mit Luftschlitzen verwendet, ein sogenannter Kugelgrill.)

1 Lammkeule (2,5-3 kg), den Knochen ausgelöst, das Fleisch längs eingeschnitten und auseinandergeklappt
500 g Joghurt
4 Knoblauchzehen, zerdrückt
30 g frische Minze, gehackt
¼ TL frisch gemahlener Pfeffer

Das Lammfleisch in eine flache Glasform legen. Den Joghurt mit Knoblauch, Minze und Pfeffer verrühren und das Fleisch damit bestreichen; über Nacht zugedeckt in den Kühlschrank stellen. 1 Stunde vor dem Garen herausnehmen.

Den Kugelgrill vorheizen. Das Lammfleisch auf den eingefetteten Rost legen und den Deckel daraufgeben. Bei geöffneten Lüftungsschlitzen und mittlerer Hitze 15 Minuten auf jeder Seite grillen, wenn es innen noch rosa sein soll. Vor dem Servieren 10 Minuten ruhen lassen.

Für 6-8 Personen

Rechte Seite: *Gegrillte Lammkeule*

Hawaii

HONOLULU SPARERIBS

Honolulu Spareribs

Schon etwa 2000 Jahre, bevor sich die Engländer auf den Weg nach Massachusetts machten, kamen die ersten Polynesier nach Hawaii. Klugerweise brachten sie ihre liebsten Nahrungsmittel mit: Taro, Bananen, Planten, Brotfrucht, Yams, Kokosnüsse und selbst Zuckerrohr, das sie roh kauten. Auch die Tiere, die sie am liebsten verspeisten, wie Hunde, Hühner und Schweine, führten sie in großer Zahl mit sich. Für dieses Rezept ist Fünfgewürzpulver unerläßlich.

2–2,5 kg fleischige Spareribs (Schweinerippchen)
1 Zitrone, in Scheiben geschnitten
4 Stengel Petersilie
1 Stengel frischer oder eine Prise getrockneter Origano
1 Knoblauchzehe, zerdrückt
¼ TL frisch gemahlener Pfeffer
1 TL zerdrückte frische Ingwerwurzel
2 EL Sojasauce
2 EL trockener Sherry
1½ EL Honig
1½ TL Fünfgewürzpulver*
½ Tasse Chili-Sauce (American-style)
60 ml Erdnußöl

Die Schweinerippchen in einen großen Kochtopf oder einen flachen Bratentopf geben und mit Wasser bedecken. Zitronenscheiben, Petersilie und Origano hinzufügen. Zum Kochen bringen, die Temperatur herunterschalten, den Deckel halb auflegen und 45 Minuten köcheln lassen. Abgießen und in eine flache Glas- oder Keramikform legen.

In einer Schüssel Knoblauch, Pfeffer, Ingwer, Sojasauce, Sherry, Honig, Fünfgewürz, Chili-Sauce und Öl verrühren. Die Spareribs damit übergießen und zugedeckt 1 Stunde stehenlassen.

Den Garten- oder Küchengrill vorheizen. Die Rippchen bei mittlerer Hitze 6–8 Minuten auf jeder Seite grillen, bis sie schön knusprig sind; dabei häufig mit der Marinade bestreichen.

Für 6 Personen *Abbildung S. 118–119*

Texas

TEXAS SHORT RIBS

Schmorrippen nach Texas-Art

Für dieses Gericht wird in Stücke gehackte Flachrippe vom Rind verwendet. Sie ist zwar recht fett, aber sehr zart, vor allem wenn man sie wie im Osten von Texas mit Paprikaschoten, Chillies, Tomaten und Bier schmort. Wenn die Schmorrippen bereits am Vortag zubereitet und über Nacht in den Kühlschrank gestellt werden, läßt sich das Fett mühelos entfernen.

60 g Weizenmehl
Salz und frisch gemahlener Pfeffer
¼ TL gemahlener Piment
1,5–2 kg Flachrippe vom Rind
60 g Butter
1 EL Pflanzenöl
2 große Zwiebeln, gehackt
2 Knoblauchzehen, zerdrückt
1 kleine scharfe grüne Chili-Schote, entkernt und ohne Rippen, zerdrückt
1 kleine grüne Paprikaschote, entkernt und gehackt
1 Stange Bleichsellerie, gehackt
2 EL brauner Zucker
½ TL Paprikapulver (edelsüß)
2 EL Chili-Pulver (siehe Glossar)
½ TL Senfpulver
60 ml Zitronensaft
130 g Chili-Sauce
⅛ l dunkles Bier
500 g geschälte Eiertomaten (Dose), gehackt
Gehackte frische Petersilie (nach Belieben)

Den Backofen auf 180 °C (Gasherd Stufe 2–3) vorheizen. Auf einem großen Teller das Mehl mit jeweils ½ Teelöffel Salz und Pfeffer und dem Piment vermischen. Die Rippenstücke darin wenden, das Mehl gut andrücken, 1 Eßlöffel davon beiseite stellen.

In einem großen schweren Kochtopf oder einem flachen Bratentopf 40 g Butter und das Öl bei mittlerer Temperatur erhitzen. Jeweils einige Rippenstücke auf allen Seiten kräftig anbraten. Auf einen Teller legen.

Die Hitze reduzieren und den verbliebenen Eßlöffel Butter in den Topf geben. Zwiebeln, Knoblauch, Chili- und Paprikaschote hinzufügen und den Bratensatz lösen. Die Zutaten unter gelegentlichem Rühren 5 Minuten garen. Das zurückgestellte Mehl darüberstäuben und weitere 2 Minuten garen.

Bleichsellerie, braunen Zucker, Paprika-, Chili- und Senfpulver, Zitronensaft, Chili-Sauce und Bier in den Topf geben, gut umrühren und die Tomaten hinzufügen. Die Rippenstücke zurück in den Topf geben und alles zum Kochen bringen. Zugedeckt in den Backofen stellen. Die Rippenstücke 1½ Stunden schmoren und nach der Hälfte der Garzeit wenden. Den Deckel abnehmen und noch 15 Minuten im Ofen garen. Das Fett abschöpfen. Mit Petersilie bestreut servieren.

Für 4–6 Personen

Texas

CHILI CON CARNE

Chili con carne

Das Gericht geht auf die Küche der Inkas, Azteken und Mayas zurück. Bekannt wurde es zur Zeit der Texas-Republik in San Antonio, als junge Frauen, sogenannte »Chili Queens«, den Eintopf nachts im Laternenschein für die Bürgermiliz kochten.

500 g getrocknete Wachtel-, Borlotto- oder rote Kidney-Bohnen
6 EL (90 g) Butter
1 EL Pflanzenöl
750 g Fehlrippe vom Rind, ohne Knochen, in 5 cm lange, 2 cm breite Streifen geschnitten
750 g Rinderhack
2 große Zwiebeln, gehackt
2 Knoblauchzehen, zerdrückt
60 g Chili-Pulver (siehe Glossar)
2 große Tomaten, entkernt und gehackt
Etwa 300 g Tomaten mit grünen Chillies (Dose) oder 150 g Tomatenstücke und 150 g grüne Chillies (Dose)
1 TL brauner Zucker
1 Lorbeerblatt
1 Prise getrockneter Thymian
1 TL Cayenne-Pfeffer (oder nach Geschmack)
1 EL Worcestershire-Sauce
Etwa 300 ml Rinderfond (siehe Glossar)
1 TL Salz
½ TL frisch gemahlener Pfeffer

Die Bohnen über Nacht in kaltem Wasser einweichen.

Den Backofen auf 150 °C (Gasherd Stufe 1) vorheizen. Die Hälfte der Butter und das Öl in einer großen schweren Pfanne bei mittlerer Temperatur erhitzen. Das Rindfleisch mit Küchenkrepp trockentupfen und in mehreren Portionen kräftig anbraten. In einen großen Kochtopf oder flachen Bratentopf geben.

In derselben Pfanne das Rinderhack bei mittlerer Hitze anbräunen. Zum Fleisch in den Topf geben.

Das Fett aus der Pfanne weggießen. Die verbliebene Butter darin erhitzen, die Zwiebeln hinzufügen, 3 Minuten bei mittlerer Temperatur anbraten und den Bratensatz lösen. Den Knoblauch dazugeben und 2 Minuten mitbraten. Die Zutaten zum Fleisch

*Um Fünfgewürzpulver herzustellen, 1 TL Zimt, 1 TL zerstoßene Anissamen, ¼ TL zerstoßene Fenchelsamen, ¼ TL frisch gemahlenen Pfeffer und ¼ TL gemahlene Nelken vermischen. Luftdicht verschlossen aufbewahren. Ergibt etwa 2½ Teelöffel.

Chili con carne (oben) *und Schmorbraten nach Texas-Art*

in den Topf geben. Das Chili-Pulver darunterrühren. Alle übrigen Zutaten mit Ausnahme der Bohnen hinzufügen, gut vermischen.

Die Mischung zum Kochen bringen. Den Deckel auflegen, in den Backofen stellen und etwa 1½–2 Stunden garen, bis das Rindfleisch weich ist.

In der Zwischenzeit die Bohnen abgießen und in einen schweren Topf füllen. Mit Wasser bedecken. Zum Kochen bringen, die Hitze reduzieren und die Bohnen etwa 1 Stunde unter gelegentlichem Rühren köcheln lassen, bis sie weich sind. Abgießen.

Die Bohnen unter das Fleisch rühren und alles noch 30 Minuten ohne Deckel im Backofen garen. (Wenn nötig, zusätzlichen Rinderfond hinzufügen.)

Für 6–8 Personen

Schmorbraten nach Yankee-Art

Connecticut

YANKEE POT ROAST
Schmorbraten nach Yankee-Art

Diese Art der Fleischzubereitung brachten Engländer, Holländer und Franzosen mit nach Amerika. Anfänglich über glühenden Kohlen zubereitet, wurden Schmorbraten später in irdenen Töpfen in gemauerten Öfen gegart. Da die Töpfe keine fest schließenden Deckel hatten, verschloß man sie am Rand mit Teig. – Manche Köche braten das Fleisch erst an, aber das ist nicht unbedingt erforderlich.

1 große oder 2 mittelgroße Zwiebeln, gehackt
2 kg Rindernacken oder -brust (Rollbraten)
Etwa ¼ l Rinderfond (siehe Glossar)
4 Kartoffeln, geschält
4 Karotten, in Stücke geschnitten
4 kleine Pastinaken
Gehackte frische Petersilie (nach Belieben)

Den Backofen auf 180 °C (Gasherd Stufe 2–3) vorheizen. Die Zwiebeln in einen großen schweren Topf oder Bräter geben und gleichmäßig verteilen. Das Rindfleisch darauflegen und im geschlossenen Topf 1 Stunde im Ofen braten. Die Hälfte des Fonds hinzufügen, zugedeckt eine weitere Stunde im Ofen garen.

Das Gemüse um das Fleisch verteilen und in der Schmorflüssigkeit wenden. Nochmals etwa 1 Stunde im geschlossenen Topf garen, bis Fleisch und Gemüse weich sind; wenn nötig zusätzlichen Fond hinzufügen.

Das Fleisch in Scheiben schneiden und auf einer Platte anrichten. Mit dem Gemüse umlegen und mit Petersilie bestreuen. Den Bratensaft durchsieben, evtl. noch mit etwas Fond verdünnen und zum Kochen bringen. Getrennt als Sauce reichen.

Für 4 Personen

Colorado

BARBECUED POT ROAST
Schmorbraten mit Barbecue-Sauce

Im Westen werden Schmorbraten häufig nicht im Backofen, sondern in alten, verbeulten, rußgeschwärzten Töpfen auf dem Holzkohlengrill im Freien zubereitet, so daß sie ein köstliches, rauchiges Aroma annehmen. Falls Sie es genauso machen möchten, verschließen Sie den Topf nur mit Alufolie, damit Rauch hineingelangen kann.

1 Zwiebel, gehackt
Knapp 2 kg Rindernacken (Rollbraten)
1 kleine Knoblauchzehe, leicht zerdrückt
Etwa ⅛ l Rinderfond (siehe Glossar)
250 g passierte Tomaten (Dose)
2 EL brauner Zucker
¼ TL Paprika (edelsüß)
½ TL Senfpulver
60 ml Zitronensaft
60 g Ketchup
60 ml Apfelessig
1 EL Worcestershire-Sauce
Gehackte frische Petersilie (nach Belieben)

Den Backofen auf 180 °C (Gasherd Stufe 2–3) vorheizen. Die Zwiebelstücke in einem flachen Bratentopf verteilen. Das Rindfleisch gut mit dem Knoblauch einreiben und auf die Zwiebeln legen. Zugedeckt 1½ Stunden im Ofen schmoren. Etwas Fond dazugießen, wenn der Bratensaft im Topf zu stark einkocht.

In einer Schüssel Tomatensauce, braunen Zucker, Paprika, Senfpulver, Zitronensaft, Ketchup, Essig und Worcestershire-Sauce verrühren. Den Braten damit begießen und noch etwa 2 Stunden zugedeckt im Backofen garen, bis er weich ist; dabei alle 20 Minuten begießen.

Das Fleisch in Scheiben schneiden und auf einer Platte anrichten. Etwas Sauce darübergeben und mit Petersilie bestreuen. Die restliche Sauce getrennt dazu reichen.

Für 4–6 Personen

Schmorbraten Barbecue

Gegrilltes Porterhouse-Steak

New York

GRILLED PORTERHOUSE STEAK

Gegrilltes Porterhouse-Steak

Porterhouse-Steaks sind die beliebtesten Rindersteaks in Amerika. Der Name erinnert an die »Porter houses«, die Wirtshäuser, in denen die Dienstmänner früher ihr Bier tranken. Ein Porterhouse-Steak wird aus dem Roastbeef geschnitten und besteht aus dem T-förmigen Rückenknochen und einem Stück des Filets. Sehr beliebt sind auch T-Bone-Steak, Club-Steak, Filetsteak, Kluft- und Hüftsteak.

Etwa 1,5 kg Porterhouse-Steak (5 cm dick)
1 Knoblauchzehe, leicht zerdrückt
2 TL Olivenöl
¼ TL frisch gemahlener Pfeffer

Den Fettrand des Steaks bis auf 6 mm entfernen. Das verbliebene Fett alle 3 cm mit einem Messer einschneiden. Das Fleisch mit Küchenkrepp trockentupfen und mit der Knoblauchzehe einreiben. Öl und Pfeffer vermischen und das Steak auf beiden Seiten damit bestreichen. 1 Stunde stehenlassen.

Den Gartengrill vorheizen. Den Grillrost dünn mit Öl bestreichen. Den schmaleren Teil des Steaks mit gewässerten Zahnstochern feststecken, damit es gleichmäßig gart. Auf jeder Seite 1 Minute über den heißen Kohlen kräftig bräunen, dann den Grillrost höher einsetzen oder das Steak an den äußeren Rand legen, um es bei mittlerer Hitze weiterzugaren. Wenn das Fleisch innen noch blutig sein soll, auf jeder Seite 7–8 Minuten grillen; für rosa gebratenes Fleisch die Garzeit auf jeweils 8–10 Minuten verlängern. Das Steak vor dem Servieren noch einige Minuten ruhen lassen. Anschließend das Fleisch vom Knochen abtrennen und quer zur Faser in 1 cm dicke Scheiben schneiden.

Für 4 Personen

North Carolina

BARBECUE PORK
Schweinebraten-Barbecue

Barbecues – gemeinsames Essen und geselliges Beisammensein unter freiem Himmel – haben in Amerika von Anfang an eine große Rolle gespielt. Im 17. Jahrhundert mußten die Siedler mit dem Fleisch von Wildschweinen vorliebnehmen. Später, als Hausschweine gezüchtet wurden, gab es immer mehr Barbecue-Partys. Sie wurden geradezu ein Bestandteil des gesellschaftlichen Lebens. – Im Süden Amerikas assoziiert man Barbecues mit Schweinefleisch. Das folgende Rezept beschreibt die Zubereitung in einem speziellen Räuchergerät. Natürlich kann das Fleisch auch bei 180°C (Gasherd Stufe 2–3) im Backofen gegart werden. Dann ist es aber kein Barbecue mehr.

2 TL Salz
2 EL Zucker
1 EL Paprika (edelsüß)
½ TL Cayenne-Pfeffer
½ TL Senfpulver
1 TL frisch gemahlener Pfeffer
160 ml Wasser
60 ml Worcestershire-Sauce
160 ml Rotweinessig
130 g Butter, in kleine Stücke geschnitten
3 kg Schweineschulter im Stück
Etwa ¾ l Vollbier

Salz, Zucker und Gewürze in einem Topf vermischen. Das Wasser hinzufügen, zum Kochen bringen und den Topf von der Kochstelle nehmen. Worcestershire-Sauce, Essig und Butter hinzufügen. Umrühren, damit die Butter schmilzt. Das Fleisch in eine Schüssel geben und mit ¼ l der Marinade übergießen. Zugedeckt 3 Stunden marinieren; gelegentlich wenden.

Das Räuchergerät vorheizen und gewässerte Räucherspäne hineingeben. Die Wasserschale hineinschieben, das Bier hineingießen und mit Wasser auffüllen. Das Schweinefleisch auf den obersten Rost legen, den Deckel aufsetzen, bei 95–110°C etwa 6½ Stunden weich garen. Stündlich mit der Sauce begießen. (Nach Bedarf Wasser, Räucherspäne und Holzkohle nachfüllen.) Das Fleisch zuletzt in Scheiben oder Stücke schneiden. Die verbliebene Sauce erhitzen und getrennt dazu reichen.

Für 6–8 Personen *Abbildung S. 118–119*

Pennsylvania

SCHNITZ UND KNEPP
Schnitz und Knepp

Die frühen Siedler pflegten Äpfel als Vorrat für den Winter in Scheiben zu schneiden und zu trocknen. Die Pennsylvania-Deutschen verwendeten sie auch zur Zubereitung dieser Spezialität: »Schnitz« bezieht sich auf die Apfelscheiben, »Knepp« ist ein Klößchen.

Etwa 130 g getrocknete Apfelscheiben oder -würfel
½ l Wasser
1 kg gepökelter Schinkenrollbraten (vorbestellen)
2 EL brauner Zucker
250 g Weizenmehl
4 TL Backpulver
½ TL Salz
1 Ei, leicht verschlagen
2 EL Butter, zerlassen
125–180 ml Milch
Frisch gemahlener Pfeffer
Gehackte frische Petersilie (nach Belieben)

Die getrockneten Äpfel in eine Schüssel legen und mit Wasser bedecken. Zugedeckt über Nacht in den Kühlschrank stellen. Das Fleisch in einem großen Topf mit Wasser bedecken. Zum Kochen bringen, die Temperatur herunterschalten, den Deckel halb auflegen und 1 Stunde köcheln lassen. Den Rollbraten auf ein Brett legen (die Garflüssigkeit aufbewahren). In etwa 1 cm dicke Scheiben schneiden.

Die Äpfel zusammen mit ihrer Flüssigkeit in einen großen, möglichst flachen Topf geben. ¾ l der aufbewahrten Fleischbrühe und den braunen Zucker hinzufügen, umrühren. Die Fleischscheiben zwischen die Äpfel legen. Zum Kochen bringen, die Hitze reduzieren und 30 Minuten zugedeckt köcheln lassen.

In der Zwischenzeit Mehl, Backpulver und Salz in einer großen Schüssel vermischen. Ei, Butter und soviel Milch darunterrühren, daß ein weicher, klebriger Teig entsteht.

Wenn die Äpfel und das Fleisch 30 Minuten gegart haben, mit dem Löffel Klößchen von dem Teig abstechen und in den Topf gleiten lassen. Noch etwa 12 Minuten zugedeckt köcheln lassen, bis die Klößchen fest werden. Mit Pfeffer und Petersilie bestreuen. Mit etwas Garflüssigkeit servieren.

Für 6 Personen

Missouri

PORK WITH SAUERKRAUT
Schweinefleisch mit Sauerkraut

Sauerkraut bringt man meist mit den deutschstämmigen Gemeinden Amerikas in Verbindung; und doch gibt es überall in den USA Menschen verschiedenster ethnischer Gruppen, die in Geschäftsstraßen und bei Baseball-Spielen nach »Hot dogs mit Sauerkraut« anstehen. Offenbar paßt Schweinefleisch gut zu sauer eingelegtem Gemüse.

1–1,5 kg Schweinefleisch ohne Knochen, in 4 cm große Würfel geschnitten
Salz und frisch gemahlener Pfeffer
3 EL Pflanzenöl
1 große Zwiebel, gehackt
1 große Knoblauchzehe, zerdrückt
1 TL Kümmel
3 große frische Tomaten, entkernt und gehackt
1 Prise Zucker
6 Wacholderbeeren, zerstoßen
Etwa ¼ l Hühnerfond (siehe Glossar)
1 kg Sauerkraut, abgespült und abgetropft

Den Backofen auf 190°C (Gasherd Stufe 3) vorheizen. Das Fleisch salzen und pfeffern. Das Öl in einem großen schweren Kochtopf oder einem flachen Bratentopf bei mittlerer Temperatur erhitzen. Jeweils einige Fleischwürfel kräftig darin anbraten und anschließend auf einen Teller geben.

Das Fett bis auf 2 Eßlöffel weggießen. Die Zwiebel in die Pfanne geben und 2 Minuten anbraten; dabei den Bratensatz von den Seiten und dem Boden des Topfes lösen. Den Knoblauch hinzufügen und 3 Minuten mitbraten. Das Fleisch zurück in den Topf geben und Kümmel, Tomaten, Zucker, Wacholderbeeren sowie ⅛ l des Fonds darunterrühren. Zum Kochen bringen und zugedeckt in den Backofen stellen. 1 Stunde garen, dabei wenn nötig weiteren Fond nachgießen.

Das Sauerkraut daruntermischen und nochmals 30 Minuten in den Backofen geben. Wenn zuviel Flüssigkeit vorhanden ist, den Deckel vom Topf nehmen.

Für 4–6 Personen

Connecticut

BEEF BOUILLI
Gekochtes Rindfleisch

»Beef bouilli« war ein Lieblingsgericht der britischen Kolonisten, das auch Thomas Jefferson sehr schätzte. In Neuengland wurden oft Wurzelgemüse mit in den Topf gegeben. Zur Abwandlung der Sauce läßt man die Pilze weg und ersetzt sie durch ein zerdrücktes Sardellenfilet, eine feingehackte Gurke und einen Eßlöffel Kapern.

Schnitz und Knepp (oben) *und Schweinefleisch mit Sauerkraut*

60 g Butter
2 kg Rindfleisch (Kugel oder Hüfte)
2 l kaltes Wasser
1 große Zwiebel, gehackt
2 weiße Rüben, geschält und gehackt
4 Stangen Bleichsellerie mit Blättern, gehackt
2 große Karotten, gehackt
1½ TL Salz
10 Pfefferkörner
4 Nelken
250 g Champignons, in Scheiben geschnitten
2 EL Weizenmehl
1 Eigelb
Saft von ½ Zitrone
Salz und frisch gemahlener Pfeffer
Gehackte frische Petersilie
Geröstete Weißbrotscheiben

In einem großen Kochtopf oder einem flachen Bratentopf 2 Eßlöffel Butter bei mittlerer Temperatur zerlassen. Das Rindfleisch darin kräftig anbraten. Das Wasser bis auf ⅛ l dazugießen und den Bratensatz lösen. Zum Kochen bringen und den Schaum abschöpfen. Das restliche kalte Wasser hinzufügen und erneut abschäumen. Zwiebel, weiße Rüben, Bleichsellerie, Karotten, Salz, Pfefferkörner und Nelken dazugeben. Aufkochen lassen und die Temperatur herunterschalten. Zugedeckt etwa 3½ Stunden köcheln lassen, bis das Fleisch weich ist.

Auf ein Tranchierbrett geben und 5 Minuten ruhen lassen. Die Brühe durch ein Sieb gießen und die Flüssigkeit aus dem Gemüse herausdrücken. Das Fleisch in Scheiben schneiden und auf einer Platte anrichten. Locker mit Alufolie abdecken und bei niedriger Temperatur im Backofen warm halten.

Die verbliebenen 2 Eßlöffel Butter in einer großen schweren Pfanne bei mittlerer Temperatur zerlassen und die Champignons rasch darin bräunen. Die Hitze reduzieren und die Pilze mit dem Mehl bestäuben. Unter ständigem Rühren 2 Minuten garen. ¼ l der durchgesiebten Rinderbrühe dazugießen und etwa 8 Minuten kochen lassen, bis die Flüssigkeit leicht eingedickt ist.

Das Eigelb mit 60 ml Brühe und dem Zitronensaft verrühren. Die Sauce damit binden und noch etwa 5 Minuten bei niedriger Temperatur erhitzen, damit sie eindickt. Nicht zum Kochen kommen lassen. Mit Salz und Pfeffer abschmecken und über das Fleisch geben. Mit Petersilie bestreuen und mit gerösteten Weißbrotscheiben umlegen.

Für 6–8 Personen

Abbildung S. 134

Sauerbraten (links) *und Gekochtes Rindfleisch* (rechts, Rezept S. 133)

Pennsylvania

SOURED BEEF

Sauerbraten

Die Deutschen brachten den Sauerbraten mit in die Neue Welt. Der richtige Geschmack stellt sich erst ein, wenn das Fleisch drei Tage in der Marinade gelegen hat.

1,7–2 kg Rindfleisch (Oberschale oder Jung-Rinderbrust, gerollt)
¼ l Rotweinessig
¼ l Wasser
1 Zwiebel, in Scheiben geschnitten
2 Knoblauchzehen, zerdrückt
2 Stangen Bleichsellerie, gehackt
1 mittelgroße Karotte, gehackt
6 Stengel Petersilie
2 Lorbeerblätter
6 Nelken
60 g Bauch- oder Frühstücksspeck, in Würfel geschnitten
¼ l Rinderfond (siehe Glossar)
500 g passierte Tomaten (Dose)
1 EL brauner Zucker
1 EL Zitronensaft
8 Ingwerkekse *(gingersnaps)*, oder 80 g Pfefferkuchen, zerkrümelt
1 EL Worcestershire-Sauce
Gehackte frische Petersilie
Salz und frisch gemahlener Pfeffer

Das Rindfleisch in eine große flache Glasform geben. Essig, Wasser, Zwiebel, Knoblauch, Bleichsellerie, Karotte, Petersilie, Lorbeerblätter und Nelken hinzufügen. Zudecken, 3 Tage im Kühlschrank marinieren; ab und zu wenden.

Den Backofen auf 170 °C (Gasherd Stufe 1–2) vorheizen. Das Fleisch aus der Marinade nehmen und trockentupfen. Die Marinade beiseite stellen.

Den gewürfelten Speck in einem flachen Bratentopf in etwa 5 Minuten bei schwacher Hitze goldgelb braten. Die Speckwürfel mit einem Schaumlöffel herausheben (sie werden für dieses Gericht nicht mehr gebraucht). Auf mittlere Hitze heraufschalten und das Rindfleisch in dem Fett kräftig anbraten; aus dem Topf nehmen und auf einem Teller beiseite stellen.

Das Fett bis auf 1 Eßlöffel weggießen und den Topf bei mittlerer Hitze zurück auf die Kochstelle setzen. Den Rinderfond hinzufügen und den Bratensatz lösen. Das Fleisch zurück in den Topf geben und mit der Marinade übergießen. Tomatensauce, braunen Zucker, Zitronensaft, Ingwerkekse und Worcestershire-Sauce hinzufügen und zum Kochen bringen. Anschließend zugedeckt 2½–3 Stunden im Backofen weichschmoren.

Den Braten in Scheiben schneiden und auf einer Platte anrichten. Mit Petersilie bestreuen. Die Sauce mit Salz und Pfeffer abschmecken, durch ein Sieb geben und zum Fleisch servieren.

Für 6 Personen

Indiana

MIDWESTERN MEAT LOAF
Hackbraten aus dem Mittleren Westen

Früher wurde für Hackbraten ausschließlich Kalbfleisch verwendet – ein Luxus aus längst vergangenen Tagen. Ende des 19. Jahrhunderts entstanden in jeder größeren Stadt »All-U-Kan-Eat-For-A-Nickel«-Imbißstuben, zu deren Angebot stets Hackbraten gehörte. Heute bereitet man ihn häufig aus reinem Rindfleisch zu, doch ist eine Kombination von Kalb-, Schweine- und Rindfleisch viel saftiger.

1 EL Butter
60 g Schalotten oder Frühlingszwiebeln, feingehackt
750 g Rinderhack
250 g gehacktes Kalbfleisch
130 g mageres gehacktes Schweinefleisch
1 TL Salz
1 TL frisch gemahlener Pfeffer
2 EL gehackte frische Petersilie
½ TL gehacktes frisches Basilikum oder ¼ TL getrocknetes Basilikum
50 g Semmelbrösel
60 g Chili-Sauce (American-style)
½ TL Sojasauce
1 Ei, leicht verschlagen
60 ml Milch
3 Scheiben Frühstücksspeck

Den Backofen auf 200 °C (Gasherd Stufe 3–4) vorheizen. Die Butter in einer kleinen schweren Pfanne bei schwacher Hitze zerlassen. Die Schalotten darin 5 Minuten anbraten.

Die verschiedenen Sorten Hackfleisch in einer großen Schüssel vermengen. Schalotten, Salz, Pfeffer, Petersilie, Basilikum, Semmelbrösel, Chili- und Sojasauce, Ei und Milch dazugeben und alles gründlich vermischen. Die Masse in einer flachen ofenfesten Form zu einem Laib formen, mit den Speckscheiben belegen und in den Backofen geben. Die Temperatur nach 15 Minuten auf 180 °C (Gasherd Stufe 2–3) herunterschalten und den Hackbraten noch 1 Stunde garen.

Für 6–8 Personen

Connecticut

CONNECTICUT HAM LOAF
Hackbraten mit Schinken

Nach alter Art gepökelte und geräucherte Landschinken sind eine Spezialität in Amerika. Jedermann hat einen Lieblingsschinken, sei es ein Smithfield, ein Surry-Schinken aus Virginia oder ein über Maiskolben geräucherter aus Vermont. Viele Bundesstaaten sind mit Räuchereien übersät, und jede hat ihr eigenes Verfahren. Hier ist ein überliefertes Rezept aus Connecticut zur Verwertung von Schinkenresten.

60 g frische Weißbrotkrumen
90 g brauner Zucker
2 TL Dijon-Senf
750 g roher Räucherschinken (oder Frühstücksspeck), feingehackt
750 g gehacktes Schweinefleisch
¼ l Milch
2 Eier, leicht verschlagen
¼ TL Salz
¼ TL frisch gemahlener Pfeffer

Den Backofen auf 180 °C (Gasherd Stufe 2–3) vorheizen. Die Weißbrotkrumen und den Zucker in einer Schüssel mit der Gabel vermischen. Den Senf hinzufügen und die Zutaten mit den Händen zu Streuseln verarbeiten. Ein Drittel davon beiseite stellen.

Die übrigen Streusel gründlich mit Schinken, Hackfleisch, Milch, Eiern, Salz und Pfeffer vermengen.

Zu einem Laib formen und in eine flache ofenfeste Form geben; die beiseite gestellten Streusel darüberstreuen und an den Seiten leicht andrücken. 1 Stunde und 15 Minuten im Backofen garen. Man kann den Hackbraten heiß, mit Raumtemperatur oder kalt servieren.

Für 8 Personen

Runder Hackbraten (links, Rezept S. 136), *Hackbraten mit Schinken* (rechts) *und Hackbraten aus dem Mittleren Westen* (unten)

Virginia

POMPEY'S HEAD
Runder Hackbraten

»Pompey's Head«, ein runder Hackbraten mit einem Loch in der Mitte, ließ sich in den gemauerten Öfen früherer Generationen besonders leicht zubereiten – da er schnell eine Kruste bekam, konnte er stundenlang im Ofen bleiben, ohne auszutrocknen. Der Name geht angeblich auf die runde Kopfform des Pompeius Magnus (106 bis 48 v. Chr.) zurück.

500 g Rinderhack
500 g gehacktes Kalbfleisch
250 g Wurstbrät vom Schwein
2 Zwiebeln, feingehackt
1 EL Dijon-Senf
1 TL Salz
½ TL frisch gemahlener Pfeffer
⅛ TL getrockneter Salbei, zerrieben
1 Prise getrockneter Thymian
1 Spritzer Tabasco-Sauce
2 Eier, leicht verschlagen
300 ml Rinderfond (siehe Glossar)
Weizenmehl
7 EL (110 g) Butter, zerlassen

Den Backofen auf 250 °C (Gasherd Stufe 6) vorheizen. Die verschiedenen Hackfleischsorten in eine große Schüssel geben, Zwiebel, Senf, Salz, Pfeffer, Salbei, Thymian, Tabasco, Eier und ⅛ l Rinderfond hinzufügen und alles gut vermischen.

Die Mischung zu einer Kugel formen und in Mehl wälzen. Eine flache ofenfeste Form leicht einfetten, das Hackfleisch hineingeben und zu einer Halbkugel formen. In die Mitte ein 2–3 cm breites Loch drücken, das bis zur Hälfte nach unten reicht; in den Backofen geben.

Nach 10 Minuten Garzeit auf 180 °C (Gasherd Stufe 2–3) herunterschalten. Den Hackbraten mit der zerlassenen Butter beträufeln (1 Eßlöffel für die Sauce zurückbehalten). Nach weiteren 10 Minuten aus dem Ofen nehmen, mit Mehl bestäuben. Noch 1 Stunde im Ofen garen, dabei alle 15 Minuten mit dem Bratensaft begießen. Die Flüssigkeit aus der Mitte des Hackbratens mit einer Pipette abziehen, ebenfalls zum Begießen verwenden. Den fertigen Hackbraten auf eine Platte heben, warm stellen. Schaum und Fett vom Bratensaft abschöpfen.

In einem Topf den verbliebenen Eßlöffel Butter bei schwacher Temperatur erhitzen. 1 Eßlöffel Mehl hinzufügen und unter Rühren 2 Minuten anrösten. Den Bratensaft und die restlichen 180 ml Rinderfond dazugießen. Die Sauce dicklich einkochen lassen. Mit dem Hackbraten auftragen.

Für 6–8 Personen *Abbildung S. 135*

Rindfleischpastete

Connecticut

BEEF POT PIE
Rindfleischpastete

Die Engländer brachten ihre Vorliebe für Fleischpasteten mit in die Neue Welt. Bereits im 14. Jahrhundert gab es in London zahllose Garküchen, die hohe Fleischpasteten mit schweren Teigdeckeln feilboten. Auch diese Schüsselpastete hat einen Teigdeckel.

FÜR DEN PASTETENTEIG

180 g Weizenmehl
½ TL Salz
6 EL (90 g) kalte Butter
6 EL (90 g) kaltes Schweineschmalz
2–3 EL kaltes Wasser

FÜR DIE FÜLLUNG

60 g Bauch- oder Frühstücksspeck, in Würfel geschnitten
1 Zwiebel, gehackt
30 g Weizenmehl
⅜ l heißer Rinderfond (siehe Glossar)
Gut 300 g gebratenes Rindfleisch, in Würfel geschnitten
4 kleine Karotten, gekocht und in Scheiben geschnitten
3 Kartoffeln, geschält, gekocht und in Würfel geschnitten
⅛ TL gemahlene Muskatblüte (Macis)
Salz und frisch gemahlener Pfeffer
1 Eiweiß, leicht geschlagen

Für den Pastetenteig Mehl und Salz in eine große Schüssel geben. Butter und Schmalz hinzufügen und die Zutaten mit einem Messer zu groben Streuseln verarbeiten. Mit einer Gabel soviel Wasser daruntermischen, daß ein weicher Teig entsteht. Für 1 Stunde in den Kühlschrank stellen.

Den Backofen auf 200 °C (Gasherd Stufe 3–4) vorheizen. Den gewürfelten Speck in einer großen schweren Pfanne bei mittlerer Temperatur knusprig braten. Das Fett bis auf 3 Eßlöffel weggießen. Die Zwiebel in die Pfanne geben und bei schwacher Hitze unter gelegentlichem Rühren etwa 8 Minuten garen, bis sie goldgelb und weich ist. Das Mehl darüberstäuben und unter ständigem Rühren 3 Minuten anrösten. (Die Mischung ist verhältnismäßig dick.) Den Rinderfond dazugießen, unter fortwährendem Rühren zum Kochen bringen. Die Temperatur herunterschalten, die Sauce etwa 4 Minuten köcheln lassen, bis sie eingedickt ist. Vom Herd nehmen, abkühlen lassen.

Fleischwürfel, Karotten und Kartoffeln unter die lauwarme Sauce rühren. Macis hinzufügen und mit Salz und Pfeffer abschmecken. Eine ofenfeste Form von 1,5–2 l Inhalt einfetten und die Fleisch-Gemüse-Mischung hineinfüllen.

Den Teig auf einem leicht bemehlten Brett ausrollen und als Deckel auf die Form legen, am Rand abschneiden und wellenförmig andrücken; mit Eiweiß bestreichen, mehrfach einschneiden. Die Pastete 30 Minuten in den Backofen schieben.

Für 4–6 Personen

Geschmortes Wildkaninchen

North Dakota

Stewed Rabbit

Geschmortes Wildkaninchen

Nach Rotwild ist Wildkaninchen das beliebteste Wildfleisch in Amerika. Man kann es wie »Fried chicken«, also wie gebackenes Huhn zubereiten und mit Sahnesauce servieren, wie man es im Süden der USA macht, oder schmoren, wie es in North Dakota üblich ist.

1 Wildkaninchen, in Portionsstücke zerlegt
1 Knoblauchzehe, leicht zerdrückt
Paprikapulver (scharf)
Salz und frisch gemahlener Pfeffer
1 EL Butter
1 EL Pflanzenöl
2 Zwiebeln, halbiert und in feine Streifen geschnitten
1 Stange Bleichsellerie, feingehackt
2 Karotten, geschält und gehackt
½ TL gehackter frischer oder eine Prise getrockneter Thymian
⅛ l Hühnerfond (siehe Glossar)
60 ml trockener Weißwein
1 kleine grüne Paprikaschote, entkernt und gehackt
1 kleine rote Paprikaschote, entkernt und gehackt
2 TL Weizenmehl
1 Eigelb
Gehackte frische Petersilie (nach Belieben)

Die Kaninchenteile gründlich mit der Knoblauchzehe abreiben. Den Knoblauch anschließend zerdrücken und beiseite stellen. Das Fleisch mit Paprika, Salz und Pfeffer würzen.

Butter und Öl in einer großen schweren Bratpfanne bei mittlerer Temperatur erhitzen. Jeweils einige Kaninchenstücke kräftig anbraten und auf einen Teller legen.

2 Teelöffel des Bratfettes in einem kleinen Topf beiseite stellen. Das restliche Fett bis auf 1 Eßlöffel weggießen. Die Zwiebeln in die Pfanne geben und bei mittlerer Hitze 2 Minuten anbraten. Zerdrückten Knoblauch, Bleichsellerie, Karotten und Thymian hinzufügen, Fond und Wein dazugießen und den Bratensatz lösen. Das Kaninchenfleisch zurück in die Pfanne geben. Zum Kochen bringen, auf schwache Hitze reduzieren, zugedeckt 25 Minuten garen. Die Paprikaschoten hinzufügen, weitere 25 Minuten zugedeckt garen. 60 ml Flüssigkeit abnehmen.

Das zurückbehaltene Bratfett bei schwacher Temperatur erhitzen. Das Mehl hinzufügen und unter ständigem Rühren 2 Minuten anrösten. Die abgenommene Flüssigkeit darunterrühren. Aufkochen lassen und vom Feuer nehmen. Sobald die Flüssigkeit nicht mehr kocht, das Eigelb darunterschlagen.

Das Kaninchenfleisch von der Kochstelle nehmen und die Garflüssigkeit mit der Eimischung binden. Bei niedriger Temperatur etwa 2 Minuten unter vorsichtigem Rühren erhitzen, bis die Sauce eindickt. Nicht zum Kochen kommen lassen. Mit Petersilie bestreut servieren.

Für 4 Personen

Der Südwesten

REX JOBE/THE IMAGE BANK

DER SÜDWESTEN

Die Spanier nannten die Indianer im heißen, trockenen Südwesten »Pueblos« nach ihren Felsbehausungen und ihren Dorfanlagen aus Lehmsteinen. Viele der Stämme – auch die Azteken – gehörten zur Sprachfamilie der Uto-Azteken, einschließlich der Pima und Hopi. Die Tano und Zuni waren sprachlich gesehen getrennte Gruppen. Durch Dürreperioden und die Überfälle der nomadischen Apachen lösten sich die Pueblos im Lauf der Zeit auf. Die Apachen waren wie die Comanchen und Utes, die gleichfalls zu den Uto-Azteken gehörten, Jäger und Pferdediebe. Nachdem das Pferd in Amerika eingeführt worden war, wurden sie zu einer Gefahr für alle, auch für die Spanier, die die Pferde ins Land gebracht hatten.

In guten, fruchtbaren Jahren ernteten die Pueblo-Indianer mehrere Kürbisarten, außerdem Melonen, Mais und Bohnen. Bohnen waren für sie ein so wichtiges Nahrungsmittel, daß die Hopi mindestens zwölf verschiedene Sorten züchteten, von weiß bis tiefschwarz. Am meisten geschätzt wurden die gelben, die blauen, die roten, die weißen, die mehrfarbigen und die schwarzen. Sie symbolisierten die sechs Grundrichtungen: Osten, Westen, Norden, Süden, Oben und Unten. Die Indianer aßen auch Kaktusfrüchte, Pinienkerne und die Mesquite-Bohne, die zu Mehl gemahlen wurde. Die Chilischote, die heute in der Küche des Südwestens eine so große Rolle spielt, haben vermutlich die Spanier aus dem Süden mitgebracht. Zu jedem Pueblo-Dorf gehörten mehrere bienenstockähnliche Öfen (*hornos*) im Freien, die zum Brotbacken dienten. Mais wurde auf flachen Steinen, die man *metates* nannte, mit nudelholzförmigen Steinen (*manos*) zerstoßen und zermahlen.

1609 hatten die Spanier Santa Fe bereits zum Königssitz erklärt, und nun gründeten sie Missionsstationen überall in der Region, die sich später von Mitteltexas bis nach Kalifornien erstrecken sollte. Der Name Santa Fe steht für »Königliche Stadt des Heiligen Glaubens von St. Franziskus von Assisi«, wie der Schriftsteller Huntley Dent erklärt. Obwohl der Versuch, die Indianer vom Christentum zu überzeugen, nicht sonderlich er-

Vorhergehende Seiten: *Das Monument Valley in Arizona mit seinen hohen rötlichen Felsformationen ist eine der aufregendsten Landschaften der Welt.*

PHOTO: GRANT JOHNSON

Links: *Der Stadtkern von Dallas mit seinen Wolkenkratzern und breiten Asphaltstraßen steht in seltsamem Kontrast zu der rauhen texanischen Wildnis rundum.*

folgreich war, kamen die Spanier gut mit den Indianern aus, und Mischehen waren häufig. Die Spanier sorgten auch für Arbeit. Sie brachten Viehherden mit und stellten die Ureinwohner als Hirten an. Die texanischen Longhorn-Rinder, Nachkommen der andalusischen Rinder, die die Spanier einst mitgebracht hatten, waren nicht besonders zart und schmackhaft; sie wurden eher wegen ihrer Häute gezüchtet. Die Mexikaner, die diese ungestümen Tiere hüteten, waren die ersten »Cowboys«. Mit der Zeit entstanden auch plantagenartige Anpflanzungen von Zitrusfrüchten, Avocados, Aprikosen und Oliven, die ebenfalls gepflegt werden mußten. Als die »Anglos« in das Territorium drängten, wurden Mexikaner für die verschiedensten Arbeiten angeheuert, im Schienenbau, in Kupferminen und auf den riesigen Viehfarmen. Große Teile des Landes wurden den Einheimischen einfach weggenommen. Sie wurden im eigenen Land wie Einwanderer behandelt, und es herrschten große Vorurteile gegen sie; daran hat sich im Südwesten bis heute kaum etwas geändert.

In den zwanziger Jahren des 19. Jahrhunderts, als Mexiko seine Unabhängigkeit von Spanien errungen hatte, drängten die Amerikaner verstärkt nach Texas vor. Bald kam es zu Konflikten. Im Jahr 1836 revoltierten die amerikanischen Siedler gegen die mexikanische Regierung, und blutige Schlachten waren die Folge; die verlorene Schlacht bei Alamo und der Sieg Sam Hustons bei San Jacinto sind noch heute vielen ein Begriff. Nachdem Texas eine unabhängige Republik geworden war, bemühten sich die Einwohner um Aufnahme in die Union. Dem wurde 1845 stattgegeben, trotz starker Einwände auf seiten der Nordstaaten wegen der Sklavenfrage. Kurz darauf kam es zu erneuten bewaffneten Auseinandersetzungen mit Mexiko wegen mehrerer Gebiete, die von beiden Staaten beansprucht wurden. Erst nach der Eroberung von Mexico City durch General Winfield Scott wurde ein Bündnis unterzeichnet; es sicherte den Vereinigten Staaten das Gebiet, das heute als Südwesten der USA bezeichnet wird, gegen eine Abfindung von fünfzehn Millionen Dollar zu. Durch den sogenannten Gadsden Purchase von 1853 kam noch ein Teil von Arizona und New Mexico dazu. Diese beiden Gebiete wurden erst 1912 als Bundesstaaten in die Union aufgenommen.

Um 1860 begann die Zeit der großen Viehtriebe. Im Westen wurden bereits erfolgreich Shorthorn- und Herford-Rinder gezüchtet. Doch die meisten der etwa fünf Millionen Rinder, die das weite texanische Weideland durchstreiften, waren Kreuzungen zwischen den Nachkommen der ersten, von den Spaniern eingeführten Tiere und anderen Arten, die während des Freiheitskrieges unbeaufsichtigt durch das Grasland zogen. Nach dem Ausbau der Eisenbahnstrecken blühte der Viehhandel auf. Die meisten *trails* (Viehtriebe) begannen in San Antonio. Der berühmteste war der Chisholm Trail nach Abilene, Kansas. Mehr als eineinhalb Millionen Rinder wurden in nur vier Jahren über diese Strecke getrieben. Als die Santa Fe Railroad Kansas durchquerte, kamen durch die Bahnstationen Wichita, Ellsworth und Dodge City weitere zweieinhalb Millionen Rinder dazu. Die Männer, die diese Trecks begleiteten, waren wilde, rauhe Burschen, und die Gesetzlosigkeit, die damals in den westlichen Ebenen herrschte, ist heute Teil der amerikanischen Legende. Der einzige, der mit den Cowboys umspringen konnte, wie es ihm gefiel, war der *cooky*, der Koch mit seinem *chuckwagon* – natürlich nur, wenn er ein guter Koch war. Die meisten Gerichte waren eintopfartige *stews*. Mit einem *son-of-a-bitch-stew* begann gewöhnlich die lange Reise; es wurde aus den Innereien eines frisch geschlachteten jungen Ochsen zubereitet. Die wichtigsten Vorräte, die der Koch in seinem *chuckwagon* dabei hatte, waren gepökeltes Schweinefleisch, Bohnen, Dörrfleisch und Mehl. Auch eine begrenzte Menge frisches Rindfleisch wurde mitgeführt, aber das hielt sich in der texanischen Hitze nicht lange. Die Ernährung der Cowboys bestand hauptsächlich aus Bohnen (*baked beans*) und Sauerteigbrötchen (*sourdough biscuits*). Auch Chili war bei den Männern sehr beliebt. Die Köche begannen bald, Kräuter, Zwiebeln und Paprikaschoten entlang der Strecken anzupflanzen, um stets einen Vorrat zur Hand zu haben. Wenn das Rindfleisch ausging, wanderten Hasen, Klapperschlangen, ja sogar Gürteltiere in den Kochtopf.

Die Gerichte der Viehzüchter *(Rancher)* sind auch heute noch ein wichtiges Element in der Küche des Südwestens. Dazu gehören zum Beispiel die Barbecues, im Freien gegrillte (Fleisch-)Speisen, wie man sie heute in fast allen texanischen Orten findet. Auch die Eß- und Kochgewohnheiten der Deutschen und anderer Einwanderer hinterließen natürlich ihre

In diesem Gebäude in Taos mit seiner Lehmfassade und den leuchtend bemalten Holzteilen vereinigen sich die spanischen, anglo-amerikanischen und indianischen Elemente von New Mexico.

TAUS BERGMANIS

BRUCE HANDS

Der Colorado River bahnt sich seinen Weg durch den Marble Canyon in Arizona, einen der kahlsten, unfruchtbarsten Landstriche des Südwestens.

Spuren, doch war es letztlich der Einfluß der Mexikaner, der die Küche des Südwestens am stärksten prägte mit Gerichten wie *tacos, enchiladas, frijoles* oder *tamale pie.*

In der Hauptsache ist die Küche des Südwestens eine Mischung aus spanischen, mexikanischen und indianischen Elementen, wenn auch die einzelnen Gerichte von Staat zu Staat verschieden sind. Zuweilen spürt man auch den englischen Einfluß. Die wenigsten Amerikaner können *Tex-Mex*, *Cal-Mex*, den *New Mexico style* oder den *Arizona style* auseinanderhalten, aber die Bewohner des Südwestens schmecken den Unterschied sofort heraus. Oft liegt es an den Zutaten: ob Monterey-Jack-Käse verwendet wurde oder Longhorn-Cheddar, Kümmel oder Origano; welche Chilischoten in welchem Gericht verwendet wurden usw. Offenbar hat jeder sein eigenes Lieblingsrezept für *tacos, enchiladas, tamales* (verschieden zubereitete und gefüllte Tortillas), *guacamole, salsa* (Avocadopüree und mexikanische Tomatensauce) etc. Besonders gern wird die Frage diskutiert, ob man *Chili con carne* mit oder ohne Bohnen zubereitet.

Tortillas sind das Brot des Südwestens und die Grundlage sehr vieler Gerichte. Das Maismehl und das richtige Weizenmehl dafür gibt es in jedem Supermarkt zu kaufen. Maismehl-Tortillas sind nicht leicht zuzubereiten, wenn die nötige Küchenausstattung und die Erfahrung fehlen; die Herstellung von Weizenmehl-Tortillas dagegen ist ganz einfach. Und die hausgemachten schmecken viel besser als die gekauften (außer im Südwesten, wo auch in den Läden gute frische Tortillas angeboten werden). Das eigentlich Charakteristische an der Küche des Südwestens sind jedoch die Chillies oder Pfefferschoten.

Am verbreitetsten ist die leuchtend grüne California Anaheim; sie ist selten scharf, schmeckt aber etwas feuriger, wenn sie aus New Mexico stammt. Zu den aromatischsten Sorten gehört die *poblano*, eine große, dunkelgrüne Chilischote, die mild bis mittelscharf sein kann. All diese Sorten findet man allerdings außer im Südwesten der USA meist nur in Spezialitätengeschäften. Frische *green bell peppers* dagegen, die mildesten Schoten, gibt es überall in den USA zu kaufen; man kann sie mit milden oder scharfen Chillies aus der Dose kombinieren. Auch die scharfen *jalapeño peppers*, kleine grüne oder rote Pfefferschoten, kann man überall bekommen. Die *serrano*-Schote ist noch kleiner als die *jalapeño*, aber auch viel schärfer. Die *guero* schließlich, eine gelbe Pfefferschote, ist äußerst »hot«. Seit sich immer mehr Menschen in den USA für die Küche des Südwestens interessieren, sind auch getrocknete Pfefferschoten fast überall erhältlich.

Die Küche des Südwestens hat viele Liebhaber, und das mit gutem Grund. Es ist eine freche, farbige, würzige Küche, die regelrecht süchtig machen kann – das behaupten jedenfalls die Einheimischen. Diese Küche hat zumindest viele junge kreative Köche in Amerika beeinflußt; und seit sie entdeckt haben, welch wohltuende Wirkung Pfefferschoten auf den Gaumen haben, sind ihre Gerichte pikanter und ausdrucksvoller geworden.

Gewitterstimmung über den Weizenfeldern östlich von Amarillo, Texas.

TALIS BERGMANIS

Bohnen und Getreide

I. BLOCK/THE IMAGE BANK

Maisernte in Illinois, einem der Great-Lakes-Staaten. Ähnlich wie im ländlichen Mittelwesten wird hier vorwiegend Mais und Weizen angebaut.

BOHNEN UND GETREIDE

Getreide und Bohnen gehörten zu den ersten Pflanzen, die von Menschen kultiviert wurden; das war kein Zufall. Sie waren leicht anzubauen, sättigend und deckten einen Großteil des täglichen Nährstoffbedarfs. Die Europäer kannten schon viele Getreidearten, als sie zum erstenmal in Amerika landeten, aber Mais hatten sie noch nie gesehen. Die Ernährung der Indianer bestand hauptsächlich aus Mais und Bohnen, und beide wurden auch zu Grundnahrungsmitteln für die Siedler. Die Indianer des Nordostens bauten vor allem weiße Bohnen an, wie die kleine *pea bean* oder die dicke *Great Northern.* Die Indianer im Südwesten dagegen züchteten die dunkleren Bohnen, die heute einen wesentlichen Teil der südwestlichen amerikanischen Küche ausmachen.

Die Europäer nahmen die Bohnen bereitwillig in ihren Speiseplan auf. Schließlich waren sie schon aus ihrer Heimat mit der dicken Bohne oder Puffbohne vertraut und ahnten nicht, daß sie es hier mit einer anderen Gattung zu tun hatten. Indianische Gerichte wie *succotash* und *baked beans* gehörten also bald auch zum Repertoire der Kolonisten. Mais dagegen war etwas Fremdes für sie, und sie mochten ihn wohl anfangs nicht sonderlich; doch sie mußten sich wohl oder übel an ihn gewöhnen. Denn auch nachdem sie im 17. Jahrhundert Roggen, Gerste, Hafer und Weizen anbauten, waren die Ernten so schlecht, daß sie auf Mais nicht verzichten konnten. Maismehl, das lange Zeit zwischen zwei Steinen zermahlen wurde, bis man schließlich das Wasserrad einführte, diente als Bindemittel in Suppen, wurde für Brot, Kuchen, sogar für Puddings verwendet. Obwohl offenbar alle Indianer *hominy* kannten (in Holzasche aufgequollene Maiskörner), war es nur für die Stämme im Süden und Südwesten von größerer Bedeutung. Sie verwendeten es frisch, getrocknet oder getrocknet und gemahlen. Noch heute spielt *hominy* in den regionalen Küchen des Südens und Südwestens eine Rolle.

Weizen, den im Jahr 1519 erstmals Cortez in Mexiko eingeführt hatte, wurde durch spanische Missionare in den Südwesten Amerikas gebracht. Vor allem im Gebiet der mittleren Atlantikküste setzte sich diese Getreideart schließlich durch; zur Zeit des Bürgerkriegs wurde im Norden schon genug Weizen angebaut, um die Armee der Union zu versorgen.

Nach dem Bürgerkrieg begann der große Zug der Siedler nach Westen, und auch in den Great Plains gedieh das Getreide – heute werden diese Staaten oft als Amerikas »Weizengürtel« bezeichnet.

Reis wurde schon 1647 in South Carolina angebaut, aber es heißt, die Briten hätten – nachdem sie Charleston während des Freiheitskrieges erobert hatten – die gesamte Reisernte nach England verschifft und nicht ein einziges Korn zurückgelassen. Angeblich hat später Thomas Jefferson, Amerikas erster Botschafter in Frankreich, heimlich Reis aus Italien herausgeschmuggelt und den Reispflanzern in seiner Heimat wieder zu einer neuen Existenz verholfen.

Auch wilder Reis ist in Amerika heimisch. Die länglichen, dunklen Körner dieser Grasart werden wegen ihres delikaten, nußartigen Geschmacks besonders geschätzt. Der Großteil der Ernte stammt aus der Region der Großen Seen, vor allem aus Minnesota. Dort wird er noch heute von Indianern so geerntet wie vor Hunderten von Jahren: vom Kanu aus. Die natürlichen Reisfelder im Mittelwesten befinden sich größtenteils auf indianischem Territorium, und die Ernte bleibt – so will es das Gesetz – in indianischer Hand.

Vorhergehende Seiten: *Sauerteigbrot* (Rezept S. 152)

TAUS BERGMANIS

Sonnenblumen, deren Samen zu Öl verarbeitet werden, gleichen auf diesem Feld in Kansas einem farbenfrohen Teppich.

Die Weizensilos aus glänzendem rostfreiem Stahl, wie hier in Iowa, sind typisch für die ländlichen Gegenden der Great Plains.

GEORGE OLSON

Die ersten Brote in Amerika wurden aus Maismehl gebacken und waren meist ungesäuert. Als schließlich Weizenmehl verfügbar wurde, war es teuer, so daß man es mit Maismehl vermischte, um den Teig heller zu machen. Als Weizen weitere Verbreitung fand, wurde immer weniger Maismehl in den Haushalten verwendet. Damals wußte jede Siedlerfrau, wie man selbst Hefe herstellt. Als jedoch der große Strom der Kolonisten nach Westen einsetzte, wurde notgedrungen der Sauerteig erfunden, da es auf der langen Reise unmöglich war, frische Hefe herzustellen. Die Frauen der Pioniere und die Köche, die den Zug der Siedler begleiteten, brauchten einen Vorteig, der immer vorrätig war und jedesmal aufgefüllt wurde, wenn Brot oder Kekse gebacken wurden. Der Vorteig mußte jedes Wetter überstehen, und bei großer Kälte nahm man ihn sicherheitshalber mit unter die Decke, um ihn warm zu halten.

Ende des 18. Jahrhunderts wurde entdeckt, daß Pottasche, ein Derivat des Kaliumkarbonats in Holzasche, im erwärmten Teig zur Entstehung von Kohlendioxyd führte und den Teig aufgehen ließ. Leider schmeckte Pottasche sehr bitter, und auch das erste Natron zum Backen, das 1840 in den Handel kam, war nicht viel besser. Chemiker fanden jedoch bald heraus, daß die Bitterkeit zurückging, wenn man dem Natron Säure beifügte. Das Resultat war das Backpulver: Es kam 1856 auf den Markt und war gleich ein großer Erfolg. Frischgebackenes Brot und Brötchen gab es nun jeden Tag. Selbst die etwas schweren Maisbrote, die man damals aß, wurden durch das neue Treibmittel lockerer.

Auf den folgenden Seiten finden Sie eine Auswahl traditioneller Gerichte aus Bohnen und Getreide, wie die Amerikaner sie lieben, und einige köstliche Rezepte für frische Brote und Brötchen.

Illinois

Sticky Buns
Hefegebäck mit Karamel

Dieses alte Rezept aus Illinois ist von Generation zu Generation weitergegeben worden. Karen Haram, Herausgeberin der »San Antonio Express-News«, die es uns zur Verfügung stellte, bezeichnet es als typisches Beispiel für die gehaltvolle ländliche Küche aus dem Herzen Amerikas.

¼ l Milch
130 g Zucker
2 TL Salz
1 Päckchen (7 g) Trockenbackhefe
2 Eier, leicht verschlagen
2 kleine Kartoffeln, gekocht und zerdrückt
Etwa 700 g Weizenmehl
440 g Butter
400 g brauner Zucker
2 TL Zimt
190 g gehackte Pecannüsse

Die Milch aufkochen und abkühlen lassen. Wenn sie lauwarm ist, in eine Schüssel gießen. Zucker, Salz und Trockenbackhefe darunterrühren und 2 Minuten stehenlassen. Eier, zerdrückte Kartoffeln und 190 g Mehl darunterschlagen, aber nicht zu lange durcharbeiten. 10 Minuten ruhen lassen.

125 g Butter zerlassen, zum Abkühlen beiseite stellen.

Die lauwarme Butter zum Vorteig geben und nach und nach das restliche Mehl darunterarbeiten, so daß ein glatter Teig entsteht. Auf einem bemehlten Brett 2 Minuten durchkneten und, falls er kleben sollte, noch etwas Mehl hinzufügen. Den Teig in eine gefettete Schüssel legen und darin wenden, damit er beim Gehen nicht austrocknet. An einem warmen Platz zugedeckt etwa 2 Stunden gehen lassen, bis sich das Volumen verdreifacht.

In einem kleinen Topf weitere 125 g Butter zerlassen. Den Teig halbieren und jede Hälfte zu einem etwa 5 mm dicken Rechteck ausrollen. Mit der zerlassenen Butter bestreichen. 100 g braunen Zucker mit dem Zimt vermischen und den Hefeteig damit bestreuen. Die Rechtecke wie Biskuitrouladen aufrollen und in 2–3 cm dicke Scheiben schneiden. Aus jeder Rolle sollten sich neun Stücke ergeben.

In einem Topf die restlichen 190 g Butter mit den verbliebenen 300 g braunem Zucker bei mittlerer Temperatur erhitzen, bis sich der Zucker aufgelöst hat. Zwei Backformen (20 x 20 cm) einfetten und jeweils die Hälfte des Zuckersirups hineingießen. Die Nüsse gleichmäßig darüberstreuen und jeweils 9 Heferöllchen aufrecht in die Backformen setzen. Mit einem bemehlten Küchentuch abdecken und an einem warmen Platz etwa 1 Stunde gehen lassen, bis sich das Volumen verdoppelt hat.

Den Backofen auf 180 °C (Gasherd Stufe 2–3) vorheizen. Die Heferöllchen in 25–30 Minuten goldbraun backen; aus dem Ofen nehmen und auf Servierteller stürzen, so daß die Karamelmasse darüberläuft. Die Backformen vorsichtig abheben.

Ergibt 18 Stück

New Jersey

Blueberry Muffins
Heidelbeer-Muffins

Muffins waren ursprünglich einfache kleine Maiskuchen, die vor allem zum Frühstück gereicht wurden. Heute verwendet man Weizenmehl anstelle von Maismehl und gibt häufig Obst mit in den Teig – am liebsten Heidelbeeren. Drei Viertel der gesamten Heidelbeerernte der Welt kommen aus den USA, vor allem aus Michigan, New Jersey und Maine.

130 g Heidelbeeren, verlesen
250 g Weizenmehl
130 g Zucker
3 TL Backpulver
½ TL Salz
1 Ei, leicht verschlagen
1 TL fein abgeriebene Orangenschale
60 g Butter, zerlassen
¼ l Milch (oder Milch und Buttermilch zu gleichen Teilen)

Den Backofen auf 190 °C (Gasherd Stufe 3) vorheizen. Die Heidelbeeren in einer Schüssel mit 30 g Mehl bestäuben und umrühren. Beiseite stellen.

Das restliche Mehl mit Zucker, Backpulver und Salz in eine große Schüssel sieben. Mit Ei, Orangenschale, zerlassener Butter und Milch verrühren. Die Heidelbeeren daruntermischen.

Die zwölf eingefetteten Förmchen eines Muffin-Blechs zu zwei Dritteln mit Teig füllen. Die Muffins für 20–25 Minuten in den Ofen geben, bis sie goldgelb und durchgebacken sind. 5 Minuten abkühlen lassen; aus den Förmchen nehmen.

Ergibt 12 Muffins

Links: *Hefegebäck mit Karamel*

Rechte Seite: *Heidelbeer-Muffins*

Kürbisbrötchen (rechts) *und Parker-House-Brötchen* (Mitte)

New Hampshire

Pumpkin Rolls
Kürbisbrötchen

Von den Indianern lernten die Siedler Neuenglands, wie sich Kürbisse für Kuchen und Brote verwenden ließen. Aus dieser Tradition entstanden die Kürbisbrötchen, die man heute zum Erntedankfest ißt.

1½ TL Trockenbackhefe
1 TL Zucker
60 ml lauwarmes Wasser
Etwa 380 g Weizenmehl
3½ EL (60 g) Butter
2 EL brauner Zucker
¼ TL Salz
250 g Kürbispüree (S. 32)
1 Ei, leicht verschlagen
60 ml Ahornsirup
¼ TL Zimt
70 g Weizenvollkornmehl

Trockenbackhefe, Zucker und Wasser in einer Schüssel verrühren, 5 Minuten stehenlassen. 60 g Weizenmehl hineinrühren, zugedeckt 1 Stunde an einem warmen Platz gehen lassen.
2 Eßlöffel Butter zerlassen, in eine Schüssel geben. Braunen Zukker, Salz, Kürbispüree, Ei, Ahornsirup und Zimt daruntermischen. Zum aufgegangenen Vorteig geben, glattrühren. Das Vollkornmehl und soviel Weizenmehl (etwa 300 g) darunterarbeiten, daß ein fester Teig entsteht. Kurz in der Schüssel durchkneten. An einem warmen Platz 2 Stunden zugedeckt gehen lassen.

Den aufgegangenen Teig auf ein bemehltes Brett legen, kurz durchkneten und etwa 1 cm dick ausrollen. Teigstücke von 2–3 cm Durchmesser ausstechen und auf ein mit Mehl bestäubtes Backblech legen. Mit einem bemehlten Küchentuch bedekken und die Brötchen 1 Stunde gehen lassen.

Den Backofen auf 220 °C (Gasherd Stufe 4–5) vorheizen. Die restlichen 1½ Eßlöffel Butter zerlassen. Die Brötchen damit bestreichen und 15 Minuten backen.

Ergibt etwa 24 Kürbisbrötchen

Massachusetts

Parker House Rolls
Parker-House-Brötchen

Mitte des 19. Jahrhunderts war das »Parker House«, aus dem die Brötchen stammen, eines der bekanntesten Restaurants in Boston.

1 Päckchen (7 g) Trockenbackhefe
2 EL Zucker
⅜ l warmes Wasser
⅜ l Milch
1 EL Salz
125 g Butter, zerlassen
Etwa 750 g Weizenmehl

Die Hefe in der Rührschüssel der Küchenmaschine mit 1 Eßlöffel Zucker und dem Wasser vermischen. Etwa 5 Minuten stehenlassen, bis sich Blasen bilden. Die Milch aufkochen und wieder abkühlen lassen; wenn sie lauwarm ist, mit dem verbliebenen Zucker, dem Salz und der Hälfte der Butter zur angerührten Hefe geben. Die Küchenmaschine auf kleinste Stufe schalten. 190 g Mehl darunterarbeiten, alles 3 Minuten bei mittlerer Geschwindigkeit verrühren. Auf niedrige Geschwindigkeit zurückschalten. Tassenweise das restliche Mehl dazugeben, so daß ein weicher Teig entsteht. Auf einem bemehlten Brett 8–10 Minuten durchkneten, bis er glatt und geschmeidig ist. Eine Schüssel einfetten, den Hefeteig hineinlegen. Darin wenden, damit er beim Gehen nicht austrocknet. Abdecken; 1 Stunde an einen warmen Platz stellen, bis der Teig sein Volumen verdoppelt.

Den Hefeteig kurz durchkneten, 5 Minuten auf einem bemehlten Brett ruhen lassen. 1 cm dick ausrollen und Teigstücke von 7 cm Durchmesser ausstechen; in der Mitte etwas eindrücken, mit der verbliebenen Butter bestreichen. Zu Halbkreisen zusammenlegen, die Teigränder leicht andrücken. Mit 5 cm Abstand auf ungefettete Backbleche legen. Mit bemehlten Küchentüchern abdecken, 35 Minuten an einem warmen Platz gehen lassen.

Den Backofen auf 220 °C (Gasherd Stufe 4–5) vorheizen und die Brötchen 12–15 Minuten backen, bis sie goldbraun sind.

Ergibt etwa 24 Brötchen

South Carolina

Spoon Bread
Löffelbrot

»Spoon bread« ähnelt einem Soufflé. Das Innere soll noch etwas feucht sein; die Speise wird mit dem Löffel gegessen, daher der Name.

580 ml Sahne (oder Sahne und Milch zu gleichen Teilen)
60 g Butter
3 TL Zucker
1 EL Honig
½ TL Salz
150 g weißes Maismehl
4 Eier, getrennt
1 TL Backpulver
1 Prise frisch gemahlener weißer Pfeffer

Den Backofen auf 190 °C (Gasherd Stufe 3) vorheizen. Sahne, Butter, Zucker, Honig und Salz in einem Topf verrühren. Bei niedriger Temperatur erhitzen, bis die Butter schmilzt; gelegentlich umrühren. Nach und nach das Maismehl darunterarbeiten. Unter Rühren erhitzen, bis das Mehl ausgequollen ist.

Den Teig in eine große Schüssel geben. Die Eigelb einzeln darunterarbeiten. Backpulver und weißen Pfeffer hineinrühren.

Das Eiweiß steif schlagen und unter den Teig heben. In eine gefettete Auflaufform von 2 l Inhalt füllen und etwa 35 Minuten backen, bis das Löffelbrot aufgegangen und goldgelb ist.

Für 6 Personen

Rechte Seite: *Löffelbrot*

California

Sourdough Bread
Sauerteigbrot

Backwaren aus Sauerteig gab es früher überall in Amerika; heute findet man sie zumeist in Kalifornien. Das hängt damit zusammen, daß sie schon zur Zeit des Goldrausches eine wichtige Rolle spielten, aber in erster Linie liegt es wohl daran, daß dieser Bundesstaat – und San Francisco im besonderen – die Tradition am Leben erhalten und gepflegt hat. Selbst auf dem Flughafen kann man noch schnell ein Sauerteigbrot kaufen und mit auf die Reise nehmen.

1½ Tassen Sauerteig-Starter (Rezept nächste Seite)
½ l lauwarmes Wasser
750 g Weizenmehl
1 Päckchen (7 g) Trockenbackhefe
1 EL Salz
Maismehl
1 Eigelb, mit 1 EL Wasser verrührt

Am Vorabend in einer Schüssel den Sauerteig-Starter mit ¼ l Wasser und 250 g Mehl verrühren. Fest mit Klarsichtfolie abdecken und über Nacht bei Raumtemperatur stehenlassen.

Am nächsten Tag in einer kleinen Schüssel die Hefe in ¼ l Wasser auflösen. 5 Minuten stehenlassen, dann unter die Sauerteigmischung rühren. Das Salz hinzufügen und soviel Mehl darun-

terarbeiten, daß ein weicher Teig entsteht. Auf einem bemehlten Brett etwa 10 Minuten durchkneten, dabei nach Bedarf Mehl darunterarbeiten, bis der Teig glatt und elastisch ist. In eine eingefettete Schüssel geben, fest mit Klarsichtfolie abdecken und etwa 2 Stunden an einem warmen Platz gehen lassen, bis sich sein Volumen verdoppelt hat.

Den aufgegangenen Teig auf ein bemehltes Brett geben, kurz durchkneten, zu zwei Laiben formen, auf ein mit Maismehl bestreutes Backblech legen. Mit einem bemehlten Küchentuch abdecken, 1 Stunde an einem warmen Platz gehen lassen.

Den Backofen auf 220 °C (Gasherd Stufe 4–5) vorheizen. Die Brote mit dem verschlagenen Eigelb bestreichen und etwa 25 Minuten backen, bis sie hohl klingen, wenn man gegen die Unterseite klopft. Zum Abkühlen auf ein Kuchengitter geben.

Buttermilchbrötchen (links) *und Sahnebrötchen* (rechts)

SAUERTEIG-STARTER

Der Sauerteig-Starter ist im Kühlschrank fast unbegrenzt haltbar. Vor der Verwendung muß er aber Raumtemperatur annehmen.

1 Päckchen (7 g) Trockenbackhefe
½ l warmes Wasser
250 g Weizenmehl

In einer Schüssel die Hefe im Wasser auflösen. Das Mehl hinzufügen, gut vermischen. Fest mit Klarsichtfolie abdecken, 2 Tage kühl stehenlassen. Vor der Verwendung gut durchrühren.

Ergibt etwa 3 Tassen *Abbildung S. 144–145*

Virginia

Cream Biscuits
Sahnebrötchen

»Biscuits« sind typisch amerikanisch. Besonders im Süden wäre eine Mahlzeit ohne sie unvollständig. Man muß den Teig so behutsam wie Pastetenteig behandeln und darf ihn nicht zu lange durcharbeiten.

250 g Weizenmehl
2½ TL Backpulver
1 TL Salz
3 EL (50 g) kalte Butter
2 EL kaltes Schweineschmalz
180 ml Sahne

Den Backofen auf 230 °C (Gasherd Stufe 5) vorheizen. Mehl, Backpulver und Salz in eine große Schüssel sieben. Butter und Schmalz mit dem Messer darunterarbeiten, so daß grobe Streusel entstehen. Nach und nach die Sahne darunterrühren, um einen weichen Teig herzustellen.

Den Teig auf einem bemehlten Brett 1–2 cm dick ausrollen, runde Teigstücke von 6 cm Durchmesser ausstechen. Auf ein ungefettetes Backblech legen und 12–15 Minuten in den heißen Ofen geben, bis die *biscuits* goldbraun sind.

Ergibt etwa 9 Stück

Louisiana

Buttermilk Biscuits
Buttermilchbrötchen

Die dicken Buttermilchbrötchen sind eine Spezialität des Südens und des Mittleren Westens. Unser Rezept aus »Helen's Tearoom« in New Iberia, Louisiana, ist seit Generationen überliefert; hier serviert man dazu Eier, knusprigen Speck und Maisgrütze.

500 g Weizenmehl
2 EL Backpulver
1 TL Natron
1 TL Salz
1 EL sowie 1 TL Zucker
150 g kalte sowie 60 g zerlassene Butter
⅜ l Buttermilch

Den Backofen auf 230 °C (Gasherd Stufe 5) vorheizen. Das Mehl zusammen mit dem Backpulver, Natron, Salz und Zucker in eine große Schüssel sieben. Mit dem Messer die kalte Butter darunterarbeiten, bis sich grobe Streusel bilden. Die Buttermilch hineinrühren, bis ein weicher Teig entsteht.

Den Teig auf einem bemehlten Brett kurz durchkneten und etwa 3 cm dick ausrollen. Runde Brötchen von 7 cm Durchmesser ausstechen und so in eine gefettete, quadratische Backform (etwa 23 x 23 cm) legen, daß sie sich berühren. Mit der zerlassenen Butter bestreichen und etwa 25 Minuten backen, bis die Brötchen goldgelb sind.

Ergibt 8 große Brötchen

Landbrot (oben), *Kleie-Muffins nach Art der Beltane Ranch* (links) *und Weizenvollkornbrot* (unten)

California

BELTANE RANCH BRAN MUFFINS
Kleie-Muffins nach Art der Beltane Ranch

Kleie-Muffins, die schon zu Beginn unseres Jahrhunderts beliebt waren, werden neuerdings von gesundheitsbewußten Amerikanern wiederentdeckt. Wer das Glück hat, auf der Beltane Ranch in Glen Ellen, Sonoma County, ein Zimmer zu bekommen, dem wird von Rosemary Wood, der Inhaberin, ein Frühstück im Freien mit diesen köstlichen Kleie-Muffins serviert.

90 g Kleieflocken (*bran flakes*)
190 g Zucker
160 g Weizenmehl
1¼ TL Natron
½ TL Salz
60 ml Pflanzenöl
1 Ei, leicht verschlagen
¼ l Buttermilch

Den Backofen auf 190 °C (Gasherd Stufe 3) vorheizen. Kleieflocken, Zucker, Mehl, Natron und Salz in einer großen Schüssel gründlich vermischen. Öl, Ei und Buttermilch hinzufügen und glattrühren.

Die zwölf eingefetteten Förmchen eines Muffin-Blechs zu etwa zwei Dritteln mit Teig füllen. Die Muffins 15–20 Minuten backen, bis sie goldgelb und fest sind. 5 Minuten abkühlen lassen, bevor man sie aus der Form nimmt.

Ergibt 12 Muffins

Kansas

WHOLE WHEAT BATTER BREAD
Weizenvollkornbrot

Dieses Weizenvollkornbrot gehört zu den bekanntesten Brotsorten Amerikas und eignet sich besonders gut für Sandwiches.

⅜ l lauwarmes Wasser
1 Päckchen (7 g) Trockenbackhefe
2 EL Honig
280 g Weizenvollkornmehl
130 g Weizenmehl
1 TL Salz
2 EL (30 g) Butter (mit Raumtemperatur)

Das lauwarme Wasser in die Rührschüssel der Küchenmaschine gießen, die Hefe hineinstreuen und den Honig darunterrühren. 5 Minuten stehenlassen.

Die Küchenmaschine auf mittlerer Stufe einschalten und 130 g Vollkornmehl, das gesamte Weizenmehl, Salz und Butter zur angerührten Hefe geben. Die Zutaten 2 Minuten verrühren und zwischendurch immer wieder von der Schüsselwand streichen. Das verbliebene Vollkornmehl bei niedriger Geschwindigkeit darunterarbeiten. Die Schüssel mit Klarsichtfolie abdecken und den Teig an einem warmen Platz etwa 1 Stunde gehen lassen, bis sich sein Volumen verdoppelt hat.

Den aufgegangenen Teig 25mal mit einem Holzlöffel schlagen, damit er wieder zusammenfällt. Eine rechteckige (etwa 23 x 13 cm) Glasform einfetten und den Teig hineinfüllen; locker mit einem bemehlten Küchentuch abdecken und etwa 1 Stunde an einen warmen Platz stellen; er soll bis zum Rand der Form aufgehen.

Den Backofen auf 200 °C (Gasherd Stufe 3–4) vorheizen. Das Brot etwa 30 Minuten backen, bis es goldbraun ist und hohl klingt, wenn man daraufklopft. In der Form auf ein Kuchengitter stellen und 25 Minuten abkühlen lassen. Aus der Form nehmen und auf dem Gitter vollständig auskühlen lassen.

Ergibt 1 Brot

Colorado

COUNTRY LOAF
Landbrot

Findige Bäcker in den Weizen- und Kartoffelanbaugebieten Colorados entdeckten, daß ihr Brot besser schmeckt, wenn Kartoffelkochwasser an den Teig kommt. Damit das Brot eine schöne Kruste erhält, stellt man eine kleine Schüssel Wasser mit in den Backofen.

1 Päckchen (7 g) Trockenbackhefe
1 TL Zucker
⅜ l warmes Kartoffelkochwasser
2 EL Pflanzenfett (mit Raumtemperatur)
1½ TL Salz
500 g Mehl mit hohem Ausmahlungsgrad
Maismehl
2 EL (30 g) Butter

In einer Schüssel Hefe und Zucker in ⅛ l warmem Wasser auflösen, 5 Minuten stehenlassen. Das restliche Wasser, Fett, Salz und 130 g Mehl darunterrühren, gut vermischen. Soviel Mehl darunterarbeiten (300 g), daß ein weicher Teig entsteht.

Den Teig auf einem gut bemehlten Brett etwa 10 Minuten durchkneten, bis er glatt und elastisch ist; nach Bedarf weiteres Mehl darunterarbeiten. In eine eingefettete Schüssel legen, mit Klarsichtfolie abdecken und den Teig etwa 1 Stunde an einem warmen Platz gehen lassen, bis sich sein Volumen verdoppelt.

Den aufgegangenen Teig kurz durchkneten, damit er zusammenfällt, und 5 Minuten auf einem bemehlten Brett ruhen lassen. Zu einem ovalen Brotlaib formen und auf ein mit Maismehl bestreutes Backblech legen. Mit einem bemehlten Küchentuch zudecken und 1 Stunde stehenlassen.

Den Backofen auf 200 °C (Gasherd Stufe 3–4) vorheizen. Das Brot drei- oder viermal etwa 1 cm tief quer einschneiden. Mit Butter bestreichen und leicht mit Mehl bestäuben. Das Brot etwa 40 Minuten backen, bis es hohl klingt, wenn man gegen die Unterseite klopft. Auf einem Kuchengitter auskühlen lassen.

Ergibt 1 Brot

Vermont

Cornbread
Maisbrot

Maisbrot, einst Hauptnahrungsmittel im frühen Amerika, wird heute mit Weizenmehl und Backpulver und/oder Natron lockerer gemacht. Das Brot wird in einer gußeisernen Pfanne gebacken, aber eine 20 x 20 cm große Backform tut es auch.

250 g gelbes Maismehl
60 g Weizenmehl
1 EL Backpulver; ½ TL Natron
1 TL Salz
⅜ l Buttermilch
1 Ei, leicht verschlagen
60 g warmes ausgelassenes Fett von Bauch- oder Frühstücksspeck
3 EL Ahornsirup
1 EL Butter, zerlassen

Den Backofen auf 220 °C (Gasherd Stufe 4–5) vorheizen. In einer Rührschüssel Mais- und Weizenmehl, Backpulver, Natron und Salz vermischen. Buttermilch, Ei, 3 Eßlöffel Schmalz und den Ahornsirup hinzufügen und alles gut verrühren.

In einer gußeisernen, 23 cm großen Pfanne das verbliebene Schmalz bei mittlerer Temperatur erhitzen. Den Teig in die Pfanne geben; mit zerlassener Butter bestreichen. Das Maisbrot in 15–20 Minuten im Ofen goldgelb backen. Warm servieren.

Für 6 Personen

Oklahoma

Corn Sticks
Maisbrotstangen

Wenn sie nicht richtig zubereitet werden, können Maisbrotstangen langweilig schmecken und schwer im Magen liegen. In einer speziellen gußeisernen Form gebacken, werden sie dagegen leicht und locker und bekommen eine schöne, knusprige Kruste. In den meisten Gegenden der USA wird gelbes Maismehl verwendet, nur im Süden bevorzugt man weißes.

90 g gelbes Maismehl
60 g Weizenmehl
2 EL Zucker
1½ TL Backpulver
½ TL Salz
¼ l Sahne
1 Eigelb, leicht verschlagen
2 EL (30 g) Butter, zerlassen
2 Eiweiß

Den Backofen auf 220 °C (Gasherd Stufe 4–5) vorheizen. In einer großen Schüssel Mais- und Weizenmehl, Zucker, Backpulver und Salz vermischen. Sahne, Eigelb und Butter darunterrühren. Das Eiweiß steif schlagen und unter den Teig heben.

Den Teig mit einem Löffel in eine spezielle gußeiserne Form (siehe Abbildung) geben und etwa 15 Minuten backen, bis die Maisbrotstangen goldgelb und fest sind. Heiß servieren.

Ergibt 18–20 kleine Maisbrotstangen

Maisbrot (oben links) *und Maisbrotstangen* (rechts)

Kentucky

Grits Soufflé
Maisgrieß-Soufflé

Im Süden bezeichnet man dieses Gericht häufig als Auflauf, doch ist es in Wirklichkeit ein Soufflé. Wie von allen regionalen Rezepten gibt es auch von diesem viele Varianten. In Tennessee zum Beispiel verfeinert man Soufflés gerne mit feingehacktem Räucherschinken.

Etwa 3 EL (50 g) Butter
30 g frisch geriebener Parmesan
2 Frühlingszwiebeln, feingehackt
2 Knoblauchzehen, zerdrückt
¼ l Wasser
¼ l Milch
½ TL Salz
90 g Maisgrieß (grob)
4 Eier, getrennt
1 Spritzer Tabasco-Sauce
60 ml Sahne
60 g geriebener Cheddar-Käse
Salz und frisch gemahlener Pfeffer

Den Backofen auf 200 °C (Gasherd Stufe 3–4) vorheizen. Eine Soufflé-Form mit etwas Butter einfetten und mit 1 Eßlöffel Parmesan ausstreuen. An einen kühlen Platz stellen.

In einer kleinen Pfanne 1 Eßlöffel Butter bei schwacher Hitze zerlassen. Frühlingszwiebeln und Knoblauch hinzufügen und 5 Minuten garen. Die Pfanne von der Kochstelle nehmen.

Wasser, Milch und Salz in einen Topf geben und zum Kochen bringen. Den Maisgrieß hineinrühren und die Temperatur herunterschalten. Unter ständigem Rühren 5–8 Minuten erhitzen, bis der Mais aufgequollen ist. Den verbliebenen Eßlöffel Butter dazugeben. Auf niedrige Temperatur herunterschalten. Jedes Eigelb einzeln hinzufügen und gründlich darunterrühren. Die Masse in eine große Schüssel füllen und Tabasco, Sahne, Cheddar-Käse, 2 Eßlöffel Parmesan sowie Pfeffer und Salz nach Geschmack daruntermischen.

Das Eiweiß steif schlagen und unter die Maisgrießmischung heben. In die vorbereitete Form füllen und mit dem verbliebenen Eßlöffel Parmesan bestreuen. Das Soufflé 30–35 Minuten backen, bis es aufgegangen und goldgelb ist. Sofort servieren.

Für 4–6 Personen

Georgia

Fancy Dinner Grits
Maisgrütze mit Knoblauch und Käse

Für Maisgrieß (»Hominy grits«) werden die Körner von ihrer Schale befreit und gemahlen. Die Indianer weichten sie zunächst in mit Holzasche vermischtem Wasser ein. Nach einem Tag waren die gebleichten Maiskörner aufgequollen und ihre Schalen aufgeplatzt. Der Mais wurde gründlich gewaschen und für den Winter getrocknet oder zur Zubereitung von Brei gemahlen. – Maisgrütze wird oft zum Frühstück serviert, dann jedoch ohne Knoblauch und Käse.

1 EL Butter
1 Knoblauchzehe, zerdrückt
¼ l Sahne
¼ l Wasser oder Fond (siehe Glossar)
90 g Maisgrieß (grob)
Salz und frisch gemahlener weißer Pfeffer, nach Geschmack
60 g frisch geriebener milder Schnittkäse (nach Belieben)

Die Butter in einem Topf bei schwacher Hitze zerlassen. Den Knoblauch hinzufügen und 2 Minuten anbraten. Sahne und Wasser oder Fond dazugießen. Zum Kochen bringen, die Temperatur herunterschalten und den Maisgrieß hineinrühren. Zugedeckt unter gelegentlichem Rühren 12–15 Minuten bei schwacher Hitze garen, bis ein weicher, cremiger Brei entsteht. Mit Salz und Pfeffer abschmecken und nach Belieben geriebenen Käse hinzufügen.

Für 4 Personen

Maisgrieß-Soufflé (oben) *und Maisgrütze mit Knoblauch und Käse* (unten)

Pennsylvania

PENNSYLVANIA DUTCH EGG NOODLES

Eiernudeln nach Art der Pennsylvania-Deutschen

Die traditionellen Nudeln, ohne die Gerichte wie »Pot pie« (S. 46) unvorstellbar wären, kann man sehr leicht selbst herstellen. Wenn man sie gleich essen möchte, werden sie 2–3 Minuten in kochendem Wasser gegart, anschließend in Butter geschwenkt und mit Mohn bestreut. Man kann sie aber auch trocknen und in luftdicht verschlossenen Behältern längere Zeit aufbewahren.

Etwa 160 g Weizenmehl
½ TL Salz
2 Eier, leicht verschlagen

Mehl und Salz in eine Schüssel geben. Die Eier hinzufügen, mit einer Gabel daruntermischen, bis ein weicher Teig entsteht; auf ein bemehltes Brett geben, 10 Minuten durchkneten; wenn nötig zusätzlich Mehl darunterarbeiten. Mit einem bemehlten Küchentuch bedecken, 30 Minuten ruhen lassen.

Den Teig so dünn wie möglich ausrollen und entweder – für *pot pies* – in Quadrate von 10 cm Seitenlänge oder – für Bandnudeln – in lange schmale Streifen schneiden. Bis zur Verwendung auf leicht eingefettetem Wachspapier in den Kühlschrank geben. (Oder trocknen und luftdicht verschlossen aufbewahren.)

Ergibt etwa 250 g

Eiernudeln nach Art der Pennsylvania-Deutschen

Bohnen nach Cowboy-Art

Texas

Chuckwagon Beans

Bohnen nach Cowboy-Art

Zu einem Essen unter freiem Himmel gehören in Texas »Baked beans«, meist »Chuckwagon beans« genannt, weil sie zur Zeit der großen Viehtriebe nachts in riesigen Kesseln über der verlöschenden Glut des Lagerfeuers garten. Und wenn der Speck knapp wurde, kamen auch mal ein paar Klapperschlangen mit in den Topf.

500 g getrocknete Wachtel-, Borlotto- oder rote Kidney-Bohnen
2 EL (30 g) Butter
1 Zwiebel, gehackt; 1 große Knoblauchzehe, zerdrückt
Etwa 400 ml Vollbier
60 ml Worcestershire-Sauce
60 g brauner Zucker
2 EL Dijon-Senf
1 EL Paprikapulver (edelsüß)
2 EL milde gemahlene Chillies (oder mildes Chili-Pulver)
1 TL getrocknete rote Chili-Schoten, zerstoßen
1 Prise getrockneter Thymian
Etwa ¾ l Tomatensaft
60 g Bauch- oder Frühstücksspeck, in Streifen geschnitten
Salz und frisch gemahlener Pfeffer

Die Bohnen mit kaltem Wasser bedecken und über Nacht einweichen. Oder in einem großen Topf mit kaltem Wasser bedeckt aufsetzen und 2 Minuten kochen lassen. Vom Herd nehmen und zugedeckt 1 Stunde stehenlassen. Abgießen.

Den Backofen auf 150 °C (Gasherd Stufe 1) vorheizen. Die Butter in einem großen schweren Topf bei schwacher Hitze zerlassen. Die Zwiebel hinzufügen und 1 Minute anbraten. Den Knoblauch dazugeben und 4 Minuten mitbraten. Bier, Worcestershire-Sauce, braunen Zucker, Senf, Paprika, Chili-Pulver und zerstoßene Chili-Schoten, Thymian sowie ⅛ l Tomatensaft darunterrühren. Zum Kochen bringen, die Temperatur herunterschalten und die Zutaten 15 Minuten im offenen Topf köcheln lassen. Die Bohnen dazugeben, umrühren.

In eine eingefettete irdene Kasserolle mit dicht schließendem Deckel füllen. Den Speck auf die Bohnen geben. ⅜ l Tomatensaft dazugießen und zugedeckt 2 Stunden im Backofen garen. Die Temperatur auf 130 °C (Gasherd Stufe 1) herunterschalten und die Bohnen noch 5 Stunden garen, bis sie weich sind. Zwischendurch Tomatensaft dazugießen, damit sie nicht austrocknen. Mit Salz und Pfeffer abschmecken.

Für 6–8 Personen

Massachusetts

Boston Baked Beans

Baked Beans nach Bostoner Art

Für dieses klassische Gericht gibt es ebenso viele Rezepte wie Köche. In der folgenden Version wird Rum verwendet, dem die frühen Siedler Neuenglands mit wahrer Begeisterung zusprachen.

500 g getrocknete kleine oder große weiße Bohnen
1 große Zwiebel, gehackt
2 EL brauner Zucker
60 ml Melasse
1 EL Senfpulver
⅛ l Rum
Etwa ⅜ l Wasser
130 g Bauch- oder Frühstücksspeck
Salz und frisch gemahlener Pfeffer

Die Bohnen mit kaltem Wasser bedeckt über Nacht einweichen. Oder in einem großen Topf mit kaltem Wasser bedeckt aufsetzen und 2 Minuten kochen lassen. Von der Kochstelle nehmen und zugedeckt 1 Stunde stehenlassen. Abgießen.

Den Backofen auf 150 °C (Gasherd Stufe 1) vorheizen. Bohnen und Zwiebelstückchen in einer eingefetteten irdenen Kasserolle mit dicht schließendem Deckel vermischen. In einer Schüssel Zucker, Melasse, Senfpulver, Rum und Wasser verrühren und über die Bohnen gießen. Den Speck auf die Bohnen legen. Zugedeckt 2 Stunden im Backofen garen. Auf 130 °C (Gasherd Stufe 1) herunterschalten und die Bohnen noch etwa 2 Stunden garen, bis sie weich sind; zwischendurch Wasser dazugießen, damit sie nicht austrocknen.

Den Speck herausnehmen, in Stücke schneiden und unter die Bohnen mischen. Mit Salz und Pfeffer abschmecken.

Für 6–8 Personen

Massachusetts

Boston Brown Bread

Schwarzbrot nach Bostoner Art

Schon immer gehörte in Neuengland dieses Schwarzbrot zu »Baked beans«. Der Brotteig wird in Kaffeedosen gefüllt und in einem Topf mit kochendem Wasser gegart. Sein Aroma bekommt er durch Roggenmehl und Melasse, und in alten Rezepten tauchen sogar Rosinen auf.

60 g Roggenmehl
60 g Weizenvollkornmehl
90 g Maismehl
1 TL Natron
½ TL Salz
80 ml Melasse
1½ Tassen Sauer- oder Buttermilch
90 g kernlose Rosinen (nach Belieben)

Roggen-, Weizen-, Maismehl, Natron und Salz in einer Schüssel vermischen. Melasse, Sauermilch, Rosinen darunterrühren.

Eine Kaffeedose oder eine 1 l fassende Puddingform einfetten und den Teig hineinfüllen. Das Gefäß fest mit Alufolie oder einem Deckel verschließen und in einen großen Topf stellen. Mit kochendem Wasser bis zur halben Höhe der Dose oder der Form auffüllen. Den Topf zudecken, 2 Stunden garen.

Das Brot herausnehmen und heiß servieren. Es ist so feucht, daß man es meist mit einem Stück Schnur in Scheiben schneidet, doch ist auch ein scharfes Messer mit Wellenschliff geeignet.

Ergibt 1 Brot

Rechte Seite: *Baked Beans nach Bostoner Art* (oben) *und Schwarzbrot nach Bostoner Art* (unten)

ENCORE
THOMAS TURNER & COMPY
SUFFOLK WORKS SHEFFIELD

WILLIAMS-SONOMA INC.; TIFFANY & CO.

Wildreis-Pilaw

Minnesota

Wild Rice Pilaf
Wildreis-Pilaw

Pilaw, ein Reisgericht, das mit Huhn, Fisch oder Gemüsen zubereitet wird, stammt ursprünglich aus Persien und ist im ganzen Orient verbreitet. In Amerika serviert man Pilaw oft – ohne Huhn, Fisch oder Gemüse – als Beilage. Das folgende Rezept wird mit Wildreis zubereitet. Im Mittelwesten der USA werden oft Nüsse in den Reis gegeben, am liebsten – sofern man sie finden kann – heimische schwarze Walnüsse. Mandeln oder Pecannüsse sind jedoch ebenso geeignet.

160 g Wildreis
1 EL Butter
1 kleine Zwiebel, zerdrückt
⅛ ml trockener Weißwein
Etwa 650 ml Wasser oder Hühnerfond (siehe Glossar)
Salz und frisch gemahlener Pfeffer
60 g Nüsse, geröstet und gehackt

Den Wildreis unter kaltem Wasser abspülen, abtropfen lassen.

Die Butter in einem schweren Topf bei schwacher Hitze zerlassen. Die Zwiebel hinzufügen und zugedeckt 5 Minuten garen. Wildreis, Wein und ½ l Wasser oder Fond dazugeben und zum Kochen bringen. Die Temperatur herunterschalten und den Reis zugedeckt 40–60 Minuten köcheln lassen, bis er weich ist; wenn nötig, zwischendurch etwas Wasser oder Fond dazugießen. (Falls der Reis am Ende der Garzeit zu feucht ist, den Deckel abnehmen und die Temperatur ein wenig erhöhen.) Mit Salz und Pfeffer abschmecken und die Nüsse daruntermischen.

Für 4 Personen

Louisiana

Red Beans and Sausages
Rote Bohnen mit Wurst

In Louisiana spielen Bohnen und Reis von jeher eine bedeutende Rolle als preiswerte und sättigende Nahrungsmittel. Der Reisanbau ist heute ein wichtiger Wirtschaftszweig in Louisiana, und Bohnen wuchsen dort natürlich schon lange, bevor die Spanier ins Land kamen. Die Metzgereien bieten eine große Auswahl an geräucherten Würsten, wie etwa »Chorizo«, die sich für Bohneneintöpfe besonders gut eignen.

500 g getrocknete rote Kidney-Bohnen
2 Scheiben Frühstücksspeck, gehackt
1 große Zwiebel, gehackt
1 große Knoblauchzehe, zerdrückt
190 g Räucherschinken, gehackt
1 Stange Bleichsellerie, gehackt
2 kleine scharfe rote Chili-Schoten, entkernt, ohne Rippen, gehackt
1 Lorbeerblatt
½ TL gemahlener Piment
1 l kochendes Wasser oder Fond (siehe Glossar)
750 g *chorizo* oder Cabanossi, in 7 cm lange Stücke geschnitten
Salz und frisch gemahlener Pfeffer
Gekochter Reis (als Beilage)

Die Bohnen in einem großen Topf mit 2 l Wasser bedecken und zum Kochen bringen. Ohne Deckel 20 Minuten kochen lassen; abgießen.

Den Speck in einem großen schweren Kochtopf bei mittlerer Hitze knusprig braten. Zwiebel, Knoblauch, Schinken und Bleichsellerie hinzufügen und 10 Minuten garen; gelegentlich umrühren. Chillies, Lorbeerblatt und Piment dazugeben. Die Temperatur herunterschalten und das kochende Wasser oder den Fond sowie die Bohnen darunterrühren. Zugedeckt 45 Minuten köcheln lassen; gelegentlich umrühren.

1 Tasse von den Bohnen in einer Schüssel mit der Gabel zerdrücken; unter den Eintopf rühren und die Wurst hinzufügen. Noch etwa 45 Minuten unbedeckt köcheln lassen, bis die Bohnen weich sind und die Flüssigkeit weitgehend verdampft ist. Das Lorbeerblatt herausnehmen. Mit Salz und Pfeffer abschmecken. Als Beilage frisch gekochten Reis servieren.

Für 6–8 Personen

Louisiana

Dirty Rice
»Schmutziger Reis«

Aus Louisiana stammt der »Popcorn-Reis«, der tatsächlich ein wenig nach Popcorn schmeckt. Dieses klassische Gericht, das seinen Namen der dunklen Einbrenne und den gebratenen Zutaten verdankt, läßt sich auch als Füllung für Geflügel verwenden.

3 EL Pflanzenöl; 2 EL Weizenmehl
250 g Hühnermägen, feingehackt
250 g mageres gehacktes Schweinefleisch
2 Zwiebeln, gehackt; 1 Stange Bleichsellerie, gehackt
1 kleine grüne Paprikaschote, entkernt und gehackt
2 Knoblauchzehen, zerdrückt
1 EL Butter; 130 g Hühnerlebern
3 Frühlingszwiebeln, gehackt
⅜ l Hühnerfond (siehe Glossar)
1 TL Salz; ¼ TL frisch gemahlener Pfeffer
¼ TL Tabasco-Sauce
Etwa 270 g heißer gekochter Langkornreis (Rohgewicht 125 g)
4 EL gehackte frische Petersilie

2 Eßlöffel des Öls in einen kleinen Topf geben, das Mehl hinzufügen, unter Rühren 45 Minuten bei niedriger Temperatur rösten, bis die Einbrenne eine dunkle, rötlich-braune Farbe annimmt. Achtgeben, daß die Mehlschwitze nicht ansetzt.

In der Zwischenzeit das verbliebene Öl in einem großen schweren Kochtopf oder einem flachen Bratentopf bei schwacher Temperatur erhitzen. Hühnermägen und Schweinefleisch unter Rühren etwa 10 Minuten darin anbräunen. Zwiebeln, Bleichsellerie, Chili-Schote und Knoblauch dazugeben und den Bratensatz lösen. Unter gelegentlichem Rühren 20 Minuten garen.

Die Butter in einer kleinen schweren Pfanne bei mittlerer Hitze zerlassen. Hühnerlebern und Frühlingszwiebeln hinzufügen, unter Rühren in etwa 5 Minuten gar braten. Vom Herd nehmen,

»Schmutziger Reis« (oben) *und Rote Bohnen mit Wurst* (unten)

kurz abkühlen lassen und feinhacken. Leber und Frühlingszwiebeln zur Hackfleischmischung geben. Mehlschwitze, Fond, Salz, Pfeffer und Tabasco darunterrühren. Zum Kochen bringen, auf niedrige Temperatur herunterschalten und zugedeckt 45 Minuten köcheln lassen. Weitere 20 Minuten ohne Deckel garen. Dann nur soviel heißen Reis darunterrühren, daß die Flüssigkeit nicht vollständig absorbiert wird. Die Petersilie darunterheben. Als Füllung verwenden oder als Beilage servieren.

Für 6–8 Personen

South Carolina

Hopping John
Reis mit Bohnen

»Hopping John« ist ein beliebtes Gericht bei den Afroamerikanern in den niedrig gelegenen Küstenregionen und auf den Inseln South Carolinas. Es soll Glück bringen, wenn man diese Spezialität am Neujahrstag ißt.

Knapp 150 g getrockene Augenbohnen
2 Scheiben Frühstücksspeck
1 kleine Zwiebel, gehackt
1 Knoblauchzehe, zerdrückt
Etwa 140 g heißer gekochter Reis (Rohgewicht 60 g)
2 EL Rotweinessig
Salz und frisch gemahlener Pfeffer
2 EL gehackter frischer Schnittlauch
Gehackte frische Petersilie

Die Bohnen mit Wasser bedecken und über Nacht einweichen. Abgießen, erneut mit kaltem Wasser bedecken und zum Kochen bringen. Die Temperatur herunterschalten und die Bohnen 1 Stunde köcheln lassen. Abgießen und ½ Tasse vom Kochwasser aufbewahren.

Den Frühstücksspeck in einer großen schweren Pfanne knusprig braten. Auf Küchenkrepp abtropfen lassen, in kleine Stücke brechen und beiseite stellen.

Die Zwiebel in die Pfanne geben und bei schwacher Hitze 1 Minute anbraten. Knoblauch hinzufügen und 3 Minuten mitbraten. Bohnen und Reis dazugeben und unter ständigem Rühren erhitzen. Den Essig und soviel vom aufbewahrten Kochwasser dazugießen, daß die Mischung leicht feucht wird. Reis und Bohnen noch 5 Minuten erhitzen; mit Salz und Pfeffer abschmecken. Zuletzt mit Speck, Schnittlauch und Petersilie bestreuen.

Für 4 Personen

Reis mit Bohnen

FILAMENTO; DILLINGHAM & COMPANY ANTIQUES

Kreolischer Reiseintopf

Louisiana

JAMBALAYA
Kreolischer Reiseintopf

»Jambalaya« ist nicht nur eines der bekanntesten Gerichte der kreolischen Küche, sondern ganz Amerikas. Man nimmt an, daß der Name vom spanischen Wort für Schinken, »Jamon», stammt. In fast allen Rezepten findet man Schinken und Garnelen. Auch Huhn, Austern oder Flußkrebse werden häufig verwendet.

Etwa 250 g *chorizo* oder andere pikante Räucherwurst
2 EL (30 g) Butter
1 große Zwiebel, gehackt
2 Knoblauchzehen, zerdrückt
1 große grüne Paprikaschote, entkernt und gehackt
1 große rote Paprikaschote, entkernt und gehackt
2 große Tomaten, abgezogen, entkernt und gehackt
1 Prise Zucker
1 TL gehackter frischer oder ½ TL getrockneter Thymian
1 TL Chili-Pulver
½ TL Cayenne-Pfeffer
160 g Langkornreis
90 g Räucherschinken, gehackt
Etwa ⅜ l Hühnerfond (siehe Glossar)
500 g Garnelen, aus der Schale genommen, ohne Darm
3 EL gehackte frische Petersilie

Die Wurst in einem eingefetteten schweren Kochtopf braun braten. Auf einem Teller beiseite stellen.

Das Fett weggießen und die Butter in den Topf geben. Die Zwiebeln hinzufügen und bei schwacher Hitze 2 Minuten anbraten; dabei den Bratensatz lösen. Den Knoblauch dazugeben und 3 Minuten mitbraten. Paprika, Tomaten, Zucker, Thymian, Chili-Pulver und Cayenne-Pfeffer hinzufügen. Auf niedrige Temperatur herunterschalten und zugedeckt 15 Minuten garen.

Die Wurst in Scheiben schneiden und zusammen mit Reis und Schinken unter das Gemüse in den Topf geben. Den Fond dazugießen. Zum Kochen bringen, die Temperatur herunterschalten und zugedeckt etwa 30 Minuten köcheln lassen, bis der Reis gar ist. Die Garnelen darunterheben, den Deckel wieder auflegen und noch etwa 5 Minuten erhitzen, bis sich die Garnelen rosa färben. (Falls die Mischung zu flüssig ist, die Hitze herunterschalten und ohne Deckel unter Rühren Flüssigkeit verdampfen lassen.) Vor dem Servieren die Petersilie daruntermischen.

Für 4 Personen

Überbackenes Maisgemüse (oben) *und Überbackene Bohnen*

Arizona

SOUTHWESTERN BEAN BAKE
Überbackene Bohnen

Im Südwesten der USA gehören Bohnen zum täglichen Leben, und es gibt die verschiedensten Arten der Zubereitung. Für das folgende Rezept lassen sich auch übriggebliebene »Frijoles« (S. 166) verwenden.

250 g getrockene Wachtel-, Borlotto- oder Kidney-Bohnen
3 Scheiben Frühstücksspeck, gehackt
1 große Zwiebel, feingehackt; 1 Knoblauchzehe, zerdrückt
1 kleine scharfe grüne Chili-Schote, entkernt, ohne Rippen, zerdrückt
Etwa 130 g milde grüne Chillies (Dose), gehackt
2 EL milde gemahlene Chillies (oder mildes Chili-Pulver)
4 EL gehackte frische Korianderblätter; 1 TL Salz
60 ml Rinderfond (siehe Glossar)
130 g milder Schnittkäse, gerieben

Die Bohnen mit kaltem Wasser bedecken und über Nacht einweichen. Oder in einem großen Topf mit kaltem Wasser bedeckt aufsetzen und 2 Minuten kochen lassen. Von der Kochstelle nehmen und zugedeckt 1 Stunde stehenlassen. Abgießen.

Den Topf ausspülen und die Bohnen wieder hineinfüllen. Erneut mit kaltem Wasser bedecken und zum Kochen bringen. Die Temperatur herunterschalten und die Bohnen in 1–1½ Stunden weich köcheln lassen. Abgießen.

Den Backofen auf 200 °C (Gasherd Stufe 3–4) vorheizen. Den Speck in einer schweren Pfanne knusprig braten. Die Zwiebel hinzufügen, 1 Minute anbraten. Knoblauch und scharfe Chili-Schote dazugeben, 4 Minuten mitgaren. Chillies, Koriander, Salz und Fond hinzufügen, 5 Minuten köcheln lassen. Die Bohnen hinzufügen, umrühren. Von der Kochstelle nehmen, den Käse daruntermischen. Die Bohnen in eine ofenfeste Form füllen und 20 Minuten im Ofen überbacken.

Für 6 Personen

New Mexico

BAKED HOMINY
Überbackenes Maisgemüse

Für dieses Gericht wird »Hominy« (siehe Glossar) benötigt, nach einem Spezialverfahren behandelter Mais, der bei uns kaum erhältlich ist. Im Gegensatz zu anderen Regionen ißt man »Hominy« im Südwesten meist im ganzen, nicht als Brei. In Amerika wird er tiefgefroren, in Dosen und auch getrocknet angeboten.

2 EL Pflanzenöl
1 Zwiebel, gehackt; 1 Knoblauchzehe, zerdrückt
1 große Tomate, abgezogen, entkernt und gehackt
1 Prise Zucker
½ TL gehackter frischer oder ¼ TL getrockneter Thymian
1 TL Tomatenmark
2 kleine scharfe grüne Chili-Schoten, entkernt, ohne Rippen, zerdrückt
Etwa 130 g milde grüne Chillies (Dose), abgetropft und gehackt
Etwa 900 g *hominy* (Dose, siehe Glossar), ganze Körner, abgespült und abgetropft
½ TL Salz; ¼ TL frisch gemahlener Pfeffer
250 g milder Schnittkäse, gerieben.

Den Backofen auf 190 °C (Gasherd Stufe 3) vorheizen. Das Öl in einer großen schweren Pfanne bei schwacher Temperatur erhitzen. Die Zwiebel hineingeben und 1 Minute anbraten. Den Knoblauch dazugeben und 4 Minuten mitbraten. Tomate, Zukker, Thymian und Tomatenmark hineinrühren und 5 Minuten erhitzen. Scharfe und milde Chili-Schoten hinzufügen und weitere 5 Minuten garen. Den Mais darunterrühren und mit Salz und Pfeffer würzen. Die Pfanne von der Kochstelle nehmen.

180 g des Käses unter die Maismischung rühren, diese in eine eingefettete ofenfeste Form füllen und mit dem verbliebenen Käse bestreuen. Die Form in den Ofen geben und die Temperatur auf 180°C (Gasherd Stufe 2–3) herunterschalten. Den Mais 45 Minuten im Backofen garen. Vor dem Servieren 5 Minuten ruhen lassen.

Für 4–6 Personen

West Virginia

COUSH-COUSH
Maismehlspeise

»Coush-coush« heißt eine Maismehlspeise, die besonders im Süden der USA beliebt ist: Maisbrot wird in Stücke gebrochen und in Milch oder Sahne gekocht oder in Schüsseln mit Milch, Sauerrahm oder Buttermilch serviert. Unsere Version wird nicht aus Brot hergestellt, sondern aus in der Pfanne gebackenem Maismehlteig. Der Name könnte vom nordafrikanischen »Couscous« abstammen.

350 g gelbes Maismehl
1 EL Backpulver
1 TL Salz; 2 TL Zucker
1 Ei, leicht verschlagen
⅜ l Milch (oder ¼ l Milch und ⅛ l Buttermilch)
125 g Butter
2 EL Sahne

Maismehl, Backpulver, Salz und Zucker in einer Schüssel vermischen. Das Ei und ¼ l Milch darunterrühren.

Die Butter in einer großen gußeisernen Pfanne bei mittlerer Hitze zerlassen. Den Maismehlteig auf dem Pfannenboden verteilen und 5–8 Minuten garen, bis er aufgegangen und die Unterseite kräftig gebräunt ist. Mit einem Spatel zerkleinern und gründlich durchrühren, bis die gebräunten Stückchen gleichmäßig verteilt sind. Auf mittlere Temperatur herunterschalten.

Die verbliebene Milch und die Sahne darunterrühren und noch 15 Minuten unter häufigem Rühren garen. Die Maismehlmischung leicht aufhäufen und in der Pfanne servieren.

Für 4–6 Personen

Tennessee

HUSH PUPPIES
Maismehlkrapfen

Zu gebratenem »Catfish« (Wels) werden im Süden diese Krapfen gereicht. Ein Koch soll sie erstmals bei einem Fest gebacken haben, um die bellenden Hunde mit diesen Leckerbissen zu beruhigen; dabei rief er »Hush, puppies« (»Ruhe, Hunde!«).

130 g weißes Maismehl
30 g Weizenmehl, mit 1 EL Maisstärke vermischt
1 TL Backpulver
½ TL Salz
2 EL geriebene Zwiebel
1 Ei, leicht verschlagen
Etwa 80 ml warme Milch
Öl zum Ausbacken

Mais- und Weizenmehl, Backpulver und Salz in einer großen Schüssel vermischen. Zwiebel, Ei und soviel Milch darunterrühren, daß ein weicher, klebriger Teig entsteht.

Öl in einem hohen schweren Topf auf etwa 190°C erhitzen. Mit einem Eßlöffel Teig abstechen und die Krapfen in das heiße Öl gleiten lassen. In etwa 3 Minuten goldbraun ausbacken. Auf Küchenkrepp abtropfen lassen und sofort servieren.

Für 4 Personen

Texas

REFRIED BEANS
Bohnenpüree

»Refried« bedeutet nicht etwa, daß die Bohnen zweimal gebraten werden. Sie werden erst gekocht, dann in einer Pfanne zu cremigem Püree zerdrückt und gebraten, bis sie am Rand leicht knusprig sind. In allen Restaurants mit texanisch-mexikanischer Küche wird dieses Bohnenpüree als Beilage oder als Vorspeise mit »Salsa«, Käse und knusprigen »Tostadas« serviert.

2–3 EL ausgelassenes Fett von Bauch- oder Frühstücksspeck
1 kleine Zwiebel, feingehackt
¼ TL gemahlener Origano
700 g weichgekochte Wachtelbohnen (oder Borlotto-, oder Kidney-Bohnen) mit ihrem Kochwasser (etwa 250 g Rohgewicht)
Salz und frisch gemahlener Pfeffer

Das Fett in einer großen schweren Bratpfanne bei mittlerer Temperatur erhitzen. Die Zwiebel hinzufügen und 4 Minuten braten. Origano darüberstreuen. Die Bohnen darunterrühren und mit einem Kartoffelstampfer grob zerdrücken. Das Püree mit dem aufbewahrten Kochwasser verdünnen, bis es geschmeidig wird. Mit Salz und Pfeffer abschmecken.

Für 4 Personen

Abbildung S. 166–167

Maismehlkrapfen (oben) *und Maismehlspeise* (unten)

Texas

Flour Tortillas
Weizenmehl-Tortillas

Weizenmehl-Tortillas, ein fester Bestandteil in der Küche des amerikanischen Südwestens, lassen sich im Gegensatz zu denen aus Maismehl recht einfach zubereiten.

500 g Weizenmehl; 130 g Pflanzenfett
2 TL Salz; ¼ l warmes Wasser (45 °C)

Das Mehl in eine große Schüssel sieben. Mit dem Messer das Pflanzenfett darunterarbeiten, bis grobe Streusel entstehen.

Das Salz im warmen Wasser auflösen. Langsam zur Mehlmischung geben; alles mit den Fingern durcharbeiten. (Durch das warme Wasser quillt das Mehl rasch auf, und die Tortillas bekommen später den gewünschten Biß.) Zu einem festen Teig verkneten, auf einem bemehlten Brett noch 3 Minuten durcharbeiten. Mit einem bemehlten Küchentuch zudecken, 1 Stunde ruhen lassen. Danach 1 Minute durchkneten; weitere 10 Minuten zugedeckt stehenlassen.

Vom Teig 4 cm große Stücke abnehmen und zu Tortillas von etwa 18 cm Durchmesser ausrollen. Dabei von der Mitte nach außen vorgehen und darauf achten, daß sie am Rand nicht dünner werden als in der Mitte. Die Tortillas übereinanderlegen.

Eine gußeiserne Pfanne stark erhitzen. Die Tortillas jeweils 20 Sekunden auf der ersten und 10 Sekunden auf der zweiten Seite rösten. Sie sollen hellbraun gesprenkelt, ansonsten aber weiß sein. Die Pfanne ab und zu mit Küchenkrepp auswischen. Die Tortillas auf einen Teller stapeln, mit einem Küchentuch bedecken. Vor dem Servieren locker mit Alufolie abdecken, bei niedriger Temperatur im Ofen nochmals erwärmen.

Ergibt 20 Stück

New Mexico

Frijoles
Bohnengemüse

»Frijoles« sind gekochte Bohnen, die man in ihrem Kochwasser serviert. Zum Binden werden einige Bohnen zerdrückt und zurück in den Topf gegeben. Oft werden »Frijoles» nur gekocht, um Bohnenpüree (S. 165) daraus zuzubereiten. Das folgende Rezept reicht für vier Personen, wenn man die Hälfte der Bohnen am nächsten Tag für Bohnenpüree verwenden möchte.

500 g getrocknete Wachtel-, Borlotto- oder Kidney-Bohnen
60 g Bauch- oder Frühstücksspeck, in Würfel geschnitten
1 kleine Zwiebel, gehackt; 2 Knoblauchzehen, zerdrückt
½ TL gemahlener Kreuzkümmel; Salz und frisch gemahlener Pfeffer

Die Bohnen mit kaltem Wasser bedecken und über Nacht einweichen. Oder in einem großen Topf mit kaltem Wasser bedeckt aufsetzen und 2 Minuten kochen lassen. Von der Kochstelle nehmen und zugedeckt 1 Stunde stehenlassen. Abgießen.

Die Bohnen mit Speck, Zwiebel, Knoblauch und Kreuzkümmel in einen großen schweren Topf geben und 5 cm hoch mit Wasser bedecken. Zum Kochen bringen und die Temperatur herunterschalten. Zugedeckt unter gelegentlichem Rühren in etwa 3 Stunden sehr weich köcheln lassen. Gegen Ende der Garzeit sollen sie noch knapp mit Wasser bedeckt sein.

Gut eine Tasse von der Garflüssigkeit und den Bohnen abnehmen, zerdrücken und wieder in den Topf geben. Umrühren, mit Salz und Pfeffer abschmecken.

Die Hälfte der Bohnen und der Garflüssigkeit kann auch aufbewahrt und als Bohnenpüree zubereitet werden.

Für 8 Personen

Weizenmehl-Tortillas (oben), *Bohnenpüree* (links, Rezept S. 165) *und Bohnengemüse* (rechts).

DIE MOUNTAIN STATES

TELLURIDE
REAL ESTATE
CORPORATION
CHILDREN'S
BOOKS &
CLOTHING
SUN OPTICS

DANN COFFEY/THE IMAGE BANK

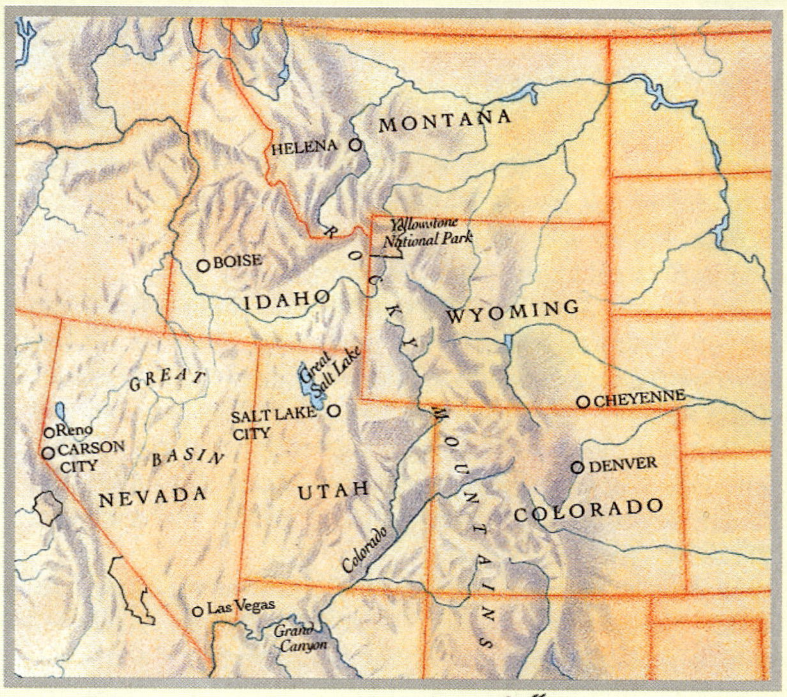

Die Mountain States

Im wildreichen Bergland des Westens lebten die Indianer vor allem von der Jagd. Rotwild, Elche, Bären, Dickhornschafe, Biber und kleinere Tiere waren eine leichte Beute. In den großen kristallklaren Seen und in den eiskalten Flüssen wimmelte es nur so von Fischen. Die Indianer, die an den östlichen Hängen der Rocky Mountains lebten, jagten auch Büffel. Die Cheyenne aus der Algonkin-Familie streiften durch das östliche Colorado; die Sioux und die Crows von der Familie der Siouan lebten im östlichen Wyoming und Montana. Die Blackfeet (Schwarzfußindianer), ebenfalls Algonkins, hatten den Westen Montanas unter Kontrolle. Die Stämme zwischen den Rocky Mountains und der Sierra Nevada waren Nomaden von der Familie der Uto-Azteken. Zu ihnen zählten die Shoshones, die Snakes, die Kiowas und Utes. Die Nez Percé aus Washington waren auch in Idaho anzutreffen. Diese Region war gleichsam die letzte Bastion der Indianer. Ein Großteil des Landes war den Stämmen zwar von der US-Regierung vertraglich zugesichert worden, doch das wurde von Trappern und Goldsuchern ignoriert. Die Erbitterung der Indianer über diese Vertragsbrüche und ihre nachfolgenden Ausschreitungen sollten schließlich zu Custers Untergang in Wyoming führen.

Die ersten, die den gebirgigen Westen erforschten, waren die Spanier, und noch heute ist ihr Einfluß im Süden der Region zu spüren. Danach kamen die Trapper, die Pelztierjäger, die berühmten *mountain men* des Westens. Sie lebten wie die Indianer, viele gesellten sich auch zu ihnen und nahmen Indianerinnen zur Frau. Es waren diese Männer, die später die großen Wagenzüge über die weite Strecke des Oregon Trail anführen sollten. Der östliche Teil der Mountain States umfaßt auch den westlichen Rand der Great Plains. Riesige Büffelherden grasten dort bis hinauf ins Vorgebirge. Meriwether Lewis hat eindrucksvoll das »gewaltige Gebrüll« der Büffelbullen bei den Great Falls in Montana geschildert. Bevor die Trapper in die Berge aufbrachen, versorgten sie sich mit Büffelfleisch,

Vorhergehende Seiten: *Sonnenaufgang über dem Bryce Canyon im Süden von Utah.*

PHOTO: JAMES H. CARMICHAEL, JR./THE IMAGE BANK

Links: *Telluride, Colorado, mit seinen Häusern im viktorianischen Stil, eine ehemalige Bergarbeiterstadt, ist heute ein beliebter Skiort in den Rocky Mountains.*

meist in Form von Pökelfleisch, Dörrfleisch und Wurst. Und als zu Füßen der Rocky Mountains die Siedlungen wie Pilze aus dem Boden schossen, wurde Büffelfleisch für die Menschen dort zu einem wichtigen Nahrungsmittel.

Der Oregon Trail brachte viele Siedler durch den South Pass von Wyoming nach Nevada und Idaho, doch nur wenige blieben dort, um das Land zu bebauen. Erstaunlicherweise ließen die Indianer die Wagenzüge fast unbehelligt passieren (sie bettelten nur ständig und begingen gelegentlich kleine Dieberelen). Das mag an der guten Organisation und der großen Anzahl der Menschen und Wagen gelegen haben. Wer allerdings zurückblieb, der war verloren.

Für Pelztierjäger war das Bergland ein wahres Dorado. Bevor der Nordwesten an die Vereinigten Staaten abgetreten wurde, kämpften englische Trapper aus Kanada mit den Amerikanern, die von Süden kamen, um das Gebiet, in dem so reiche Beute zu machen war. Die Schwarzfußindianer fühlten sich dadurch in die Enge getrieben und bekämpften beide Seiten. Sobald die Vereinigten Staaten die Region unter ihre Kontrolle gebracht hatten, rückten Gebirgsrekruten, die von der Regierung unterstützt wurden, den Indianern immer mehr auf den Leib. Schließlich erklärten sich die Indianerstämme widerwillig dazu bereit, in ihrem Territorium zu bleiben, wenn der weiße Mann sie nur in Ruhe ließ und nicht weiter vordrang. Doch dann wurde 1859 in Colorado und Nevada Gold gefunden. Die Nachricht verbreitete sich wie ein Lauffeuer, und der Goldrausch begann. Als kurz darauf auch Silber entdeckt wurde, kamen noch mehr Menschen in das Gebiet. Immer weiter stießen die Glücksritter nach Idaho, Wyoming und Montana vor. Sie hinterließen Siedlungen und Indianer, denen immer weniger Land gehörte. Bis weit in die achtziger Jahre des vorigen Jahrhunderts war das Bergland Schauplatz von Kämpfen zwischen den Indianern und Weißen. Doch selbst als die Indianer längst bezwungen waren, konnte in dem Gebiet von Frieden noch lange nicht die Rede sein. Denn nun entdeckten Rinderzüchter die weite Bergregion als Weideland für ihre Tiere. Riesige Rinderherden wurden aus Texas heraufgetrieben; doch dann ließen sich auch Farmer hier nieder, und ihnen folgten bald Schafzüchter nach. Nun wurden, um grasende Rinder von den Wasserstellen fernzuhalten, Stacheldrahtzäune errichtet und von der Gegenseite gewaltsam wieder niedergerissen. Die Rinderzüchter warfen den Schafzüchtern vor, ihre Tiere würden die Weiden zerstören. Schließlich endete der Kampf mit blutigen Auseinandersetzungen. Hinzu kam, daß Zuckerrübenpflanzer und Farmer im ganzen Westen große Wassermengen von den Flüssen abzuleiten begannen, um ihre Felder zu bewässern. Als der Fluß Arkansas im Weizenanbaugebiet Kansas immer weniger Wasser führte, wurde die Lage kritisch, und die Regierung trug nicht zur Verbesserung der Situation bei, wenn sie neue Siedler mit großen Versprechungen in den Westen lockte. So vergab sie etwa Land mit weit mehr Wasserrechten, als Wasser vorhanden war. Schließlich kam es so weit, daß die Farmer ihre Schleusen mit der Waffe bewachten. Auch Viehdiebe und Banditen machten das Land zu dieser Zeit unsicher. Der Wilde Westen trug also seinen Namen nicht ganz zu Unrecht.

Die Gebirgsregion war bereits 1896 in Staaten aufgeteilt und in die Union aufgenommen worden. Als letztes kam Utah hinzu. Nevada war 1864 während des Bürgerkriegs beigetreten, Colorado im Jahr 1876, dann folgten 1889 Montana und 1890 Wyoming. Montana, Wyoming und der Osten Colorados waren durch den Louisiana Purchase (den berühmten Landerwerb durch Präsident Jefferson) unter die Herrschaft der Vereinigten Staaten gekommen. Im Jahr 1848 trat Mexiko einen Großteil von Colorado, Utah und Nevada ab.

Der Westen mit seinen zerklüfteten Bergen und seinen kargen, ausgedörrten Ebenen wirkt nicht wie ein ideales Ackerland, doch dank der Bewässerungstechnik ist das Gebiet aufgeblüht. Außer Rind- und Lammfleisch produziert Colorado Zuckerrüben, Kartoffeln, Zwiebeln, Gerste und nicht zuletzt Sommerweizen, Cantaloupe-Melonen und Pfirsiche. Montana, einer der größten Rinder- und Lammfleischlieferanten, ist nach North Dakota und Kansas der drittgrößte Weizenproduzent unter den Staaten der USA. Auch Zuckerrüben, Gerste, Hafer und Kartoffeln werden in Montana angebaut. Wyoming, einst die Wiege der Suffragettenbewegung, ist nach wie vor ein Paradies für Jäger. Die wichtigsten landwirtschaftlichen Erzeugnisse sind Rind- und Lammfleisch. Utah hatte immer schon mit Wasserknappheit zu kämpfen, dennoch produziert es heute Rindfleisch, Milcherzeugnisse, Truthähne, Weizen und Gerste. Nevadas wichtigstes Produkt ist Lammfleisch. Idaho produziert ebenfalls Rind- und Lammfleisch, doch spielt hier der Kartoffelanbau eine wichtigere Rolle. Auch Hopfen zur Bierherstellung gedeiht hier.

MICHAEL MELFORD/THE IMAGE BANK

Landschaft und Klima im Rocky-Mountain-Staat Montana erinnern an die Great Plains.

Wegen des spanischen Einflusses hat die Küche im südlichen Colorado, Utah und Nevada viel mit der des Südwestens gemeinsam. Im Norden und in den Bergen wird noch immer viel Wild gegessen. Doch die meisten Gerichte erinnern an die Küche des Mittelwestens und der Great Plains; der große Zug der Siedler nach Westen hat auch diese Staaten mitgeprägt. Rindfleisch ist im Westen von jeher ein Hauptbestandteil der Ernährung gewesen. Es wird behauptet, das Rindfleisch aus den Mountain States sei das beste der Welt. Aber auch die Lämmer, die hier gezüchtet werden, liefern hervorragendes Fleisch; leider wird es in dieser Gegend nicht sonderlich geschätzt, außer in Idaho und Nevada, wo sich die Basken niedergelassen haben.

Die Basken, die ursprünglich aus dem spanisch-französischen Grenzland stammen und deren Kultur 70000 Jahre alt sein soll, waren maßgeblich an den meisten spanischen Expeditionen in die Neue Welt beteiligt. Als das spanische Weltreich nach und nach zusammenbrach, blieben die Basken im eigenen Land. Erst ab 1850 wurden sie durch die Auswirkungen der Französischen Revolution, durch die Napoleonischen

Nahe der Stadt Colorado Springs erhebt sich der Pike's Peak mit seinen roten Granitfelsen.

TALIS BERGMANIS

Im Süden von Utah gibt es viele Seen und sanfte Parklandschaften, aber auch Wüsten; im Dixie National Forest wachsen schlanke Zitterpappeln.

SPENCER SWANGER/TOM STACK & ASSOCIATES

Kriege und durch Aufstände in Spanien zur Auswanderung getrieben. Die meisten gingen nach Argentinien, wo sie ihre Kenntnisse der Schafzucht anbringen konnten. Als Argentinien eine Einreisesperre verfügte, machten sie sich in den Westen der Vereinigten Staaten auf, wo sie von den Schafzüchtern mit offenen Armen willkommen geheißen wurden – die Rinderzüchter dagegen empfingen sie mit Gewehren. Heute leben Basken überall in den Mountain States, und noch immer werden ihre Landsleute in Europa von amerikanischen Verbänden für die Weidewirtschaft rekrutiert. Obwohl sie weit über das Gebiet verstreut sind, gibt es doch einen starken kulturellen und sozialen Zusammenhalt, der ihnen geholfen hat, im modernen Amerika ihre Identität zu wahren.

Eine Schwierigkeit, mit der die Köche im Westen zu kämpfen haben, ist die Höhe. In der trockenen, dünnen Luft (es herrscht niedriger Luftdruck) entsteht Dampf schneller als in dichterer, feuchterer Luft. Eine frische Scheibe Brot wird sehr schnell hart und trocken, wenn man sie nicht einwickelt. Wegen des schnellen Verdampfens kocht Wasser schon bei niedrigeren Temperaturen. Und Backen wird in großen Höhen zu einer äußerst kniffligen Angelegenheit; Kuchen gehen höher auf, man darf also nicht so viel Backpulver verwenden; Eier dürfen nicht so stark geschlagen werden wie in tieferen Lagen; außerdem müssen Kuchen in hochgelegenen Gebieten bei stärkerer Hitze gebacken werden.

Die Mountain States haben von jeher Siedler aus den verschiedensten Ursprungsländern angelockt, und noch immer kommen neue Einwanderer, die sich von der Schönheit der Berge und der unkomplizierten, natürlichen Lebensweise angezogen fühlen. In dieser Gegend bekommt man immer noch ein Steak mit Eiern und Bratkartoffeln zum Frühstück oder ein Denver-Omelette mit Zwiebeln und Paprikaschoten zwischen zwei Toastscheiben. In vielen Restaurants werden Wildspezialitäten angeboten, und nirgends kann man bessere Forellen essen als hier in den Bergen. Aber auch die saftigsten Lammkeulen werden hier gebraten und herrliche dicke Steaks über offenem Feuer gegrillt.

SALATE UND GEMÜSE

CATHERINE KARNOW

Präsident Thomas Jefferson brachte viele Gemüsesorten unters Volk. Hier ein fahrbarer Gemüsestand in Neuengland mit seiner farbenprächtigen Ware.

SALATE UND GEMÜSE

Als die Spanier in Amerika nach Gold und anderen Reichtümern suchten, konnten sie nicht ahnen, daß sie bei ihrer Rückkehr aus der Neuen Welt auch Schätze ganz anderer Art mit heimnehmen würden, nämlich Pflanzen, die einmal die Eßgewohnheiten der Menschen verändern sollten. Damals war noch nicht jede Gemüseart, die die Conquistadores in Südamerika vorfanden - wie etwa die Tomate oder die Kartoffel - auch in Nordamerika bekannt. Mais dagegen, der schon vor etwa achttausend Jahren von den Mayas, Azteken und Inkas angebaut wurde, war, ebenso wie Kürbisse und Bohnen, auch im Norden verbreitet. Limabohnen waren möglicherweise bis zur Karibik vorgedrungen und wurden vielleicht auch schon in Florida angebaut. Von der Süßkartoffel weiß man nur, daß die frühen Kolonisten sie in Virginia anpflanzten; ob sie vorher schon da war, ist ungewiß. Auch ob die Erdnuß in Nordamerika heimisch war, ist nicht sicher, aber es gibt Anzeichen dafür, daß Indianerstämme im Süden schon Erdnüsse kannten, bevor die Engländer kamen. Paprika- und Pfefferschoten könnte es schon im Südwesten Amerikas gegeben haben, bevor die Spanier eintrafen, aber auch das ist nicht gesichert. All diese Gemüse stammten ursprünglich aus Süd- oder Mittelamerika. Typische Gemüse Nordamerikas sind dagegen Topinambur, Löwenzahn und Wilder Reis. Natürlich gab es auch Adlerfarn, verschiedene Pilze und Wurzelarten, aber die wuchsen auch anderswo.

Vorhergehende Seiten: *Reissalat mit Garnelen* (rechts, Rezept S. 181) *und Spinatsalat mit warmem Ziegenkäse* (links, Rezept S. 180)

VILLEROY & BOCH

Sowohl die Kartoffeln als auch die Tomaten gelangten über Europa nach Nordamerika. Wie in der Alten Welt setzten sie sich auch in der neuen erst allmählich durch. Okras, die heute im Süden der Vereinigten Staaten eine so große Rolle spielen, kamen ursprünglich aus Afrika. Manche Historiker glauben, daß die einfallenden Mauren sie erst von Afrika nach Spanien brachten und nach der Entdeckung des Kolumbus auf den Westindischen Inseln einführten.

Da ein Großteil der Sklaven vor der Überfahrt nach Amerika erst zu den Westindischen Inseln gebracht wurde, müssen sie wohl freudig überrascht gewesen sein, ein so vertrautes Nahrungsmittel aus der Heimat dort vorzufinden. Von den Westindischen Inseln aus fanden die Okras ihren Weg in den Süden der Vereinigten Staaten.

Jede Siedlergruppe brachte Samen von heimischen Gemüsesorten mit in die Neue Welt. Wurzelgemüse wurden als erste angebaut; sie waren vor allem in den langen kalten Wintern von größter Bedeutung für das Überleben der Siedler. Fast alle amerikanischen Häuser besaßen spezielle Kellerräume zum Einlagern von kältebeständigem Gemüse. Wie die Indianer haben die Siedler außerdem Gemüse getrocknet und auch in Fässern eingelegt.

Thomas Jefferson, der dritte Präsident der Vereinigten Staaten und von 1785 - 1789 Gesandter in Paris, sollte die amerikanische Küche nachhaltig beeinflussen, indem er die verschiedensten Samen aus Europa importierte. Jefferson, den man auch den ersten amerikanischen Gourmet nennt, interessierte sich sehr für die Landwirtschaft. Als einer der ersten Plantagenbesitzer baute er Kartoffeln und Tomaten an. Er sorgte

BOB POOL/TOM STACK & ASSOCIATES

Eine ganze Familie von Vogelscheuchen wacht über diesen liebevoll gepflegten Gemüsegarten.

Der Haymarket in Boston, Massachusetts mit seinen farbigen Ständen zieht jedes Wochenende qualitätsbewußte Kunden ebenso an wie die Touristen.

STEVE DUNWELL/THE IMAGE BANK

auch für die allgemeine Verbreitung von Spargel, Brokkoli, Rosen- und Blumenkohl, Gurken und Auberginen.

Damals war es üblich, Gemüse viel zu lange zu kochen. Erst in unserem Jahrhundert entdeckte man, daß Vitamine durch langes Kochen zerstört werden. Ernährungswissenschaftler empfahlen nun, Gemüse nur knapp zu garen. Das setzte sich nicht sofort durch, aber schließlich kamen die Amerikaner doch auf den Geschmack. Feinkostläden mit besonders frischen Gemüsen machen heute gute Geschäfte. »Grüne Märkte« in Stadtzentren garantieren auch Städtern die Versorgung mit frischen Produkten und geben kleineren Farmern neue Chancen.

Die ersten Salatsamen brachte Kolumbus bei seiner zweiten Reise mit in die Neue Welt. Später haben spanische Missionare sie in Kalifornien ausgesät. Allerdings hat grüner Salat in der amerikanischen Küche nie eine große Rolle gespielt; wenn er überhaupt serviert wird, bekommt man ihn vor dem Hauptgang recht lieblos auf den Teller gelegt, meist mit Tomaten, Zwiebeln und vielem anderen vermischt. Dieser Brauch stammt möglicherweise von den italienischen *antipasti*; vielleicht wurde er aber auch von Restaurantköchen eingeführt, um die Gäste zu beschäftigen, während sie auf das Essen warteten. Grüner Salat nach europäischer Art (ohne andere Zutaten als etwa eine Vinaigrette), der mit oder nach dem Hauptgang serviert wird, hat in Amerika noch wenig Anklang gefunden. Aber natürlich weiß ihn die anspruchsvolle Kundschaft guter Restaurants durchaus zu schätzen. Unter Salat verstehen die meisten Menschen in den Vereinigten Staaten Salat aus Hühnerfleisch oder Kartoffel- bzw. Krautsalat. Neuerdings erfreuen sich Salate als Hauptgang großer Beliebtheit, wie etwa Salat »Caesar« oder »Chefsalat«.

Wisconsin

Wilted Green Salad
Salat mit warmem Speck-Dressing

Mit warmen Speck-Dressings angemachte »Wilted salads«, wörtlich »welke Salate«, waren früher bei deutschstämmigen Amerikanern sehr beliebt. Der Salat kann durch Spinat ersetzt werden.

2 Köpfe grüner Salat oder 1 Kopfsalat und 1 Römischer Salat
4 Eier
60 ml Wasser; 60 ml Rotweinessig
Salz und frisch gemahlener Pfeffer
60 g Fett von ausgelassenem Bauch- oder Frühstücksspeck (mit Stückchen)
1 Spritzer Zitronensaft

Den Salat putzen, gründlich waschen und trockentupfen. In Stücke zupfen und in eine große Schüssel geben.

Die Eier in einer Schüssel schaumig schlagen. Wasser und Essig darunterrühren. Mit Salz und Pfeffer abschmecken.

Den ausgelassenen Speck in einem kleinen Topf bei niedriger Temperatur erhitzen. Vom Herd nehmen und die Eier langsam daruntermischen. Zurück auf den Herd geben und die Sauce unter Rühren 1–2 Minuten schwach erhitzen, bis sie eindickt. Den Salat mit dem Dressing übergießen, einen Spritzer Zitronensaft hinzufügen und vermischen.

Für 4–6 Personen

New York

Corn Salad
Maissalat

Dieses Rezept stammt aus Long Island, wo die Tomaten so süß sind wie der Mais. Besonders gut paßt der Salat zu gegrillten Speisen.

6 große Maiskolben
1 große grüne Paprikaschote, entkernt und gehackt
1 Stange Bleichsellerie, gehackt
6 Frühlingszwiebeln, gehackt
1 große reife Tomate, gehackt
1 Tasse Mayonnaise; 90 g saure Sahne
60 ml Rinderfond
2 EL Rotweinessig
Salz und frisch gemahlener Pfeffer
Gehackte frische Petersilie (nach Belieben)

Den Mais 3 Minuten in kochendem Salzwasser blanchieren. Unter fließendem kaltem Wasser abschrecken, abtropfen lassen. Die Körner von den Kolben schneiden, in einer Schüssel mit Paprika, Sellerie, Frühlingszwiebeln und Tomate vermischen.

In einer Schüssel die Mayonnaise mit der sauren Sahne verrühren. Rinderfond und Essig daruntermischen. Die Salatsauce über das Gemüse geben, vermengen, mit Salz und Pfeffer abschmecken. Mit Petersilie bestreuen. Gut gekühlt servieren.

Für 6 Personen

Salat mit warmem Speck-Dressing

Rechte Seite: *Maissalat*

Krautsalat aus dem Mittleren Westen (oben) *und Krautsalat nach traditioneller Art* (unten)

Oklahoma

Midwestern Cole Slaw

Krautsalat aus dem Mittleren Westen

Im Jahr 1839 veröffentlichte Lettice Bryan, ein Pionier der amerikanischen Küche, ein Rezept für Krautsalat mit Apfelessig. Es wurde ein großer Erfolg im Mittleren Westen und im Süden.

500 g Weiß- oder Rotkraut, in Streifen gehobelt und gehackt
½ grüne Paprikaschote, feingehackt
3 EL feingehackte Zwiebel
60 ml Apfelessig
150 g Zucker
½ TL Selleriesamen
½ TL Senfpulver
60 ml Wasser
Gehackte frische Petersilie (nach Belieben)

Kraut, Paprika und Zwiebel in einer großen Schüssel vermengen.

In einem Topf Essig, Zucker, Selleriesamen und Senfpulver vermischen. Unter häufigem Rühren aufkochen lassen. Die Temperatur herunterschalten, die Salatsauce in etwa 15 Minuten dicklich einkochen lassen. Vom Feuer nehmen, das Wasser darunterrühren. Die Sauce sofort über das Kraut geben. Gründlich vermischen, zugedeckt 6–8 Stunden in den Kühlschrank stellen.

Vor dem Servieren etwas Flüssigkeit vom Salat abgießen (er wird noch feucht genug sein). Mit Petersilie bestreuen.

Für 4–6 Personen

Connecticut

Old-Fashioned Cole Slaw

Krautsalat nach traditioneller Art

Die Erfindung des Krautsalats wird den Holländern zugeschrieben, aber Holländer wie Deutsche aßen ihn schon lange, bevor sie sich in Amerika ansiedelten. Die Holländer nannten ihren Salat »Koolsla«, und »Cole« ist die alte englische Form für unser deutsches Wort »Kohl«. Ein Dressing auf Mayonnaisenbasis ist die typische Sauce zu diesem Salat.

750 g Weißkraut, in Streifen gehobelt
1 große Karotte, geraspelt
½ grüne Paprikaschote, entkernt und feingehackt
1 kleine Zwiebel, feingehackt
250 ml Mayonnaise
½ Tasse saure Sahne
2½ TL Dijon-Senf
⅛ TL zerstoßene getrocknete rote Chili-Schote
3–4 EL kräftiger Rinderfond (siehe Glossar)
Salz und frisch gemahlener Pfeffer
3 Scheiben Frühstücksspeck, knusprig gebraten und in kleine Stücke gebrochen
Gehackte frische Petersilie

Weißkraut, Karotte, Paprika und Zwiebel in einer großen Schüssel vermengen.

Die Mayonnaise in einer Schüssel mit saurer Sahne verrühren. Senf und Chili-Schote daruntermischen und die Sauce mit Rinderfond verdünnen. Das Kraut damit übergießen und gut vermengen. Mit Salz und Pfeffer abschmecken. Speckstückchen und Petersilie darüberstreuen. Mit Raumtemperatur servieren.

Für 6–8 Personen

California

Warm Goat Cheese and Spinach Salad

Spinatsalat mit warmem Ziegenkäse

Salate mit warmem Ziegenkäse, eine kalifornische Erfindung aus jüngerer Zeit, haben das Land im Sturm erobert. Das folgende Rezept hat Wolfgang Puck aus dem »Spago« in Los Angeles kreiert. Statt Spinat läßt sich auch Römischer Salat verwenden.

250 g Ziegenkäse
180 ml Olivenöl
1 TL gehackter frischer Thymian
500 g frischer Spinat, gewaschen und ohne Stiele
1 TL Dijon-Senf
1 TL gehackter frischer Estragon
1½ EL Rotweinessig
1 Eigelb
Salz und frisch gemahlener Pfeffer
3 Scheiben Frühstücksspeck, knusprig gebraten und in kleine Stücke gebrochen

Den Ziegenkäse in acht Stücke schneiden und in eine flache Schüssel geben. Mit 60 ml Olivenöl beträufeln und mit Thymian bestreuen. Zugedeckt über Nacht in den Kühlschrank stellen.

Den Spinat trockentupfen, große Blätter in Stücke zupfen. In eine große Schüssel geben.

Senf, Estragon, Essig und Eigelb in einer Schüssel glattrühren. Nach und nach das restliche Öl daruntermischen. Salzen und pfeffern. Über den Salat gießen und gut vermengen.

Vom Ziegenkäse 2 Eßlöffel Öl abnehmen und in einer Bratpfanne bei mittlerer Temperatur erhitzen. Die Käsestücke auf jeder Seite 30 Sekunden darin sautieren. Auf dem Salat anrichten und mit dem Speck bestreuen. Erst bei Tisch vermengen.

Für 4 Personen

Abbildung S. 174–175

North Carolina

Shrimp and Rice Salad
Reissalat mit Garnelen

Früher waren Garnelen, die heute zu den beliebtesten Meeresfrüchten Amerikas zählen, ausschließlich den Küstenbewohnern vorbehalten. Erst ab 1917 begann man, Garnelen einzufrieren, so daß auch das Binnenland versorgt werden konnte.

Etwa 340 g gekochter Reis (Rohgewicht 160 g)
1 Schalotte, zerdrückt
2 kleine Salatgurken, geschält, entkernt und feingehackt
250 g gegarte Garnelen, aus der Schale genommen, halbiert und ohne Darm
1 TL in sehr feine Streifen geschnittene Zitronenschale
1 kleine Knoblauchzehe, zerdrückt
½ TL Salz
1 TL Dijon-Senf
Saft von 1 Zitrone
2 TL Rotweinessig
80 ml Olivenöl
Frisch gemahlener Pfeffer
4 EL gehackte frische Petersilie

Reis, Schalotte, Gurkenstückchen, Garnelen und Zitronenschale in einer Schüssel gründlich vermengen.

Den Knoblauch in einer kleinen Schüssel mit dem Salz verreiben. Senf, Zitronensaft, Essig und Öl darunterrühren. Den Salat mit dem Dressing übergießen und behutsam mischen. Wenn nötig mehr Öl hinzufügen. Mit Pfeffer abschmecken. Die Petersilie daruntermischen und leicht gekühlt servieren.

Für 4 Personen

Abbildung S. 174–175

New York

Waldorf Salad
Waldorfsalat

Das Originalrezept wurde gegen Ende des 19. Jahrhunderts von Oscar Tschirky im Waldorf-Astoria-Hotel kreiert. Er verwendete nur Äpfel, Sellerie und Mayonnaise. Schon bald zählte Waldorfsalat in Amerika zum Standardrepertoire der Hotels, und seit etwa 1928 gehören Walnüsse mit dazu. Nimmt man selbstgemachte Mayonnaise, braucht man sie nicht mit Milch zu verdünnen.

3 feste rote Äpfel
1 EL Zitronensaft
2 Stangen Bleichsellerie, in Scheiben geschnitten
60 g Walnußkerne, grobgehackt
1 Tasse Mayonnaise
2–3 EL Milch

Das Kerngehäuse entfernen und die Äpfel in Scheiben oder Würfel schneiden. In einer Schüssel mit Zitronensaft beträufeln und umrühren. Bleichsellerie und Walnußkerne hinzufügen und nochmals umrühren.

Die Mayonnaise mit etwas Milch verdünnen und über den Salat geben. Gründlich vermengen und auf Salatblättern anrichten.

Für 4 Personen

Waldorfsalat (nicht vermischt)

Spargel im Brötchen serviert

New Jersey

Asparagus in Ambush

Spargel im Brötchen serviert

»Asparagus in Ambush«, die Abwandlung eines alten Rezepts aus England, war während des 18. und 19. Jahrhunderts an den Tischen der feinen Gesellschaft groß in Mode.

500 g grüner Spargel
6 Brötchen
2 EL (30 g) Butter
2 EL Weizenmehl
³⁄₈ l Milch; 2 Eigelb
1 TL Zitronensaft
Salz und frisch gemahlener Pfeffer

Den Backofen auf 120°C (Gasherd Stufe 1) vorheizen. Die Spargel putzen, schälen, in 3 cm lange Stücke schneiden und je nach Dicke in 5–7 Minuten in kochendem Salzwasser bißfest garen. Unter kaltem Wasser abschrecken und abtropfen lassen.

Von den Brötchen einen dünnen Deckel abschneiden und das Innere bis auf 5 mm aushöhlen. Die Brötchenhälften etwa 15 Minuten im Backofen knusprig rösten.

Die Butter in einem Topf bei schwacher Hitze zerlassen. Das Mehl hinzufügen, unter Rühren 2 Minuten anrösten. Die Milch dazugeben, rühren, zum Kochen bringen. Die Hitze reduzieren, unter Rühren in 4 Minuten im offenen Topf dicklich einkochen lassen. Vom Feuer nehmen.

Das Eigelb in einer Schüssel verschlagen und 60 ml der heißen Sauce darunterrühren. Die Mischung zur restlichen Sauce geben. Bei niedriger Temperatur 2 Minuten erhitzen – nicht zum Kochen kommen lassen. Den Zitronensaft hinzufügen und mit Salz und Pfeffer abschmecken. Den Spargel dazugeben und in der Sauce erwärmen. Die Mischung in die heißen Brötchen füllen und die Deckel auflegen. Sofort servieren.

Für 6 Personen

Missouri

Chow-Chow

Süß-sauer eingelegtes Gemüse

Dieses Relish wird zur Erntezeit eingelegt, wenn es Gemüse im Überfluß gibt. Da »Choy« das kantonesische Wort für Gemüse ist, stammt die Bezeichnung »Chow-chow« vielleicht von chinesischen Arbeitern, die zum Bau der Eisenbahn nach Amerika kamen.

1 großer Weißkohl, gehackt
500 g grüne Tomaten, gehackt
500 g reife Tomaten, abgezogen, entkernt und gehackt
100 g Blumenkohlröschen
1 große grüne Paprikaschote, entkernt und gehackt
2–3 TL zerstoßene getrocknete rote Chili-Schoten
190 g brauner Zucker
2 Zwiebeln, gehackt; 1 Knoblauchzehe, zerdrückt
60 g Maiskörner
1½ TL gemahlener Ingwer; ¾ TL Zimt
¾ TL gemahlene Nelken; 1 EL gemahlener Kurkuma
¾ TL Curry; ¾ TL Selleriesamen
1½ TL grobes Salz
1 EL Maisstärke
1 EL Senfpulver
¼ l Apfelessig

Alle Zutaten vom Kraut bis zum Salz in einem großen schweren Topf vermischen.

Die Maisstärke mit Senfpulver und Essig in einer Schüssel glattrühren und zum Gemüse geben. Zum Kochen bringen, die Temperatur herunterschalten und unter Rühren 1 Stunde im offenen Topf köcheln lassen. In sterilisierte Gläser füllen und luftdicht verschließen. An einem kühlen Platz aufbewahren.

Ergibt 2 l

Rechte Seite: *Süß-sauer eingelegtes Gemüse*

Georgia

PAN-FRIED SUMMER SQUASH
Gebratener Gemüsekürbis

Dieses Rezept ist typisch für die alte Zubereitungsweise im Süden.

750 g gelber Gemüsekürbis (Markkürbis), in Scheiben geschnitten
1 Zwiebel, in dünne Scheiben geschnitten
½ TL Salz; ¼ TL frisch gemahlener Pfeffer
⅛ TL gemahlene Muskatblüte (Macis)
¼ l heißer Hühnerfond (siehe Glossar)
6 EL (90 g) ausgelassenes Fett von Bauch- oder Frühstücksspeck

Kürbisstücke und Zwiebel in eine große schwere Bratpfanne geben und mit Salz, Pfeffer und Macis bestreuen. Den heißen Fond hinzufügen und rasch zum Kochen bringen. Im offenen Topf etwa 10 Minuten unter Rühren kochen lassen, bis die gesamte Flüssigkeit verdampft ist.

Das Fett in die Pfanne geben, die Kürbisstücke unter Rühren 30 Minuten bei schwächster Hitze darin braten.

Für 4–6 Personen

Alabama

FRIED OKRA
Gebratene Okras

Okraschoten können kurz blanchiert und mit einer Hollandaise, roh mit Tomaten als Salat oder gebraten serviert werden, wie es im Süden der USA Tradition ist.

50 g Weizenmehl; 60 g weißes Maismehl
1 TL Salz
750 g Okraschoten, in 1 cm dicke Scheiben geschnitten
Öl zum Braten

Weizen- und Maismehl sowie das Salz in einer großen flachen Schüssel vermischen. Die Okras gründlich darin wenden.

Eine große schwere Bratpfanne 2–3 cm hoch mit Öl füllen und stark erhitzen – das Öl soll aber nicht rauchen. Die Okras in mehreren Partien goldgelb und knusprig braten. Kurz auf Küchenkrepp abtropfen lassen.

Für 4 Personen

Massachusetts

SUCCOTASH
Bohnen mit Mais

Dies ist ein uramerikanisches Gericht, das die Narraganset-Indianer »Misickquatash« nannten. Einst wurde es aus Mais, Kidney-Bohnen und Bärenfett zubereitet.

1 EL Butter, Pflanzenöl oder ausgelassenes Fett von Frühstücksspeck
300 g gekochte Maiskörner (250 g Rohgewicht)
420 g gekochte Limabohnen (250 g Rohgewicht)
60 ml Sahne
Salz und frisch gemahlener Pfeffer

Die Butter in einer großen schweren Bratpfanne bei schwacher Hitze zerlassen. Maiskörner, Limabohnen und Sahne hinzufügen. Unter Rühren erhitzen, die Sahne jedoch nicht zum Kochen kommen lassen. Mit Salz und Pfeffer abschmecken.

Für 4 Personen

Linke Seite: *Gebratener Gemüsekürbis* (oben), *Bohnen mit Mais* (rechts) *und Gebratene Okras* (links)

Maiskolben

Iowa

CORN ON THE COB
Maiskolben

Das Garen in kochendem Wasser, wie es bei den Indianern üblich war, halten Maisliebhaber immer noch für die beste Zubereitungsart. Pro Person rechnet man mindestens zwei Maiskolben.

Methode 1: Die Maiskolben mit 1 Eßlöffel Zucker in kochendes Wasser geben. Zugedeckt 10 Minuten kochen lassen. Vom Feuer nehmen. Noch 5 Minuten im Wasser lassen.

Methode 2: Die Maiskolben mit weicher Butter bestreichen. Etwas Wasser darüberträufeln, die Kolben fest in Alufolie wickeln. Bei 180 °C (Gasherd Stufe 2–3) 20 Minuten im Ofen garen.

Methode 3 (für Maiskolben, die noch von Hüllblättern umgeben sind): Die Hüllblätter nach unten ziehen und die seidigen Fäden entfernen. Die Maiskolben mit Butter bestreichen und die Hüllblätter wieder darumlegen. Mit Küchengarn umwickeln und 30 Minuten in Wasser legen. Anschließend den Mais 15 Minuten auf dem Holzkohlengrill garen; dabei einmal wenden.

SUE FISHER KING; WILLIAMANN IMPORTS

Geflügelsalat

Delaware

CHICKEN SALAD
Geflügelsalat

Geflügelsalat wird meist aus gekochtem Huhn oder aus Brathuhnresten, Bleichsellerie und Mayonnaise zubereitet. An der Westküste nimmt man oft helle Weintrauben anstelle von Sellerie.

500 g gegartes Hühnerfleisch, in Würfel geschnitten
3 Stangen Bleichsellerie, feingehackt
2 kleine Schalotten, zerdrückt
30 g geröstete Mandelstifte
1 EL abgeriebene Zitronenschale
250 ml Mayonnaise
3 EL Sahne (oder Sahne und Milch zu gleichen Teilen)
2 TL Dijon-Senf
Salz und frisch gemahlener Pfeffer
Eingelegte milde rote Paprikaschoten, in Streifen geschnitten
Gehackte frische Petersilie
Salatblätter

Hühnerfleisch, Bleichsellerie, Schalotten, Mandelstifte und Zitronenschale in eine große Schüssel geben und vorsichtig vermengen.

Die Mayonnaise mit der Sahne und dem Senf verrühren. Den Salat damit übergießen und behutsam vermischen. Mit Salz und Pfeffer abschmecken und auf Salatblättern anrichten.

Mit Paprikastreifen und gehackter Petersilie garnieren.

Für 4 Personen

Arizona

GRAPEFRUIT SALAD
Grapefruit-Salat

Obstsalate sind etwas typisch Amerikanisches. Im Südwesten ziehen viele Leute Zitrusfrüchte im eigenen Garten und lassen sich immer neue Rezepte für ihre Zubereitung einfallen.

2 große Grapefruits
1 rote Zwiebel, in dünne Scheiben geschnitten
Schale von 1 Orange, in sehr feine Streifen geschnitten
1 Knoblauchzehe, zerdrückt
½ TL grobes Salz; 1 TL Dijon-Senf
Saft von 1 Zitrone; ⅛ l Olivenöl
Saft von 1 Orange (etwa 60 ml)
Frisch gemahlener Pfeffer
1 Bund Brunnenkresse, ohne Stiele

Die Grapefruits schälen, die weiße pelzige Haut entfernen. Die Früchte filieren oder quer in 5 mm dicke Scheiben schneiden und in Segmente teilen. In eine Servierschüssel geben, die Zwiebelringe darauf verteilen, mit Orangenschale bestreuen.

Den Knoblauch in einer Schüssel mit dem Salz verreiben. Nach und nach Senf, Zitronensaft, Olivenöl und Orangensaft darunterrühren. Den Salat mit der Sauce übergießen und mit Pfeffer würzen. Einige Stunden kalt stellen und zuletzt mit Brunnenkresse garnieren.

Für 6 Personen

Rechte Seite: *Grapefruit-Salat*

Saratoga-Chips (oben) *und Grüne Bohnen nach ländlicher Art* (unten)

Iowa

Country-Style Green Beans
Grüne Bohnen nach ländlicher Art

Niemand weiß, ob die Spanier oder die Franzosen als erste die grünen, jungen amerikanischen Bohnen zu schätzen wußten. Wie dem auch sei, das folgende Rezept ist jedenfalls typisch amerikanisch.

500 g grüne Bohnen, geputzt und in Stücke geschnitten
2 EL (30 g) Butter
50 g roher Räucherschinken, in Würfel geschnitten
1 kleine Zwiebel, gehackt
½ TL Instantbrühe (oder ¼ Brühwürfel)
1 kleine Tomate, abgezogen, entkernt und gehackt
Salz und frisch gemahlener Pfeffer
2 EL gehackte frische Petersilie (nach Belieben)

Die Bohnen je nach Größe in etwa 5–8 Minuten in kochendem Salzwasser knapp gar kochen. Unter fließendem kaltem Wasser abschrecken und abtropfen lassen.

Die Butter in einem großen Topf bei schwacher bis mittlerer Hitze zerlassen. Schinkenwürfel, Zwiebel und Instantbrühe dazugeben und unter gelegentlichem Rühren 5 Minuten braten. Bohnen und Tomate hinzufügen. Etwa 3 Minuten unter Rühren erhitzen. Mit Salz und Pfeffer abschmecken und mit Petersilie bestreuen.

Für 4 Personen

New York

Saratoga Chips
Saratoga-Chips

Die Erfindung der Kartoffelchips wird George Crum zugeschrieben, dem einstigen Küchenchef des »Moon Lake House« in Saratoga.

2 große festkochende Kartoffeln
Öl zum Fritieren; Salz

Die Kartoffeln schälen, in hauchdünne Scheiben schneiden und 2 Stunden in kaltes Wasser legen.

Das Öl in einem Fritiertopf auf 190 °C erhitzen. Die Kartoffeln abgießen und trockentupfen. Knusprig fritieren. Auf Küchenkrepp abtropfen lassen und mit Salz bestreuen.

Für 3–4 Personen

Salat »Caesar«

California

CAESAR SALAD

Salat »Caesar«

Dieser Salat wurde von dem italienischen Einwanderer Caesar Cardini in seinem Restaurant »Caesar's Place« in Tijuana, Mexico, kreiert. Seither ist »Caesar Salad« ein amerikanischer Klassiker.

3 Knoblauchzehen
Etwa 80 ml sowie 60 ml Olivenöl
2 Scheiben altbackenes Weißbrot, in 1 cm große Würfel geschnitten
2 Köpfe Römischer Salat
½ TL Salz; Saft von 1 Zitrone
½ TL Worcestershire-Sauce
2 Eier, 1 Minute gekocht
50 g frisch geriebener Parmesan
6 Sardellenfilets, in Stücke geschnitten

Den Backofen auf 180 °C (Gasherd Stufe 2–3) vorheizen. Eine der Knoblauchzehen in 80 ml Olivenöl zerdrücken. Die Brotwürfel dünn mit der Mischung bestreichen (wenn nötig, etwas mehr Öl hinzufügen). Das Brot unter gelegentlichem Wenden etwa 15 Minuten im Backofen goldbraun rösten. Beiseite stellen.

Den Salat putzen, waschen und trockentupfen. Die Blätter in Stücke zupfen und in eine Schüssel geben.

Die verbliebenen Knoblauchzehen mit dem Salz in einer Schüssel verreiben. Das restliche Öl, den Zitronensaft und die Worcestershire-Sauce hinzufügen, gut verrühren. Die Sauce über die Salatblätter gießen. Die Eier mit einem Löffel aus der Schale nehmen, hinzufügen. Den Käse darüberstreuen, vorsichtig vermengen. Die Sardellenfilets und die Croûtons auf dem Salat anrichten. Auf vorgekühlten Tellern servieren.

Für 4 Personen

Salat mit gegrilltem Thunfisch

California

Grilled Tuna Salad
Salat mit gegrilltem Thunfisch

Obwohl Thunfisch an beiden Küsten Amerikas vorkommt, ist der Pazifik das Hauptfanggebiet. Die meisten Amerikaner essen Thunfisch noch immer als Konserve, doch erfreut er sich in letzter Zeit dank einfallsreicher Küchenchefs und Kochbuchautoren auch frisch zunehmender Beliebtheit.

170 g gegrillter Thunfisch (S. 78), zerpflückt
2 Sardellenfilets, gehackt
1 kleine Stange Bleichsellerie, feingehackt
1 kleine Schalotte, feingehackt und zerdrückt
2 EL Zitronensaft
3 EL Olivenöl
Salz und frisch gemahlener Pfeffer
1 EL gehackte Petersilie
Salatblätter

Thunfisch, Sardellenfilets, Bleichsellerie und Schalotte in eine Schüssel geben. Zitronensaft und Olivenöl verrühren und darübergießen. Mit Salz und Pfeffer abschmecken und die Petersilie daruntermischen. Einige Stunden in den Kühlschrank stellen. Auf Salatblättern anrichten.

Für 2–3 Personen

Missouri

Classic Potato Salad
Klassischer Kartoffelsalat

Die Erfindung eines mit Essig und Öl angemachten Kartoffelsalats schreibt man den Deutschen zu; die Franzosen dagegen sollen als erste ein Mayonnaise-Dressing verwendet haben.

1 kg festkochende Kartoffeln
1 Stange Bleichsellerie, feingehackt
1 Dill- oder Gewürzgurke (etwa 7–8 cm lang), gehackt
6 hartgekochte Eier, geschält und grobgehackt
1 große Knoblauchzehe, zerdrückt
½ TL Salz
2 TL Dijon-Senf
1 TL Paprikapulver (edelsüß)
⅛ TL Cayenne-Pfeffer (nach Belieben)
2 EL Zitronensaft
60 ml Olivenöl
Gut 1 Tasse Mayonnaise
Gehackte frische Petersilie (nach Belieben)

Die ungeschälten Kartoffeln in kochendem Wasser knapp weich garen. Unter fließendem kaltem Wasser abschrecken und abtropfen lassen.

Die abgekühlten Kartoffeln pellen, der Länge nach halbieren und in 5 mm dicke Scheiben schneiden. Kartoffeln, Sellerie, Gurke und hartgekochte Eier in einer Schüssel vermengen.

Den Knoblauch in einer kleinen Schüssel mit dem Salz verreiben. Senf, Paprika, Cayenne-Pfeffer, Zitronensaft, Öl und Mayonnaise dazugeben und gut vermischen. Den Kartoffelsalat damit übergießen und vorsichtig umrühren. Mit Petersilie bestreuen und mit Raumtemperatur oder leicht gekühlt servieren.

Für 4–6 Personen

Maine

Old New-England Potato Salad
Traditioneller neuenglischer Kartoffelsalat

Heiße Eier-Dressings waren im Amerika der Gründerjahre sehr beliebt und wurden auch zum Anmachen von Kartoffelsalaten verwendet. Beim folgenden Rezept handelt es sich um eine traditionelle Version aus Neuengland. Da der Salat sehr gehaltvoll ist, rechnet man pro Person nur eine Kartoffel.

750 g festkochende Kartoffeln
2 EL feingehackte grüne Paprikaschote
4 Radieschen, in Scheiben geschnitten
1 Schalotte, feingehackt und zerdrückt
1 EL Zitronensaft
3 Eier
3 EL Wasser
3 EL Rotweinessig
½ TL Salz
⅛ TL frisch gemahlener Pfeffer
1 Messerspitze Cayenne-Pfeffer
60 g Butter
Gehackte frische Petersilie (nach Belieben)

Die ungeschälten Kartoffeln in kochendem Wasser knapp weich garen. Unter fließendem kaltem Wasser abschrecken und abtropfen lassen.

Die abgekühlten Kartoffeln pellen, der Länge nach halbieren und in 5 mm dicke Scheiben schneiden. Kartoffeln, Paprika, Radieschen und Schalotte in einer großen Schüssel vermengen. Den Zitronensaft darüberträufeln.

Die Eier mit Wasser, Essig, Salz, schwarzem Pfeffer und Cayenne-Pfeffer in einer Schüssel schaumig schlagen.

Die Butter bei schwacher Hitze in einem Topf zerlassen. Vom Feuer nehmen, die Eimasse darunterrühren. Bei niedriger Temperatur zurück auf die Kochstelle geben, unter Rühren etwa 3 Minuten erhitzen, bis die Sauce eindickt. Nicht zum Kochen kommen lassen. Den Kartoffelsalat damit übergießen, behutsam umrühren. Mit Petersilie bestreuen, sofort servieren.

Für 4 Personen

Rechte Seite: *Klassischer Kartoffelsalat* (oben) *und Traditioneller neuenglischer Kartoffelsalat* (unten)

Rotkraut süß-sauer

Pennsylvania

SWEET-AND-SOUR CABBAGE

Rotkraut süß-sauer

Süß-saure Speisen sind bei den Pennsylvania-Deutschen sehr beliebt. Meist wird dieses Rotkraut zu Ente oder Gans gereicht.

3 EL (50 g) Butter
1 kleine Zwiebel, feingehackt
1 Apfel, geschält und ohne Kerngehäuse, gehackt
1 kleiner Kopf Rotkraut, grobgehackt
1 TL Zucker; 2–3 EL Apfelessig
Salz und frisch gemahlener Pfeffer

Die Butter in einem großen Topf bei schwacher Hitze zerlassen. Zwiebel- und Apfelstückchen dazugeben und unter gelegentlichem Rühren 5 Minuten anbraten. Das Rotkraut, den Zucker und 2 EL Apfelessig hinzufügen. Bei mittlerer Temperatur etwa 10 Minuten garen, bis das Kraut weich, aber noch bißfest ist; dabei gelegentlich umrühren. Wenn nötig noch etwas Essig dazugeben und mit Salz und Pfeffer abschmecken.

Für 4 Personen

Indiana

SAUTÉED PARSNIPS
Gebratene Pastinaken

Bevor schnelle Schiffsverbindungen und moderne Landwirtschaftsmethoden eine ganzjährige Versorgung mit frischen Gemüsen ermöglichten, waren Wurzelgemüse ein wichtiges Nahrungsmittel in Amerika. Pastinaken wurden zuerst in Virginia angebaut, spielten aber für das Überleben der Siedler in den nördlichen Plains eine wesentlich größere Rolle. Im folgenden Rezept werden die Pastinaken in Scheiben geschnitten, man kann sie aber auch im ganzen zubereiten.

500 g Pastinaken, längs halbiert (oder kleine ganze Pastinaken)
2 EL (30 g) Butter
2 EL brauner Zucker
2 EL Apfelessig
Salz und frisch gemahlener Pfeffer
Gehackte frische Petersilie (nach Belieben)

Die Pastinaken in 5–6 Minuten in kochendem Wasser knapp gar kochen. Abgießen, in 5 mm dicke Scheiben schneiden.

Die Butter in einer großen schweren Bratpfanne bei mittlerer Temperatur zerlassen. Die Pastinaken dazugeben und in etwa 4 Minuten leicht anbräunen. Mit braunem Zucker bestreuen und wenden. In weiteren 4 Minuten weich garen. Von der Kochstelle nehmen, mit Essig beträufeln und mit Salz und Pfeffer abschmecken. Vor dem Servieren mit Petersilie bestreuen.

Für 4 Personen

Massachusetts

HARVARD BEETS
Rote Rüben

Die Herkunft der Bezeichnung »Harvard beets« ist nicht eindeutig geklärt. Vielleicht heißt das Gericht so, weil die Farbe des Gemüses an die roten Trikots des Football-Teams von Harvard erinnert.

1,5 kg rote Rüben, geputzt
130 g Zucker
60 ml Apfelessig
60 ml Wasser
1 TL Maisstärke
3 EL (50 g) Butter
Salz und frisch gemahlener Pfeffer

Die roten Rüben in einen Topf geben und mit kaltem Wasser bedecken. Langsam zum Kochen bringen, die Temperatur herunterschalten und das Gemüse etwa 35 Minuten im offenen Topf knapp gar köcheln lassen. Unter fließendem kaltem Wasser abschrecken und abtropfen lassen. Die Rüben schälen, würfeln und beiseite stellen.

Zucker, Essig, Wasser und Maisstärke in einem Topf verrühren. Unter Rühren 4–5 Minuten dicklich einkochen lassen. Rote Rüben und Butter daruntermischen. Mit Salz und Pfeffer abschmecken.

Für 6 Personen

Louisiana

CREOLE CARROT AND TURNIP ESCABECHE
Gemüse-Escabeche nach kreolischer Art

Das spanische Wort »Escabeche« bezieht sich meist auf Fisch, doch die Köche Louisianas haben den Begriff für ein Relish aus marinierten Karotten und weißen Rüben entliehen. Je länger das Gemüse im Kühlschrank durchzieht, desto besser entfalten sich die Aromen.

Gemüse-Escabeche nach kreolischer Art (oben), *Rote Rüben* (Mitte) *und Gebratene Pastinaken* (unten)

1 kg Karotten, in 5 mm dicke Scheiben geschnitten
500 g weiße Rüben, in 5 mm dicke Scheiben geschnitten
⅛ l Olivenöl
⅛ l Pflanzenöl
80 ml Essig
80 g grüne Oliven, gehackt
80 g eingelegte milde rote Paprikaschoten, gehackt
1 große Knoblauchzehe, zerdrückt
2 kleine Zwiebeln, in dünne Scheiben geschnitten
60 ml Wodka
Salz und frisch gemahlener Pfeffer
Gehackte frische Petersilie (nach Belieben)

Karotten und weiße Rüben in getrennten Töpfen 4–5 Minuten in kochendem Salzwasser knapp weich garen. Unter fließendem kaltem Wasser abschrecken und abtropfen lassen.

Oliven- und Pflanzenöl in einen Topf gießen und Essig, Oliven, Paprikaschoten und Knoblauch hinzufügen. Zum Kochen bringen, die Temperatur herunterschalten und 5 Minuten im offenen Topf köcheln lassen. Von der Kochstelle nehmen und 10 Minuten abkühlen lassen.

Karotten, weiße Rüben und Zwiebeln in einer großen ofenfesten Form vermischen. Die Marinade darübergießen und den Wodka darunterrühren. Vollständig abkühlen lassen. Mit Salz und Pfeffer abschmecken. Zugedeckt 8-10 Stunden in den Kühlschrank stellen; gelegentlich umrühren. Das Gemüse mit Petersilie bestreuen und in der Marinade servieren.

Für 8 Personen

Bataten-Kuchen (oben) *und Blattgemüse mit Schweinefleisch* (unten)

Virginia

SWEET POTATO PONE
Bataten-Kuchen

Das Wort »Pone« stammt vom indianischen »Apone«, der Bezeichnung für einen Maiskuchen. Heute wird oft auch anderes Gebäck so genannt.

2 Eier; ½ l Milch
1½ EL Vanille-Essenz; 250 g Zucker
¼ TL frisch geriebene Muskatnuß; ½ TL abgeriebene Orangenschale
3 kleine bis mittelgroße Bataten (etwa 500 g), geschält und geraspelt
6 EL (90 g) Butter, zerlassen

Den Backofen auf 180°C (Gasherd Stufe 2–3) vorheizen. Die Eier in einer großen Schüssel schaumig schlagen. Die übrigen Zutaten darunterrühren. In eine 2 l fassende, ausgebutterte Auflaufform gießen. Etwa 2 Stunden im Ofen backen, bis der Kuchen fest und goldbraun ist. Vor dem Servieren etwa 20 Minuten ruhen lassen, aber noch warm auftragen.

Für 8 Personen

Mississippi

GREENS WITH »POT LIKKER«
Blattgemüse mit Schweinefleisch

Im Süden Amerikas spielen Blattgemüse eine wichtige Rolle. Sie werden stundenlang mit Pökelfleisch oder Eisbein gekocht. Die Garflüssigkeit – »Pot likker« genannt – reicht man separat als Suppe.

1½ kg Blätter von Grünkohl oder weißen Rüben (oder Mangold, oder Spinat), ohne Blattstiele
1 geräucherte Schweinshaxe
Salz und frisch gemahlener schwarzer Pfeffer

Das Blattgemüse gründlich waschen, das Wasser mehrmals wechseln. 2 Minuten in kochendem Salzwasser blanchieren. Unter fließendem kaltem Wasser abschrecken und abtropfen lassen.

Gemüse und Fleisch in einen großen Topf geben. Mit Wasser bedecken und zum Kochen bringen. Die Temperatur herunterschalten und zugedeckt 2 Stunden garen. Wenn die Garflüssigkeit als Suppe gereicht werden soll, während des Kochens Wasser nachgießen. Zuletzt mit Salz und Pfeffer abschmecken.

Für 4 Personen

Wisconsin

GREEN BEANS AND POTATOES
Grüne Bohnen mit Kartoffeln

Bei diesem Rezept deutschen Ursprungs handelt es sich um eine Art heißen Kartoffelsalat, der mit grünen Bohnen vermischt wird.

2 große festkochende Kartoffeln
250 g grüne Bohnen, geputzt
3 Scheiben Frühstücksspeck
1 Zwiebel, halbiert und in Scheiben geschnitten
60 ml Rotweinessig; 2 EL Wasser
1 EL Butter
Salz und frisch gemahlener Pfeffer

Die Kartoffeln in kochendem Salzwasser nicht zu weich kochen. Abgießen und abkühlen lassen. Die Kartoffeln pellen, halbieren und in 5 mm dicke Scheiben schneiden.

In der Zwischenzeit die Bohnen in 5–8 Minuten in kochendem Salzwasser garen, so daß sie noch bißfest sind. Unter fließendem kaltem Wasser abschrecken und abtropfen lassen.

Den Frühstücksspeck in einer großen schweren Pfanne knusprig braten. Auf Küchenkrepp abtropfen lassen. In kleine Stücke brechen und beiseite stellen.

Die Zwiebel zum ausgebratenen Fett in die Pfanne geben, bei mittlerer Hitze in etwa 5 Minuten goldgelb braten. Mit Essig und Wasser ablöschen. Die Flüssigkeit unter Rühren in etwa 3 Minuten dicklich einkochen lassen. Die Temperatur herunterschalten, Kartoffeln und Bohnen in die Pfanne geben; 5 Minuten erhitzen, vorsichtig umrühren. Butter und Speckstückchen daruntermischen, mit Salz und Pfeffer abschmecken.

Für 4 Personen

Pennsylvania

CORN FRITTERS
Maisküchlein

Das Gericht stammt von den deutschen Amischen Pennsylvanias.

4 große Maiskolben
2 Eier, getrennt; 2 EL Weizenmehl
1 EL Zucker
Salz und frisch gemahlener Pfeffer
Butter

Die Körner von zwei Maiskolben abschneiden und in eine Schüssel geben. Die Körner der beiden verbliebenen Maiskolben mit einem scharfen Messer so herunterschneiden, daß sie halbiert werden. Dann mit dem Rücken des Messers kräftig über die Kolben schaben. Das dabei herausgelöste Korninnere und den milchartigen Saft in die Schüssel zu den ganzen Maiskörnern geben. (Die Mischung sieht wie Rührei aus.)

Die Eigelb in einer großen Schüssel schaumig schlagen. Mehl und Zucker sowie Salz und Pfeffer nach Geschmack darunterrühren. Den Mais daruntermischen.

Das Eiweiß steif schlagen; unter die Maismischung ziehen.

Eine große gußeiserne Pfanne bei mittlerer Temperatur erhitzen und leicht mit Butter einfetten. Den Teig löffelweise hineingeben und die Küchlein auf jeder Seite etwa 30 Sekunden backen, bis sie goldgelb sind. Die fertigen Maisküchlein auf eine leicht gebutterte Servierplatte geben und warm stellen, während die restlichen gebacken werden.

Für 4 Personen

Rechte Seite: *Grüne Bohnen mit Kartoffeln* (oben) *und Maisküchlein* (unten)

Rhode Island

BAKED ACORN SQUASH
Gebackener Kürbis

Die Indianer garten Eichelkürbisse im ganzen auf glühenden Kohlen; im folgenden Rezept werden sie halbiert und im Ofen gebacken.

2 Eichelkürbisse (oder Butternußkürbisse oder Gelbe Zentner)
4 TL brauner Zucker; 60 g Butter

Den Backofen auf 180 °C (Gasherd Stufe 2–3) vorheizen. Die Kürbisse der Länge nach halbieren und mit einem Löffel die Samen entfernen. Von der Unterseite jeder Hälfte ein dünnes Stück Schale wegschneiden, damit die Kürbisse flach aufliegen.

In eine flache ofenfeste Form legen und jeweils in die Mitte 1 Teelöffel Zucker und 1 Eßlöffel Butter geben. 50–60 Minuten im Ofen backen, bis das Fruchtfleisch weich ist; gelegentlich mit der Butter-Zucker-Mischung bestreichen.

Für 4 Personen

California

SCALLOPED POTATOES WITH PEPPERS
Kartoffel-Gratin mit Paprika und Chili

»Scallop« nennt man in Amerika das Garen in einer Auflaufform mit Milch oder Sauce.

1 große rote Paprikaschote
Etwa 1 kg festkochende Kartoffeln, geschält und in dünne Scheiben geschnitten
½ l Milch; ⅜ l Sahne
1 große Knoblauchzehe, zerdrückt
1 kleine scharfe grüne Chili-Schote, entkernt, ohne Rippen, zerdrückt
¾ TL Salz; ½ TL frisch gemahlener weißer Pfeffer
1 EL weiche Butter
30 g frisch geriebener Greyerzer; 30 g frisch geriebener Parmesan

Die Paprikaschote über einer Gasflamme oder unter dem Grill rösten, bis die Haut geschwärzt ist. In Küchenkrepp wickeln, in einen Gefrierbeutel geben, abkühlen lassen. Die Schale abreiben, die Kerne entfernen, die Schote in Stückchen schneiden.

Den Backofen auf 200 °C (Gasherd Stufe 3–4) vorheizen. Die Kartoffelscheiben in einem großen schweren Topf mit Milch, Sahne und Knoblauch vermischen und langsam zum Kochen bringen. Von der Kochstelle nehmen, Paprikastückchen, Chili-Schote, Salz und weißen Pfeffer darunterrühren.

Eine große Gratinform ausbuttern, die Kartoffelmischung hineinfüllen, mit dem Käse bestreuen. 1 Stunde im Ofen garen; falls der Gratin zu rasch bräunt, die Temperatur herunterschalten. Vor dem Servieren 10 Minuten ruhen lassen.

Für 6–8 Personen

Colorado

DILL PICKLES
Dillgurken

Für wirklich gute Dillgurken braucht man Dilldolden, die bereits Samen angesetzt haben. Im 18. Jahrhundert gab man Kindern während des Gottesdienstes Dillsamen zu kauen, damit sie ruhig waren, deshalb nennt man sie in Amerika auch »Meetin' seeds«.

Linke Seite: *Gebratener Kürbis* (oben) *und Kartoffel-Gratin mit Paprika und Chili* (unten)

Gut 1 l Wasser
¼ l Apfelessig
120 g grobes Salz
20–25 kleine Gurken zum Einlegen, gewaschen
Frische Dilldolden, die bereits Samen angesetzt haben

Wasser, Essig und Salz in einen Topf geben. Aufkochen lassen und vom Feuer nehmen; 10 Minuten beiseite stellen.

Die Gurken in sterilisierte, ½ l fassende Einmachgläser füllen. In jedes Glas drei Dilldolden geben. Die Essigmischung darübergießen, so daß die Gurken bedeckt sind. Die Gläser verschließen und 10 Minuten im heißen Wasserbad erhitzen. Umgedreht abkühlen lassen. Die Gurken sollten vor dem Verzehr acht Wochen durchziehen.

Ergibt etwa 3 l — *Abbildung S. 10*

Idaho

STUFFED BAKED POTATOES
Gefüllte Ofenkartoffeln

Das Backen im Ofen ist die einfachste (und manche sagen die beste) Garmethode für Kartoffeln. Durch die Fast-food-Küche sind gefüllte »Baked potatoes« zu Unrecht in Mißkredit geraten.

4 Kartoffeln
2 EL (30 g) Butter
90 g vollreifer Cheddar-Käse, geraspelt
½ Tasse saure Sahne
1 EL gehackter Schnittlauch
Salz und frisch gemahlener Pfeffer
3 Scheiben Frühstücksspeck, knusprig gebraten und in kleine Stücke gebrochen

Den Backofen auf 200 °C (Gasherd Stufe 3–4) vorheizen. Die Kartoffeln unter fließendem Wasser kräftig bürsten und mit dem Messer einmal einstechen. Etwa 1 Stunde und 15 Minuten im Backofen garen, bis die Schalen sehr knusprig und die Kartoffeln weich sind.

Die Kartoffeln vorsichtig der Länge nach halbieren, das Innere mit einem Löffel herausnehmen und in eine Schüssel geben. Die Butter hinzufügen und die Masse zu einem glatten Püree verarbeiten. Käse, saure Sahne und Schnittlauch darunterrühren. Mit Salz und Pfeffer abschmecken und den Speck daruntermischen. Die ausgehöhlten Kartoffeln damit füllen und noch 15 Minuten in den Backofen geben.

Für 4 Personen

Gefüllte Ofenkartoffeln

South Dakota

Fried Green Tomatoes
Gebratene grüne Tomaten

Gebratene grüne Tomaten werden meist im Herbst zubereitet, wenn man vor dem Frost die noch unreifen Früchte verarbeiten will. Im Süden Amerikas nehmen die Köche zum Panieren Maismehl anstelle von Semmelbröseln.

3 feste grüne Tomaten
1 Ei
80 ml Milch
1 Spritzer Tabasco-Sauce
Etwa 60 g Semmelbrösel
½ TL Salz
¼ TL frisch gemahlener Pfeffer
4–6 EL (60–90 g) Butter

Die Tomaten quer in etwa 1 cm dicke Scheiben schneiden.

Ei, Milch und Tabasco-Sauce in einer flachen Schüssel verschlagen. Semmelbrösel, Salz und Pfeffer in einem tiefen Teller vermischen.

In einer großen schweren Bratpfanne 2 Eßlöffel Butter bei mittlerer Hitze zerlassen. Die Tomatenscheiben in der Milchmischung wenden, überschüssige Flüssigkeit abtropfen lassen und die Scheiben leicht mit Semmelbröseln panieren. In mehreren Portionen auf jeder Seite 2 Minuten goldgelb braten. Die fertigen Tomaten auf eine feuerfeste Servierplatte geben und bei niedriger Temperatur im Backofen warm halten, während die restlichen gebraten werden. Nach Bedarf weitere Butter in die Pfanne geben.

Für 4 Personen

Louisiana

Maquechoux
Gemüsepfanne

»Maquechoux« – in Amerika auch als »Mock shoe« und »Mark show« bekannt – heißt eigentlich »falscher Kohl«. Niemand weiß weshalb, denn dieses gemischte Gemüse erinnert nicht im mindesten an Kraut.

6 Maiskolben
2 Scheiben Frühstücksspeck
1 große Zwiebel, gehackt
1 große grüne Paprikaschote, entkernt und gehackt
2 reife Tomaten, abgezogen, entkernt und gehackt
1 TL Zucker
⅛ l Sahne (oder Sahne und Milch zu gleichen Teilen)
½ TL Salz
¼ TL frisch gemahlener Pfeffer

Die Körner von zwei Maiskolben abschneiden und in eine Schüssel geben. Die Körner der verbliebenen Maiskolben mit einem scharfen Messer so herunterschneiden, daß sie halbiert werden. Dann mit dem Rücken des Messers kräftig über die Kolben schaben. Das hierbei herausgelöste Korninnere und den milchartigen Saft in die Schüssel zu den ganzen Maiskörnern geben. (Die Mischung sieht wie Rührei aus.)

Den Frühstücksspeck in einer großen schweren Pfanne knusprig braten. Auf Küchenkrepp abtropfen lassen, in kleine Stücke brechen und beiseite stellen.

Zwiebel und Paprika in die Pfanne geben und 5 Minuten im ausgelassenen Fett des Frühstücksspecks braten. Die Tomaten hinzufügen, den Zucker darüberstreuen und 3 Minuten garen. Mais und Sahne dazugeben und unter Rühren noch 10 Minuten weitergaren. Mit Salz und Pfeffer abschmecken und die Speckstückchen darüberstreuen.

Für 6 Personen

New Hampshire

Sweet Zucchini Chips
Süß-sauer eingelegte Zucchini

Obwohl die zur Kürbisfamilie gehörenden Zucchini ursprünglich aus Amerika stammen, wußte man sie bis zur Mitte unseres Jahrhunderts in Italien mehr zu schätzen als in ihrer Heimat. Heute gibt es in Harrisville, New Hampshire, sogar alljährlich ein Fest mit einem Wettbewerb im »Zucchini-Schnitzen«.

Etwa 750 g Zucchini, in dünne Scheiben geschnitten
2 kleine Gemüsezwiebeln, halbiert und in feine Scheiben geschnitten
3 EL Salz
½ l Essig
250 g Zucker
1 TL Selleriesamen
1 TL Anissamen
2 TL Senfpulver

Zucchini und Zwiebeln in einer großen Schüssel mit Salz bestreuen. Mit kaltem Wasser bedeckt 1 Stunde stehenlassen.

Die restlichen Zutaten in einem großen schweren Topf vermischen. Aufkochen lassen und vom Feuer nehmen.

Zucchini und Zwiebeln abgießen und zu den übrigen Zutaten in den Topf geben. 1 Stunde stehenlassen.

Den Topf bei starker Hitze auf die Kochstelle setzen. Rasch erhitzen und 2 Minuten kochen lassen. In sterilisierte Gläser füllen, fest verschließen und 10 Minuten im heißen Wasserbad erhitzen. Abkühlen lassen und an einem kühlen Platz aufbewahren. Vor dem Verzehr sollte das Gemüse mindestens vier Wochen durchziehen.

Ergibt 1,5 l *Abbildung S. 10*

Minnesota

Green Bean Pickles
Eingelegte grüne Bohnen

Das Einlegen von Nahrungsmitteln als Konservierungsmethode wurde bereits im 15. Jahrhundert von den Holländern praktiziert. Hausgemachte Konserven setzten sich allerdings erst sehr viel später durch, als der Blechschmied John L. Mason 1858 den Schraubdeckel für Einmachgläser erfand.

750 g–1 kg grüne Bohnen, geputzt
½ l Apfelessig
90 g Zucker
1½ EL Einmachgewürze, in ein Mulltuch gebunden
1 EL ganze schwarze Pfefferkörner
1 Lorbeerblatt
1 Knoblauchzehe
1 große Zwiebel, gehackt
3 kleine rote Paprikaschoten, entkernt und gehackt
3 große Stengel Dill

Die Bohnen 1 Minute in kochendem Salzwasser blanchieren. Unter kaltem Wasser abschrecken und abtropfen lassen.

In einem Topf den Essig zusammen mit Zucker, Einmachgewürzen, Pfefferkörnern, Lorbeerblatt und Knoblauch zum Kochen bringen. Die Temperatur herunterschalten und 10 Minuten im offenen Topf köcheln lassen. Die Gewürze entfernen. Zwiebel- und Paprikastückchen zum Essig geben und 10 Minuten garen. Lorbeerblatt und Knoblauchzehe herausnehmen.

Die Bohnen aufrecht in drei sterilisierte 500-ml-Gläser füllen. Zwiebeln und Paprika mit einem Schaumlöffel gleichmäßig auf die Gläser verteilen. In jedes Glas einen Stengel Dill geben. Bis 1 cm unter den Rand mit heißem Essig auffüllen. Die Gläser verschließen und 15 Minuten im heißen Wasserbad erhitzen.

Ergibt 1,5 l *Abbildung S. 10*

Rechte Seite: *Gemüsepfanne* (oben rechts) *und Gebratene grüne Tomaten*

Die Pazifikküste

STEVE ELMORE/TOM STACK & ASSOCIATES

Die Pazifikküste

Lachs war das wichtigste Nahrungsmittel der Chinook-Indianer im Nordwesten. Wenn die Lachse ihre jährliche Wanderung stromaufwärts antraten, sprudelten die Flüsse fast vor Fischen über. Die Chinook brauchten sich nur ins Wasser zu stellen und die Fische, die die Stromschnellen hinaufsprangen, mit der Keule zu erschlagen. Auch mit Netzen, die aus Weinreben gefertigt waren, wurden große Mengen Fisch gefangen. Die Indianer hatten große Achtung vor dem Lachs. Sie glaubten, Fische seien »Geistwesen«, die aus einem mystischen Ort am Meeresgrund geschickt worden waren, um die Menschen an Ufern und Küsten zu ernähren. Einem Ritus folgend mußten die Fischer ihren ersten gefangenen Lachs des Jahres mit dem Kopf flußaufwärts ans Ufer legen, ihn um Vergebung bitten und Gebete sprechen. Damit sollte sichergestellt werden, daß weitere Fische folgen würden. Denn wenn man dem ersten Fang nicht diese Ehre erwies, würden die anderen Fische gewarnt sein und ausbleiben. Auch der Hering suchte Jahr für Jahr die Flüsse im Nordwesten auf; Herings- und Lachsrogen galten als besondere Leckerbissen. Um den Rogen zu gewinnen, flochten die Indianer flache Schalen aus Zweigen und legten sie in das seichte Wasser, wo die Fische gewöhnlich laichten. Austern, Clams und Krabben, aber auch Wild und Wildgeflügel aller Art sorgten für Abwechslung im Speiseplan der Indianer.

Es gab eine solche Überfülle an Wildfrüchten, Beeren und Wurzeln, daß die Eingeborenen sich gar nicht erst mit dem Ackerbau befaßten. Statt dessen verbrachten sie drei Monate mit dem Sammeln der Lebensmittel, von denen sie sich dann das ganze Jahr hindurch gut ernährten. Wie die übrigen Indianer stellten auch sie *jerky* (eine Art Dörrfleisch) her, verwendeten dazu aber in Streifen geschnittenen Lachs statt Wild. Aus Fisch bereiteten sie auch eine Art *Pemmikan* (eigentlich ein

Vorhergehende Seiten: *Kornspeicher und Silo im Weizenanbaugebiet von Palouse im östlichen Washington.*
PHOTO: BRUCE HANDS

Links: *San Francisco ist eine der kosmopolitischsten Städte Amerikas. Seine Skyline bietet den idealen Hintergrund für diese altmodische viktorianische Häuserzeile.*

JACK SWENSON/TOM STACK & ASSOCIATES

Das Fischerdorf Sitka liegt in einem Geflecht aus Inseln und Meeresarmen vor der Südostküste Alaskas. Tiefe Täler und zerklüftete, hoch aufragende Berge mit dichtem Waldbewuchs geben der Landschaft ihr Gepräge.

trockener Fleischkuchen), das sie mit ihrem Lieblingsgewürz, der Wacholderbeere, aromatisierten. Frischer Lachs wurde auf Holzplanken gebunden und aufrecht neben einem schwelenden Feuer geräuchert, oder er wurde in Meerwasser gekocht und zu schmackhaften Eintöpfen verarbeitet. Diese wurden gekocht, indem man heiße Steine in die Töpfe legte. Die Töpfe bestanden aus Holzfasern, die unter Wasser so fest geflochten wurden, daß sie später völlig wasserdicht waren.

Ihre freie Zeit wußten die Indianer gut zu nutzen. Die Männer waren Meister im Schnitzen von Totems und Zeremonienmasken; die Frauen konnten hervorragend weben und stellten farbenprächtige Umhänge und Decken her. Im Landesinnern bewohnten die Wallawalla, die Nez Percé und die Yakima die fruchtbaren Flußtäler. Sie ernährten sich von frischem Fisch, kleinen Pelztieren und Wurzeln. Sie aßen auch *camas*, geröstete oder zu Mehl zerstoßene Lilienknollen, Bitterwurzeln, wilde Karotten, Sonnenblumenkerne, Pinienkerne und verschiedene wilde Beerenarten; sie bauten aber nichts an.

Die Suche nach den sagenumwobenen reichen Städten Cibola und El Dorado führte die Spanier auch an die Westküste. Sie brachten Missionare mit und pflanzten Pfirsiche, Aprikosen, Äpfel und Pflaumen an. Auch der Anbau von Feigen, Oliven und Orangen geht auf die Spanier zurück. Es gab zwar riesige *ranches*, die Hunderttausende von Morgen Land umfaßten, doch sonst war Südkalifornien relativ arm, und daran sollte sich wenig ändern, auch als der Norden während des Goldrausches zu plötzlichem Wohlstand gelangte.

Im Jahr 1846 folgten die Pioniere bereits zu Tausenden dem Oregon Trail in Richtung Nordwesten. Um einen Krieg zu vermeiden, traten die Briten im selben Jahr noch das ganze Gebiet an die Vereinigten Staaten ab. Als Kalifornien nach dem mexikanisch-amerikanischen Krieg unter der sicheren Herrschaft Amerikas stand, strömten Scharen von Goldschürfern in den Staat. Nach einem erbitterten Kampf um das Verbot der Sklavenhaltung wurde Kalifornien im Jahr 1850 in die Union aufgenommen. Die Besiedlung Oregons ging langsam vor sich; die Aufnahme in die Union erfolgte erst im Jahr 1859. Washington Territory, das auch Idaho umfaßte, erfuhr nach dem Bürgerkrieg einen großen Bevölkerungszuwachs. Im Jahr 1889 wurde es als Staat anerkannt, Idaho erst ein Jahr später. Als letzte Staaten traten 1959 Alaska und Hawaii der Union bei.

Alaska war das erste Gebiet, das die Vereinigten Staaten außerhalb ihrer Grenzen käuflich erwarben. Der Kongreß stand dem Kauf, für den sich Staatssekretär William Seward einsetzte, skeptisch gegenüber. Seward galt als Anhänger der radikalen Expansionspolitik. Seiner Ansicht nach sollten die USA den gesamten nordamerikanischen Kontinent übernehmen und die Hauptstadt nach Mexico City verlegen. Zum Glück setzten sich vernünftigere Köpfe durch. Doch letztlich hat sich der Kauf Alaskas, der im Jahr 1867 erfolgte, sehr gelohnt – schon wegen der reichlich vorhandenen Bodenschätze. Alaska ist ein Land mit unterschiedlichen Klimazonen. Der »Pfannenstiel« etwa, wo die Stadt Juneau liegt, weist dieselbe Durchschnittstemperatur auf wie Washington, D. C., wegen der warmen Strömung vor der Küste. Im Matanuska Valley, etwa fünfzig Meilen von Anchorage entfernt, wachsen fast zwei Drittel aller Agrarprodukte Alaskas. Obwohl die Zeit des Wachstums kurz ist, bewirkt das im Sommer fast ununterbrochen herrschende Tageslicht, daß Früchte und Gemüsesorten von schnellem Wuchs und erstaunlicher Größe dort gedeihen. Schließlich kommt den Bewohnern Alaskas noch der große Fisch- und Wildreichtum zugute.

Hawaii war ursprünglich als Basis für amerikanische Walfangflotten und als Handelsstützpunkt auf dem Weg nach Fernost von Bedeutung. Als die amerikanischen Pflanzer mit dem Anbau von Zuckerrohr große Erfolge hatten, wurde der freie, ungehinderte Handelsverkehr mit Hawaii eingeführt. Da die Amerikaner die Inseln faktisch ohnehin unter ihrer Kontrolle hatten, schlug die Regierung der Vereinigten Staaten den Widerstand der Eingeborenen nieder und annektierte Hawaii im Jahr 1898. Daß die strategische Lage der Inseln im Zweiten Weltkrieg von immenser Bedeutung war, ist hinreichend bekannt.

Die Küche Hawaiis ist stark von polynesischen und orientalischen Elementen geprägt. Die Früchte, die wir als typisch für Hawaii empfinden, wie Ananas, Pomelo oder Mango, wurden in Wirklichkeit ausnahmslos importiert. Die Kokosnuß dagegen ist auf Hawaii zu Hause. Schweinefleisch, das auf den Inseln immer schon besonders beliebt war, wird auch für die köstlichen *luaus* verwendet.

Als 1848 bei Sutter's Mill Gold entdeckt wurde, steckte das Goldfieber so viele Amerikaner und Ausländer an, daß Kalifornien von einem Massenansturm von Goldschürfern und Spekulanten überrollt worden wäre, wenn nicht die lange Reise viele abgeschreckt hätte. Die Vorräte gingen schnell zur Neige, so daß der Preis für ein Faß Mehl innerhalb eines Monats von 24 auf 800 Dollar anstieg. Sauerteigbrot wurde zum Hauptnahrungsmittel, nicht nur für die Reisenden auf dem Trail, sondern auch für die, die zu Geld gekommen waren. Und man mußte reich sein, um sich Mehl leisten zu können. Eier wurden oft für über drei Dollar das Stück verkauft. Viele Goldsucher lebten ausschließlich von gepökeltem Schweinefleisch, und auch das war meist knapp. Als das Geld in Strömen zu fließen begann, wurde aus San Francisco plötzlich eine große Stadt. Elegante Restaurants mit ausländischen Küchenchefs wuchsen über Nacht wie Pilze aus dem Boden.

Wild und Fisch nehmen heute noch einen wichtigen Platz ein in der Küche des Nordwestens. Es ist ein Land des Überflusses, dessen Bewohner sich ihre Schal- und Krustentiere selbst aus dem Meer holen, Pilze sammeln und in den Wäldern wilden Spargel und Grünzeug pflücken können. Als eines der fruchtbarsten Gebiete des Landes liefert der Nordwesten Obst, Gemüse und Weizen. Der köstliche Lachs, die kleinen Olympia-Austern und die Dungeness-Krabben gehören zu den weltberühmten Spezialitäten des Meeres. Mittlerweile hat sich der Nordwesten auch zu einem wichtigen Weinproduzenten entwickelt, doch die meisten Amerikaner denken an Äpfel, wenn von dieser Gegend die Rede ist. Über dreißig Prozent der Äpfel, die in amerikanischen Supermärkten zum Kauf angeboten werden, stammen von hier.

Kalifornien produziert einige der besten Weine der USA; Namen wie Napa und Sonoma Valley sind auf der ganzen Welt ein Begriff. Der Pazifik liefert reichlich Fische und Meerestiere, aber noch wichtiger für Kalifornien ist die Landwirtschaft. Die Bewässerung der kalifornischen Tiefebene hat die Eßgewohnheiten der Amerikaner verändert. Da bei diesem Klima mehrfach im Jahr geerntet werden kann, kommen jetzt zu jeder Zeit frische, sonst saisongebundene Obst- und Gemüsesorten auf den Markt. Zusätzlich wurden unempfindliche Sorten gezüchtet, die lange Schiffsreisen gut überstehen. Und dem berühmten Landwirtschaftsexperten Luther Burbank sind zahllose verschiedene Sorten von Obst, Gemüsen und Nüssen zu verdanken. Böse Zungen behaupten, Kaliforniens »Agrar-Business« habe die Erzeugnisse der Westküste zu faden Nahrungsmitteln verarbeitet, deren einziger Vorzug ihre lange Haltbarkeit ist. Vielleicht führt diese Kritik dazu, daß die kleinen Farmer mit ihren frischen Produkten wieder mehr Chancen bekommen.

Kalifornische Küchenchefs sind immer die ersten, wenn es darum geht, Neuerungen auf dem kulinarischen Sektor aufzugreifen. Sie verwenden nur ausgewählt frische und qualitativ hochwertige Produkte. Die Gerichte, die sie früher in ihrem Ehrgeiz kreiert haben, waren wohl nicht immer geglückt, aber man muß zugeben, daß die kalifornischen Köche es als erste mit einer leichteren, bekömmlicheren Küche versucht haben, die auf klassischen amerikanischen Gerichten aufbaut, aber auch die Techniken der französischen Cuisine mit einbezieht. Die kalifornische Küche hat zweifellos Zukunft.

Emerald Bay hoch oben in der Sierra Nevada gehört zu den malerischsten Flußarmen am Lake Tahoe, dem größten Bergsee Nordamerikas.

REG MORRISON

SÜSSPEISEN, GEBÄCK UND KUCHEN

STATE BUILDING

PATTI McCONNVILLE/THE IMAGE BANK

Während der Kolonialzeit wurden überall im Norden Äpfel angebaut. Diese Bäume stehen in einem alten Obstgarten im Staat New York.

Süsspeisen, Gebäck und Kuchen

Die Amerikaner hatten schon immer eine Schwäche für Desserts oder Kuchen zum Abschluß der Mahlzeit. In alten Kochbüchern findet man zum Teil sogar doppelt so viele Rezepte für süße wie für salzige Speisen. *Cobblers, slumps, buckles, grunts, pandowdies* und *brown Bettys* sind nur einige der typisch amerikanischen Spezialitäten (der berühmte *apple pie* ist ja eher englisch); hinzu kommen *brownies, mud cakes, funeral pies, icebox pies, chocolate chip cookies, nut fudge, peanut brittle* und viele andere. Auf den nächsten Seiten folgt eine Auswahl von Rezepten für diese Köstlichkeiten.

Während der Kolonialzeit wurden die meisten Süßspeisen aus Früchten zubereitet; Amerika war reich an wilden Früchten und Nüssen aller Art. Überall im Norden entstanden Apfelplantagen, und so stammen viele der Apfelrezepte, nach denen heute noch in Amerika gebacken wird, aus Neuengland. Der Süden dagegen war berühmt für seine süßen, saftigen Pfirsiche, die dort im Überfluß wuchsen.

Obwohl der Pie ursprünglich aus England stammt, ist er erst von den Siedlern in flachen Formen gebacken worden, wie man sie heute kennt - eine amerikanische Variante also. Pies wurden im 19. Jahrhundert so häufig gebacken, daß sogar eigene Schränke für sie bereitstanden. Sie hießen *pie safes* und hatten mehrere Regale zum Abkühlen sowie Draht- oder durchbrochene Blechtüren, um die Insekten abzuhalten.

In kalten Gegenden wurden oft viele Pies auf einmal gebacken und in Schuppen im Freien aufbewahrt, wo sie sich hartgefroren viele Wochen und Monate hielten und bei Bedarf als Abschluß einer Wintermahlzeit dienten. Früchte, vor allem Äpfel, wurden in Scheiben geschnitten, getrocknet und dann vor Gebrauch über Nacht in kaltem Wasser eingeweicht. Und mit der Erfindung der Kühltechnik kamen die *chiffon pies* mit ihrer zarten Eiercremefüllung.

Die meisten der oben erwähnten Obst-Desserts gehören noch immer zum täglichen Speisezettel der Amerikaner, aber sie sind so oft umbenannt worden, daß einige Verwirrung über Bezeichnungen und Rezepte herrscht. *Apple pandowdy* war wohl ursprünglich eine Speise aus Apfelscheiben, die unter einer dicken Kruste gebacken wurden. Vor dem Servieren wurde die Kruste zerbröckelt und in den Pie gegeben. Man kann die Kruste auch während des Backens hineingeben, dann erhält man eine Art Pudding-Pie. Wieder andere Varianten werden mit Brotscheiben zubereitet und ähneln eher einem Brotpudding. *Slumps* sind hohe, ebenfalls mit einer dicken Kruste versehene Pies, die vor dem Servieren meist gestürzt werden. Obst, das mit einem Teig aus Haferflocken und braunem Zucker belegt ist, nennt man *crisp. Brown Betty* ist ein Auflauf aus Früchten und Butterstreuseln. *Cobbler* bezeichnet entweder eine hohe Obstpastete mit Teigdeckel oder, wie im Westen der USA, einen weichen, saftigen Kuchen mit Obstbelag. *Grant* oder *buckle* sind Beeren (oder andere Früchte), die unter einer Teigkruste gegart werden. Diese beiden Süßspeisen stammen noch aus der Kolonialzeit und werden heute nur selten gegessen. Von den Pies zu den Kuchen: Die ersten, die von den Siedlern gebacken wurden, glichen meist englischen Früchtekuchen. Das Backen war keine leichte Aufgabe damals. Selbst als man Kamin-Ziegelöfen besaß, konnte man die notwendige Dauer der Backzeit und die richtige Hitze

Vorhergehende Seiten: *New Yorker Käsekuchen* (Rezept S. 212)

TIFFANY & CO.; MISSY HAMILTON

nur schwer bestimmen. Obwohl etwas Hefe verwendet wurde, war es üblich, daß man geschlagene Eier an den Kuchen gab, damit er aufging. Im 18. Jahrhundert rechnete man häufig zwanzig Eier für einen Kuchen. Und diese Eier mußten drei bis fünf Stunden geschlagen werden, damit der Teig entsprechend locker wurde. Mit der Erfindung praktischer, freistehender Holzöfen und mit der Einführung des Backpulvers wurde im 19. Jahrhundert das Backen revolutioniert. Gegen Ende des Jahrhunderts kamen *layer cakes* (Schichttorten) groß in Mode und eroberten sich einen festen Platz in der Küche Amerikas.

Pudding kannten die Kolonisten natürlich schon; allerdings mußten die Rezepte stark abgewandelt werden, da die Zutaten für traditionelle englische Puddings in der Neuen Welt fehlten. Daher waren die Puddings der frühen Siedler meist aus Maismehl und wurden mit Ahornsirup, Honig oder Melasse gesüßt; man nannte sie wegen des verwendeten Maismehls »Indian Puddings«. Später, als es auch Weizenmehl und Reis gab, entstanden die verschiedensten Rezepte für Brot- und Reispudding. Zucker wurde allerdings erst Ende des 19. Jahrhunderts allgemein zum Süßen verwendet – vorher war weißer, raffinierter Zucker nicht für jedermann zu haben.

Die Vorfahren der heutigen Amerikaner brachten ihre Rezepte für englischen Teekuchen, schottische Butterkekse oder skandinavisches Spritzgebäck mit. Anfangs wurde viel mit Zimt und Ingwer gewürzt, um den penetranten Geschmack der Tierfette zu überdecken, die man statt Butter verwenden mußte. Die Holländer brachten ihre Rezepte für *koetje* mit in die Neue Welt, und das Gebäck war auch bei den englischen Siedlern sehr beliebt; sie konnten das Wort aber nicht richtig aussprechen, und so wurde *»cookie«* daraus, die amerikanische Bezeichnung für Keks oder Plätzchen. Ein sehr verbreitetes *cookie*-Rezept, das angeblich aus dem 18. Jahrhundert stammte, war in den dreißiger Jahren der *butter drop do*, der auch mit Schokolade zubereitet werden konnte. Eines Tages, so erzählt man sich, hat Mrs. Ruth Wakefield, die Wirtin des Tollhouse Inn in Whitman, die Schokolade für dieses Rezept nicht wie üblich erst zum Schmelzen gebracht, sondern einfach in groben Splittern an den Teig gegeben – in der Annahme, Schokolade und Teig würden sich später im Backofen von selbst vermischen. Das geschah jedoch nicht, und so entstanden Amerikas beliebteste Kekse, die berühmten *chocolate chip cookies*.

CATHERINE KARNOW

Die ersten Obstplantagen legten die Spanier im Westen an; und als es erst Pfirsiche, Aprikosen, Äpfel und Pflaumen gab, wurden Früchtedesserts und Obstkuchen in Amerika immer beliebter.

Die berühmten »Brownies« (Schokoladenschnitten mit Nüssen) sollen einst in Maine erfunden worden sein. Diese Bäckerei in Camden sorgt stets für frischen Nachschub.

BRUCE HANDS

WILLIAMS-SONOMA INC.

Apfelauflauf

APPLE BROWN BETTY
Apfelauflauf

Dieser süße Auflauf war schon Mitte des letzten Jahrhunderts hoch geschätzt; heute fügt man manchmal noch Rosinen hinzu. Er wird mit Schlagsahne oder Eiscreme gereicht.

190 g frische Weißbrotkrumen
125 g Butter, zerlassen
1 kg säuerliche Äpfel
Saft von 1 Zitrone
130 g brauner Zucker
1 TL Zimt
80 ml Apfelsaft oder Wasser

Den Backofen auf 180 °C (Gasherd Stufe 2 - 3) vorheizen. Brotkrumen und Butter in einer Schüssel vermischen.

Die Äpfel schälen, das Kerngehäuse entfernen. Das Obst in Scheiben schneiden, in eine Schüssel geben, mit Zitronensaft beträufeln. Zucker und Zimt hinzufügen und gründlich vermischen.

Den Boden einer 1½ - 2 l fassenden Auflaufform mit einem Drittel der Brotkrumen bedecken. Die Hälfte der Apfelscheiben darauflegen. Ein weiteres Drittel der Brotkrumen und die restlichen Apfelstücke hineinfüllen. Die verbliebenen Brotkrumen darüberstreuen und mit Apfelsaft beträufeln. 1 Stunde in den Backofen geben und warm servieren.

Für 6 Personen

Oregon

BAKED APPLES
Bratäpfel

Nach Zimt und braunem Zucker duftende Bratäpfel sind in Amerika seit jeher beliebt. Dieses Rezept mit gemahlenen Walnüssen stammt aus dem Nordwesten der USA, wo reichlich Äpfel wachsen. Die Füllung kann durch Johannisbeergelee, gehackte getrocknete Aprikosen oder etwas »Mincemeat« (fertige Tortenfüllung) abgewandelt werden.

60 g Walnußkerne
60 g Zucker
½ TL Zimt
4 feste, aromatische Äpfel
1 Zitrone, halbiert
60 g Butter, zerlassen, sowie 2 EL Butter, in Stücke geschnitten
60 g brauner Zucker
30 g Rosinen (oder Sultaninen)
4 kleine Zimtstangen
Apfelsaft
Sahne

Den Backofen auf 190 °C (Gasherd Stufe 3) vorheizen. Die Walnüsse mit Zucker und Zimtpulver in der Küchenmaschine feinmahlen. In eine Schüssel füllen.

Das Kerngehäuse herausstechen; die Äpfel schälen, innen und außen gründlich mit Zitronensaft beträufeln.

Mit zerlassener Butter bestreichen, in der Nußmischung wälzen, diese gleichmäßig andrücken und die Äpfel in eine flache ofenfeste Form geben.

In einer Schüssel braunen Zucker und Butterstückchen mit der Gabel vermischen. Die Rosinen hinzufügen, alles mit den Fingern vermengen und die Äpfel damit füllen; jeweils eine Zimtstange in die Mitte stecken. Verbliebene zerlassene Butter darüberträufeln.

Die Form ½ cm hoch mit Apfelsaft füllen. Die Äpfel in etwa 1 Stunde im Ofen weich backen. 15 Minuten auf einem Kuchengitter abkühlen lassen.

Die Bratäpfel mit ihrem Saft in Portionsschälchen anrichten und warm oder mit Raumtemperatur servieren. Flüssige Sahne dazu reichen.

Für 4 Personen

Texas

TEXAS-STYLE PEACH COBBLER
Texanischer Pfirsichkuchen

Unter »Cobbler« versteht man im Westen der USA einen hohen Obst-Pie mit Teigdeckel. Unsere deutsch-texanische Version sieht etwas anders aus.

130 g Weizenmehl
90 g Zucker
2 TL Backpulver
130 g Butter
¼ l Milch
6 - 8 frische Pfirsiche, abgezogen und in Scheiben geschnitten
1 TL Zimt
Vanille-Eis oder gesüßte Schlagsahne

Den Backofen auf 180 °C (Gasherd Stufe 2 - 3) vorheizen. Das Mehl, 60 g Zucker und Backpulver vermischen. Mit dem Messer 60 g der Butter in Stücken unter die Mehlmischung geben und zu groben Streuseln verarbeiten. Die Milch darunterrühren, bis ein weicher Teig entsteht. Beiseite stellen.

Die verbliebene Butter in eine quadratische Backform (etwa 23 cm Seitenlänge) oder in eine Springform geben. 5 - 6 Minuten in den Ofen stellen, bis die Butter zerläuft. Die Form schwenken, um Boden und Seiten gleichmäßig mit Butter zu überziehen. Den Teig hineinfüllen und die Pfirsiche dachziegelartig darauf anordnen.

Den restlichen Zucker mit dem Zimt vermischen und über die Pfirsiche streuen. Die Form auf ein Backblech stellen und den Kuchen in etwa 45 Minuten goldbraun backen. Warm mit Vanille-Eis oder Schlagsahne servieren.

Für 6 - 8 Personen

Rechte Seite: *Bratäpfel* (links) *und Texanischer Pfirsichkuchen* (rechts)

Gestürzter Pfirsichkuchen

California

PEACH UPSIDE-DOWN CAKE
Gestürzter Pfirsichkuchen

Das folgende Rezept stammt aus Kalifornien, wo die meisten Pfirsiche der USA wachsen. Damit die Oberseite des Kuchens knuspriger wird, werden oft Mandeln hinzugefügt – ebenfalls ein kalifornisches Produkt.

4 Pfirsiche
60 g Mandelstifte
250 g weiche Butter
170 g brauner Zucker
130 g Zucker
2 Eier
½ TL Vanille-Extrakt
180 g Weizenmehl
1½ TL Backpulver
½ TL Salz
60 ml Sahne
60 ml Orangensaft
Schlagsahne oder saure Sahne

Den Backofen auf 180 °C (Gasherd Stufe 2 – 3) vorheizen. Die Pfirsiche 1 – 2 Minuten in kochendes Wasser legen; die Haut abziehen und die Pfirsiche in 5 mm dicke Scheiben schneiden.

Die Mandelstifte auf einem Backblech verteilen und etwa 10 Minuten im Ofen braun rösten.

60 g Butter zerlassen und in eine (möglichst beschichtete) Springform von 22 cm Durchmesser gießen. Die Form schwenken, damit die Butter sich verteilt. Boden und Seiten mit 130 g braunem Zucker ausstreuen und den Boden mit der Hälfte der Mandelstifte bedecken. Die Pfirsichscheiben auf Boden und Seiten dekorativ anordnen. Mit verbliebenem braunem Zucker und restlichen Mandeln bestreuen. An einen kühlen Platz stellen.

Die verbliebene Butter und den Zucker in einer Schüssel schaumig schlagen. Die Eier einzeln hinzufügen und gründlich darunterrühren. Den Vanille-Extrakt daruntermischen.

Mehl, Backpulver und Salz durchsieben. Sahne und Orangensaft verrühren. Abwechselnd in kleinen Mengen die Mehl- und die Sahnemischung unter die Eimasse geben.

Vorsichtig mit einem Löffel auf den Pfirsichen verteilen. Den Kuchen in etwa 35 – 40 Minuten im Ofen garbacken. (Wenn man mit einem Holzstäbchen in die Mitte sticht, darf kein Teig mehr daran haften.) 10 Minuten auf einem Gitter abkühlen lassen. Auf eine Platte stürzen, noch warm mit Sahne servieren.

Für 8 Personen

New York

NEW YORK CHEESECAKE
New Yorker Käsekuchen

Käsekuchen gibt es in Amerika seit langem. Die italienische Version wird mit Ricotta zubereitet, für das New Yorker Rezept, das jüdischen Ursprungs ist, nimmt man Doppelrahm-Frischkäse. Der berühmteste aller New Yorker Käsekuchen wurde in »Lindy's Restaurant« in New York City gebacken; unsere Variante kommt dem Original sehr nahe.

FÜR DEN TEIG

130 g Weizenmehl, durchgesiebt
60 g Zucker
1 TL feingeriebene Zitronenschale
1 TL feingeriebene Orangenschale
130 g kalte Butter
1 Eigelb
¼ TL Vanille-Extrakt

FÜR DIE FÜLLUNG

1¼ kg Doppelrahm-Frischkäse
300 g Zucker
3 EL Weizenmehl
1½ TL feingeriebene Zitronenschale
1½ TL feingeriebene Orangenschale
¼ TL Vanille-Extrakt
5 Eier sowie 2 Eigelb
60 ml Sahne

Für den Teig Mehl, Zucker, Zitronen- und Orangenschale in einer großen Schüssel vermischen. Die Butter in Stücken dazugeben und mit dem Messer alles zu groben Streuseln verarbeiten. Eigelb und Vanille-Extrakt hinzufügen, zu einem weichen Teig verrühren. Mindestens 1 Stunde in den Kühlschrank stellen.

Den Backofen auf 200 °C (Gasherd Stufe 3 – 4) vorheizen. Den Teig auf einem bemehlten Brett etwa 3 mm dick ausrollen und einen runden Boden von 22 cm Durchmesser ausschneiden. Die Teigreste kalt stellen. Eine eingefettete Springform von 22 cm Durchmesser mit dem Teig auslegen. (Falls er zum Ausrollen zu weich ist, nochmals in den Kühlschrank geben.) Die Form in den Backofen stellen und den Teig in etwa 20 Minuten goldgelb backen. Auf einem Kuchengitter abkühlen lassen.

Für die Füllung in einer großen Schüssel Frischkäse, Zucker, Mehl, Zitronen- und Orangenschale sowie Vanille-Extrakt verrühren. Eier und Eigelb einzeln hinzufügen und gut darunterarbeiten. Die Sahne daruntermischen.

Die Temperatur auf höchste Stufe schalten. Die Seiten der Springform einfetten. Die Teigreste ausrollen und in 5 cm breite Streifen schneiden. Die Seiten der Backform damit auskleiden und die Streifen unten am Teigboden andrücken. Die Käsemasse einfüllen. Den Kuchen in den Ofen geben, nach 12 Minuten auf 100 °C (Gasherd Stufe 1) herunterschalten und noch 1 Stunde backen. Auf einem Gitter abkühlen lassen. Vor dem Servieren mindestens 2 Stunden in den Kühlschrank stellen.

Für 8 – 10 Personen

Abbildung S. 206 – 207

Vanille-Eis aus Philadelphia (links) *und Rhabarber-Pie* (rechts)

Colorado

RHUBARB PIE
Rhabarber-Pie

Im 19. Jahrhundert war Rhabarber-Pie so beliebt, daß man die Pflanze einfach »Pie-plant« nannte. Sie gedeiht auch in größeren Höhen, wie etwa in Alaska oder Colorado. In Silverton, Colorado, wird der Unabhängigkeitstag alljährlich mit einem großen Rhabarberfest gefeiert.

FÜR DEN TEIG

250 g Weizenmehl
2 TL Zucker
½ TL Salz
130 g kaltes Schweineschmalz
60 g kaltes Pflanzenfett
1 Ei, leicht verschlagen
1½ TL Rotweinessig
2 EL kaltes Wasser

FÜR DIE FÜLLUNG

Gut 300 g Rhabarber, in Stücke geschnitten
½ TL Zimt
3 EL Weizenmehl
¼ TL abgeriebene Zitronenschale
1 Messerspitze abgeriebene Orangenschale
⅛ TL Salz
320 g Zucker
3 EL (50 g) Butter, zerlassen
3 Eier, leicht verschlagen

Für den Teig Mehl, Zucker und Salz in einer Schüssel vermischen. Schweineschmalz und Pflanzenfett dazugeben, mit einem Messer alles zu groben Streuseln verarbeiten. Eßlöffelweise verschlagenes Ei, Essig und Wasser hinzufügen und mit der Gabel zu einem weichen Teig verrühren. 1 Stunde kalt stellen.

Den Backofen auf 200 °C (Gasherd Stufe 3 – 4) vorheizen. Gut die Hälfte des Teiges auf einem leicht bemehlten Brett ausrollen und eine hohe Pie-Form von 23 cm Durchmesser oder eine 24 cm große Springform damit auskleiden. Den Teig mit Alufolie abdecken und zum Beschweren Reis oder getrocknete Bohnen daraufgeben. 10 Minuten vorbacken. Die Alufolie entfernen, den Teigboden abkühlen lassen.

Für die Füllung in einer großen Schüssel Rhabarber, Zimt, Mehl, Zitronen- und Orangenschale, Salz, Zucker und Butter gründlich verrühren. 5 Minuten stehenlassen; in die Backform füllen. Die verschlagenen Eier darübergeben.

Den restlichen Teig ausrollen und in 2 cm breite Streifen schneiden; gitterförmig über die Obstfüllung legen und die Enden am vorgebackenen Teigrand andrücken. Dünn mit Zucker bestreuen. In den Backofen geben, nach 15 Minuten auf 180 °C (Gasherd Stufe 2 – 3) herunterschalten und den Pie noch 45 Minuten backen. Auf einem Kuchengitter abkühlen lassen.

Für 8 Personen

Pennsylvania

PHILADELPHIA ICE CREAM
Vanille-Eis aus Philadelphia

In Amerika ist Eiscreme unter den Süßspeisen der große Favorit, und Tag für Tag kommen neue Produkte auf den Markt. Philadelphia ist für seine sahnig-cremigen Eissorten berühmt.

½ l Sahne (oder Sahne und Milch zu gleichen Teilen)
180 – 250 g Zucker (nach Geschmack)
440 g *crème double*
2 TL Vanille-Extrakt

Sahne und Zucker in einem Topf bei niedriger Temperatur erhitzen, bis sich der Zucker auflöst; nicht zum Kochen bringen. Abkühlen lassen. *Crème double* und Vanille-Extrakt daruntérrühren. In den Behälter einer Speiseeismaschine gießen und nach Anweisung des Herstellers weiterverfahren.

Ergibt etwa 1,5 l

Eiercreme-Pie nach Cajun-Art

Louisiana

Cajun Custard Tart

Eiercreme-Pie nach Cajun-Art

Mit Pudding gefüllte Pies sind eine Spezialität der Cajuns in Louisiana (Abkömmlinge der französischen Siedler Neuschottlands). Dieses Rezept wird von der Familie Bourque aus New Iberia seit über hundert Jahren von Generation zu Generation weitergegeben.

FÜR DEN TEIG

3 EL (50 g) weiches Pflanzenfett
90 g Zucker
1 Ei
2 EL Milch
2 TL Vanille-Extrakt
1 TL Backpulver
Etwa 190 g Weizenmehl

FÜR DIE FÜLLUNG

2 Eigelb
90 g Zucker
3 EL Maisstärke
1 TL gemahlener Ingwer
2 EL kalte Milch
½ l heiße Milch
2 EL (30 g) kalte Butter
1 TL Vanille-Extrakt

Für den Teig Pflanzenfett und Zucker in einer großen Schüssel glattrühren. Zunächst das Ei, dann die Milch und den Vanille-Extrakt daruntermischen. Das Backpulver und soviel Mehl darunterrühren, daß ein fester Teig entsteht. 4 Stunden in den Kühlschrank stellen.

Für die Füllung in einer Metallschüssel Eigelb und Zucker schaumig schlagen. Maismehl, Ingwer und kalte Milch in einer Schüssel verrühren und unter die Ei-Zucker-Mischung geben. Die heiße Milch darunterrühren. Auf einen Topf mit kochendem Wasser setzen und die Masse etwa 30 Minuten unter Rühren erhitzen, bis sie am Löffelrücken haften bleibt. Stückchenweise die Butter, dann den Vanille-Extrakt daruntermischen. Die Creme abkühlen lassen, mit Wachspapier abdecken und kalt stellen.

Den Backofen auf 200 °C (Gasherd Stufe 3 - 4) vorheizen. Drei Viertel des Teiges auf einem bemehlten Brett zu einer großen runden Platte ausrollen. Eine Pie-Form von 23 cm Durchmesser so damit auslegen, daß der Teig etwa 1 cm überhängt (er reißt leicht). Die Eiercreme hineinfüllen.

Den restlichen Teig zwischen zwei leicht bemehlten Wachspapierbögen zu einem hauchdünnen Deckel von 25 cm Durchmesser ausrollen. Das obere Wachspapier entfernen. Den Teigdeckel umdrehen, die Creme damit abdecken und das Wachspapier behutsam abziehen. Den Teigdeckel an den Rändern vorsichtig mit dem Löffel nach unten drücken. Den überhängenden Rand des Teigbodens nach innen klappen und leicht mit der Gabel andrücken. Den Pie in 25 - 30 Minuten goldgelb backen. Vor dem Servieren auf einem Kuchengitter auskühlen lassen.

Für 8 Personen

Maine

Icebox Blueberry Pie

Kalter Heidelbeer-Pie

Dieser Pie kommt aus Maine, dem Land der Heidelbeeren. »Icebox pies«, die es seit den zwanziger Jahren gibt, werden häufig mit Eiercreme zubereitet, aber dieses Rezept ist einfach und unverfälscht.

FÜR DEN TEIG

160 g Weizenmehl
¼ TL Salz
60 g kalte Butter; 60 g Pflanzenfett
½ TL abgeriebene Orangenschale; 2 - 3 EL kalter Orangensaft

FÜR DIE FÜLLUNG

190 g Zucker
2½ EL Maisstärke
¼ TL Salz
160 ml Wasser
380 g frische Heidelbeeren, verlesen
2 EL (30 g) Butter
1½ EL Zitronensaft
1½ EL Grand Marnier (oder anderer Orangenlikör)
Gesüßte Schlagsahne

Für den Teig Mehl und Salz in einer Schüssel vermischen. Butter, Pflanzenfett und abgeriebene Orangenschale hinzufügen; alles mit dem Messer zu groben Streuseln verarbeiten. Eßlöffelweise den Orangensaft dazugeben und mit der Gabel zu einem weichen Teig verrühren. 1 Stunde kalt stellen.

Den Backofen auf 220 °C (Gasherd Stufe 4 - 5) vorheizen. Den Teig auf einem leicht bemehlten Brett ausrollen; eine Pie-Form von 23 cm Durchmesser damit auskleiden. Die Ränder kürzen und wellenförmig andrücken. Den Teig mit Alufolie bedecken und zum Beschweren Reis oder getrocknete Bohnen daraufgeben. Insgesamt 15 Minuten backen; nach 10 Minuten die Folie abnehmen. Auf einem Kuchengitter auskühlen lassen.

Für die Füllung Zucker, Maisstärke und Salz in einem Topf vermischen. Das Wasser und 130 g der Heidelbeeren hinzufügen. Unter Rühren in etwa 15 Minuten dicklich einkochen lassen. Vom Feuer nehmen, Butter, Zitronensaft und Orangenlikör darunterrühren. Abkühlen lassen.

Die restlichen Heidelbeeren unter die Fruchtmischung geben; 1 Stunde in den Kühlschrank stellen. In die Pie-Form füllen und vor dem Servieren mindestens 1 Stunde kalt stellen. Mit Schlagsahne garnieren.

Für 6 - 8 Personen

Rechte Seite: *Kalter Heidelbeer-Pie*

Massachusetts

Boston Cream Pie

Biskuitkuchen mit Creme-Füllung

Der »Boston cream pie« ist eigentlich ein einfacher Biskuitkuchen mit Eiercreme-Füllung. Laut John Mariani, einer Autorität auf diesem Gebiet, stammt er aus der frühen Zeit Amerikas. Mit Schokoladencreme-Füllung heißt er »Parker House pie«.

FÜR DEN KUCHEN

125 g weiche Butter
320 g Zucker
2 Eier, getrennt
1 TL Vanille-Extrakt
250 g Weizenmehl, davon 2½ EL durch Maisstärke ersetzt
2 TL Backpulver
¼ TL Natron
¼ TL Salz
180 ml Milch

FÜR DIE EIERCREME

¼ l Sahne (oder Sahne und Milch zu gleichen Teilen)
90 g Zucker
3 EL Weizenmehl
1 Prise Salz
2 Eigelb
1 TL Vanille-Extrakt
Puderzucker

Den Backofen auf 180 °C (Gasherd Stufe 2 - 3) vorheizen. Für den Biskuitteig in einer Schüssel Butter und Zucker schaumig schlagen. Die beiden Eigelb einzeln hinzufügen und gründlich darunterrühren. Den Vanille-Extrakt daruntermischen.

Mehl, Backpulver, Natron und Salz durchsieben und abwechselnd mit der Milch jeweils in kleinen Mengen unter die Eimischung geben. Das Eiweiß steif schlagen und darunterheben.

Den Biskuitteig in zwei eingefettete, mit Mehl ausgestäubte Backformen von 24 cm Durchmesser füllen und in 25 - 30 Minuten garbacken. (Wenn man mit einem Holzstäbchen in die Mitte sticht, darf kein Teig mehr daran haften.) Abkühlen lassen und aus den Backformen nehmen.

Für die Eiercreme die Sahne aufkochen lassen und vom Feuer nehmen. Zucker, Mehl und Salz in einem zweiten Topf vermischen. Die heiße Sahne dazugießen und alles glattrühren. Die Mischung unter ständigem Rühren bei mittlerer Temperatur dicklich werden lassen. Vom Herd nehmen und die beiden Eigelb darunterschlagen. Zurück auf den Herd geben und bei niedriger Temperatur noch 4 Minuten unter ständigem Rühren erhitzen. Den Vanille-Extrakt hinzufügen. Abkühlen lassen; gelegentlich umrühren. Zudecken und einige Stunden kalt stellen.

Die Creme auf einem der Teigböden verteilen, den zweiten darübergeben. Den Kuchen bis zum Servieren in den Kühlschrank stellen. Zuletzt mit Puderzucker bestreuen.

Für 8 - 10 Personen

Tennessee

Strawberry Shortcake

Erdbeertorte

Nach diesem Rezept lassen sich auch kleine Obsttörtchen zubereiten. Als Teig eignet sich jeder andere Mürbeteig genauso gut, und die Erdbeeren können durch Pfirsiche ersetzt werden.

320 g Weizenmehl
130 g Zucker
4 TL Backpulver
½ TL Salz
90 g Doppelrahm-Frischkäse

Linke Seite: *Biskuitkuchen mit Eiercreme-Füllung*

SUE FISHER KING

Erdbeertorte

3 EL (50 g) kalte Butter sowie 2 EL Butter, zerlassen
1 Ei, leicht verschlagen
2 EL saure Sahne; 430 ml süße Sahne
500 g frische Erdbeeren, gewaschen, ohne Stielansatz
2 EL Grand Marnier (oder anderer Orangenlikör)
1 EL Puderzucker

Den Backofen auf 230 °C (Gasherd Stufe 5) vorheizen. In einer Schüssel Mehl, 60 g Zucker, Backpulver und Salz vermischen. Frischkäse und Butter mit einem Messer darunterarbeiten, bis grobe Streusel entstehen.

In einer zweiten Schüssel Ei, saure Sahne und 180 ml süße Sahne verrühren, unter die Streusel geben und alles zu einem weichen Teig verarbeiten. Den Teig halbieren. Eine Hälfte auf einem leicht bemehlten Brett zu einem runden Boden von 20 cm Durchmesser ausrollen. Den Boden einer 20 cm großen, eingefetteten Backform damit auslegen; mit den Fingerspitzen glattdrücken. Aus der zweiten Teighälfte einen weiteren Boden ausrollen und auf den ersten legen. Mit der zerlassenen Butter beträufeln und die Teigböden 20 Minuten backen. Den Ofen ausschalten und die Böden bei leicht geöffneter Tür noch 1 Stunde darin stehenlassen. Zum Abkühlen auf ein Kuchengitter stellen. Dann die Teigböden voneinander trennen und auf eine große Platte geben.

Die Hälfte der Erdbeeren leicht zerdrücken und mit den ganzen Erdbeeren, 60 g Zucker und dem Orangenlikör vermischen. Zugedeckt in den Kühlschrank stellen.

Kurz vor dem Servieren die restliche Sahne mit dem Puderzucker steif schlagen. Gut die Hälfte der Erdbeermischung auf einem der Teigböden verteilen und den größten Teil der Sahne darübergeben. Mit dem zweiten Boden bedecken, die restlichen Erdbeeren daraufgeben und mit Schlagsahne garnieren.

Für 8 Personen

Mississippi

Mississippi Mud Cake
Mississippi-Schokoladenkuchen

Dieser Kuchen stammt vermutlich nicht aus dem Süden; »Mississippi mud (Schlamm) cake« heißt er nur, weil seine schwarzbraune Farbe und seine üppige, feuchte Konsistenz an das fruchtbare Erdreich am Mississippi erinnern.

Ungesüßtes Kakaopulver
300 ml starker Kaffee
60 ml Bourbon
160 g Blockschokolade, bitter
250 g Butter, in Stücke geschnitten
500 g Zucker
250 g Weizenmehl
1 TL Natron; ⅛ TL Salz
2 Eier, leicht verschlagen
1 TL Vanille-Extrakt
Puderzucker
Gesüßte Schlagsahne (nach Belieben)

Den Backofen auf 125 °C (Gasherd Stufe 1) vorheizen. Eine große Napfkuchenform mit Butter einfetten und mit Kakaopulver ausstäuben.

Kaffee und Bourbon in einem schweren Topf bei niedriger Temperatur erhitzen.

Schokolade und Butter hinzufügen und unter Rühren weiter erhitzen, bis die Mischung glatt ist. Von der Kochstelle nehmen und den Zucker darunterrühren. 5 Minuten abkühlen lassen; anschließend in eine Rührschüssel geben.

Mehl, Natron und Salz durchsieben und in kleinen Mengen mit einem elektrischen Handrührer (bei niedriger Stufe) unter die Schokoladenmasse mischen. Eier und Vanille-Extrakt dazugeben. Den Teig (er ist sehr dünnflüssig) glattrühren und in die Backform füllen.

Den Kuchen in etwa 1½ Stunden im Ofen garbacken. (Wenn man mit einem Holzstäbchen in die Mitte sticht, darf kein Teig mehr daran haften.) Auf einem Kuchengitter auskühlen lassen. Aus der Form stürzen. Mit Puderzucker bestäuben und nach Belieben mit Schlagsahne servieren.

Für 10 Personen

Georgia

Pecan Pie
Pecannuß-Pie

Für die Indianer waren Pecannüsse von jeher ein wichtiges Nahrungsmittel, aber auch die Siedler wußten sie bald zu schätzen. Pecannuß-Pie ist eine der klassischen Nachspeisen des Südens.

FÜR DEN TEIG
180 g Weizenmehl
¼ TL Salz
6 EL (90 g) kalte Butter
2 EL sowie 1 TL kaltes Pflanzenfett
3 – 4 EL kaltes Wasser

Mississippi-Schokoladenkuchen (oben) *und Pecannuß-Pie* (unten)

VILLEROY & BOCH; CLAIRE'S ANTIQUE LINEN AND GIFTS

TIFFANY & CO.; CLAIRE'S ANTIQUE LINEN AND GIFTS

Schokoladenkuchen mit roten Rüben

FÜR DIE FÜLLUNG

3 Eier
2 EL (30 g) Butter, zerlassen
2 EL Weizenmehl
½ TL Vanille-Extrakt
⅛ TL Salz
120 g Zucker
⅜ l Maisstärkesirup (oder *Golden Syrup*)
190 g geschälte Pecannüsse, gehackt
60 g Pecannußhälften
Gesüßte Schlagsahne (nach Belieben)

Für den Teig Mehl und Salz in einer Schüssel vermischen. Butter und Pflanzenfett in Stücken dazugeben und alles mit einem Messer zu groben Streuseln verarbeiten. Eßlöffelweise das Wasser hinzufügen und mit der Gabel zu einem weichen Teig verrühren; nicht zu lange durcharbeiten. 1 Stunde kalt stellen.

Den Backofen auf 220 °C (Gasherd Stufe 4 – 5) vorheizen. Den Teig auf einem leicht bemehlten Brett ausrollen und eine 23 cm große Pie-Form damit auskleiden. Die Ränder kürzen und wellenförmig andrücken.

Für die Füllung die Eier in einer Schüssel schaumig schlagen. Butter, Mehl, Vanille-Extrakt, Salz, Zucker und Sirup darunterrühren.

Den Teigboden mit den gehackten Pecannüssen bestreuen und die Eimischung darübergießen. Die Nußkerne von außen nach innen ringförmig darauf anordnen, bis die Oberfläche bedeckt ist. In den Backofen geben, nach 10 Minuten auf 170 °C (Gasherd Stufe 1 – 2) herunterschalten und weitere 40 Minuten backen. Auf einem Kuchengitter abkühlen lassen. Nach Belieben mit gesüßter Schlagsahne reichen.

Für 8 Personen

California

Chocolate Beetroot Cake
Schokoladenkuchen mit roten Rüben

Dieser beliebte Kuchen wird mit roten Rüben zubereitet, damit er saftig bleibt. Das Rezept wurde vor über einem Jahrhundert mit den Planwagen-Trecks aus dem Mittelwesten nach Kalifornien gebracht.

90 g Zartbitter-Schokolade
¼ l Pflanzenöl
440 g Zucker
3 Eier
500 g gekochte rote Rüben, püriert
1 TL Vanille-Extrakt
250 g Weizenmehl
2 TL Natron
¼ TL Salz
Puderzucker

Den Backofen auf 190 °C (Gasherd Stufe 3) vorheizen. Die Schokolade mit 60 ml Öl im Wasserbad schmelzen, dann etwas abkühlen lassen.

Zucker und Eier in einer Rührschüssel schaumig schlagen. Nach und nach das restliche Öl, die pürierten Rüben, die Schokolade und den Vanille-Extrakt darunterrühren.

Mehl, Natron und Salz durchsieben und in kleinen Mengen unter den Teig mischen. Eine Kranzform einfetten und mit Mehl ausstäuben. Den Teig hineinfüllen und etwa 1 Stunde backen, bis ein in der Mitte hineingestochenes Hölzchen sauber bleibt. Den Kuchen 15 Minuten auf einem Gitter abkühlen lassen, dann aus der Form stürzen. Zuletzt mit Puderzucker bestreuen.

Für 8 Personen

Massachusetts

FUDGE
Weichkaramellen

»Fudge« wurde angeblich schon vor der Jahrhundertwende von Schülerinnen neuenglischer Mädchenpensionate abends zubereitet, damit sie länger aufbleiben durften. Es empfiehlt sich die Benutzung eines Zuckerthermometers.

Butter
500 g Zucker
180 ml Milch
60 g Blockschokolade, bitter
1 Prise Salz
1 TL Maisstärkesirup (oder *Golden Syrup*)
1 TL Vanille-Extrakt
60 g geschälte Pecannüsse, grobgehackt

Eine quadratische Backform (etwa 20 x 20 cm) großzügig mit Butter einfetten. Beiseite stellen.

Die Seitenwände eines 1½ - 2 l fassenden Topfes mit Butter bestreichen; Zucker, Milch, Schokolade, Salz und Sirup hineingeben. Ein Zuckerthermometer in den Topf hängen. Die Zutaten unter Rühren bei mittlerer Temperatur zum Kochen bringen. Die Hitze etwas reduzieren und die Flüssigkeit - ohne umzurühren - etwa 20 Minuten schwach köcheln lassen, bis das Thermometer 115 °C anzeigt. Die Karamelmasse muß eine weiche Kugel bilden, wenn man sie in kaltes Wasser tropfen läßt.

Von der Kochstelle nehmen; 2 Eßlöffel Butter hinzufügen, aber nicht darunterrühren. Etwa 20 Minuten abkühlen lassen, bis die Temperatur auf 75 °C gefallen ist. Den Vanille-Extrakt hinzufügen und kräftig durchrühren, bis die Masse ihren Glanz verliert. Die Nüsse daruntermischen und sofort in die vorbereitete Form geben. Auf einem Kuchengitter vollständig auskühlen lassen. In 4 cm große Quadrate schneiden und in einem luftdicht verschlossenen Behälter aufbewahren.

Ergibt 25 Stück

Massachusetts

CHOCOLATE CHIP COOKIES
Kekse mit Schokoladen-Chips

Als diese Kekse vor etwa sechzig Jahren erfunden wurden (zur Entstehungsgeschichte siehe S. 209), waren sie ein solcher Erfolg, daß die Firma Nestlé 1939 mit der Herstellung von Schokoladen-Chips begann. Die Kekse werden auch »Toll House cookies« genannt.

130 g sowie 2 EL Weizenmehl, durchgesiebt
½ TL Natron
½ TL Salz
130 g weiche Butter
6 EL (90 g) Zucker
6 EL (90 g) brauner Zucker
½ TL Vanille-Extrakt
¼ TL Wasser
1 Ei
190 g Schokoladen-Chips, zartbitter
60 g Haselnüsse, grobgehackt

Den Backofen auf 190 °C (Gasherd Stufe 3) vorheizen. Mehl, Natron und Salz durchsieben.

In einer Schüssel Butter, weißen und braunen Zucker, Vanille-Extrakt, Wasser und Ei cremig rühren. Die Mehlmischung dazugeben und alles gründlich vermengen. Die Schokoladenstückchen und die Nüsse darunterrühren.

Den Teig eßlöffelweise auf ein gefettetes Backblech setzen und 10 - 12 Minuten backen. Die Kekse noch einige Minuten auf dem Backblech ruhen, dann auf einem Kuchengitter vollständig auskühlen lassen.

Ergibt etwa 24 Kekse

Maine

BROWNIES
Schokoladenschnitten mit Nüssen

Man sagt, eine Bibliothekarin aus Maine habe die berühmten »Brownies« erfunden, als sie ihren Schokoladenkuchen versehentlich ohne Backpulver zubereitete. Die Dame hieß angeblich Brownie Schrumpf.

60 g Blockschokolade, bitter
125 g Butter, in Stücke geschnitten
2 Eier
250 g Zucker
1 TL Vanille-Extrakt
60 g Weizenmehl
1 Prise Salz
60 g saure Sahne
90 g Walnußkerne, gehackt

Den Backofen auf 170 °C (Gasherd Stufe 1 - 2) vorheizen. Schokolade und Butter im heißen Wasserbad zum Schmelzen bringen. Etwas abkühlen lassen.

In einer Schüssel Eier und Zucker schaumig schlagen. Nach und nach die geschmolzene Schokolade und den Vanille-Extrakt daruntermischen. Das Mehl in kleinen Mengen durch ein Sieb hinzufügen und darunterrühren. Salz, saure Sahne und Nüsse dazugeben.

Eine quadratische Backform (etwa 20 x 20 cm) einfetten und den Teig hineingeben. 25 - 30 Minuten backen, bis ein in die Mitte gestecktes Hölzchen fast sauber bleibt - der Teig soll innen noch etwas weich sein. Auf einem Gitter vollständig auskühlen lassen; in Rechtecke schneiden.

Ergibt etwa 20 Stück

Missouri

ANGEL FOOD CAKE
Biskuitkuchen mit Vanille

Viel steifgeschlagenes Eiweiß macht den »Angel food cake« so locker. Das Rezept ist alt, aber man weiß nicht genau, ob es von den Pennsylvania-Deutschen oder aus Missouri stammt.

130 g Weizenmehl, davon 2 EL durch Maisstärke ersetzt
380 g Zucker
Eiweiß von etwa 10 Eiern (mit Raumtemperatur)
1¼ TL Weinstein
¼ TL Salz
1 TL Vanille-Extrakt
¼ TL Mandel-Extrakt
Puderzucker

Den Backofen auf 160 - 170 °C (Gasherd Stufe 1 - 2) vorheizen. Das Mehl zusammen mit 130 g Zucker dreimal durchsieben.

Das Eiweiß in einer Schüssel mit dem elektrischen Handrührer schaumig schlagen. Weinstein und Salz hinzufügen; weiter schlagen, bis sich weiche Spitzen bilden. Den restlichen Zucker langsam hineinrieseln lassen - dabei das Gerät auf höhere Stufe schalten. Vanille- und Mandel-Extrakt dazugeben.

Die Mehl-Zucker-Mischung jeweils in kleinen Mengen über den Eischnee sieben und darunterheben.

Den Biskuitteig in eine ungefettete Napfkuchenform füllen und etwa 1 Stunde backen. (An einem Hölzchen, das man in die Mitte sticht, darf kein Teig mehr haften.) Die Form umgekehrt auf ein Gitter geben; den Kuchen vollständig auskühlen lassen. Aus der Backform nehmen; zuletzt mit Puderzucker bestreuen.

Für 8 - 10 Personen

Abbildung S. 222

Rechte Seite: *Kekse mit Schokoladen-Chips* (oben), *Schokoladenschnitten mit Nüssen* (links) *und Weichkaramellen* (rechts)

Biskuitkuchen mit Vanille (oben links, Rezept S. 220), *Haferflockenplätzchen* (unten) *und Sesamplätzchen* (auf den Haferflockenplätzchen und als Röllchen, oben rechts)

North Carolina

BENNE WAFERS

Sesamplätzchen

Man sagt, afrikanische Sklaven hätten Sesamkörner als Glücksbringer mit nach Amerika gebracht. Seither werden sie im Süden gern und reichlich verwendet.

1 Ei; ½ TL Vanille-Extrakt
6 EL (90 g) Butter, zerlassen
130 g brauner Zucker
30 g Weizenmehl
60 g geschälte Pecannüsse, gehackt
60 g geröstete Sesamkerne

Den Backofen auf 200 °C (Gasherd Stufe 3 - 4) vorheizen. Ei und Vanille-Extrakt in einer Schüssel mit dem elektrischen Handrührer verschlagen. Nach und nach die zerlassene Butter darunterrühren. Bei mittlerer Stufe den Zucker hineinrieseln lassen. Wenn die Masse leicht schaumig ist, bei niedriger Stufe das Mehl in drei Portionen darunterarbeiten. Pecannüsse und Sesamkerne darunterrühren.

Ein Backblech mit Alufolie auslegen; leicht einfetten. In weitem Abstand teelöffelweise Teig auf das Blech geben (nicht mehr als sechs Plätzchen auf einmal, da der Teig auseinanderläuft). 5 - 7 Minuten backen. Die Alufolie auf ein Kuchengitter ziehen und die Plätzchen vollständig auskühlen lassen. Erst dann von der Folie lösen.

Ergibt etwa 24 Plätzchen

South Carolina

LACE COOKIES

Haferflockenplätzchen

Eine weitere Spezialität aus dem Süden sind diese köstlichen Haferflockenplätzchen.

1 Ei
½ TL Vanille-Extrakt
125 g Butter, zerlassen
170 g brauner Zucker
190 g Haferflocken
60 g Walnußkerne, gehackt

Den Backofen auf 190 °C (Gasherd Stufe 3) vorheizen. Ei und Vanille-Extrakt in einer Schüssel verschlagen. Nach und nach die zerlassene Butter darunterrühren. Den Zucker hineinrieseln lassen und die Masse leicht schaumig schlagen. Haferflocken und Walnüsse darunterrühren.

Ein Backblech mit Alufolie auslegen und leicht einfetten. In weitem Abstand teelöffelweise Teig auf das Blech geben und flachstreichen (nicht mehr als sechs Plätzchen auf einmal, da der Teig auseinanderläuft). In etwa 8 Minuten goldbraun backen. Die Alufolie auf ein Kuchengitter ziehen und die Plätzchen vollständig auskühlen lassen. Erst dann von der Folie lösen.

Ergibt etwa 24 Plätzchen

Rhode Island

INDIAN PUDDING

Indianischer Pudding

Während der frühen Kolonialzeit wurde dieser Pudding wahrscheinlich aus Wasser, Maismehl, Honig, Rindertalg und viel Ingwer zubereitet. Heute sind andere Zutaten verfügbar.

¼ l Wasser
90 g gelbes Maismehl
¾ l kalte Milch
2 EL (30 g) Butter
¼ TL Salz
⅛ l Melasse (oder dunkler Zuckersirup)
1 TL gemahlener Ingwer
1 Ei, leicht verschlagen
Schlagsahne

Den Backofen auf 170 °C (Gasherd Stufe 1 - 2) vorheizen. In einem schweren Topf Maismehl und Wasser glattrühren. Unter ständigem Rühren bei starker Temperatur zum Kochen bringen. Die Milch dazugießen, die Hitze reduzieren und unter Rühren in etwa 5 Minuten erneut zum Kochen bringen. Auf niedrige Temperatur schalten und 15 Minuten köcheln lassen; häufig umrühren. Die Mischung soll dick und cremig werden. Butter und Salz daruntermischen und vom Herd nehmen. 10 Minuten abkühlen lassen; gelegentlich umrühren.

Die Melasse daruntermischen. Den Ingwer und das verschlagene Ei hinzufügen. In eine gefettete 1½ - 2 l fassende ofenfeste Form geben und etwa 1½ Stunden backen, bis die Masse fest ist. Auf einem Kuchengitter auskühlen lassen (der Pudding wird noch fester). Mit Sahne servieren.

Für 8 Personen

Louisiana

NEW ORLEANS BREAD PUDDING

New-Orleans-Brotpudding

Brotpudding gehört zu den Standardgerichten der amerikanischen Küche. Das folgende Rezept aus dem Lokal »Chez Helène« in New

Indianischer Pudding (oben) *und New-Orleans-Brotpudding* (unten)

Orleans ist geradezu eine Offenbarung und sollte in keinem Buch über die regionale amerikanische Küche fehlen.

1 altbackenes Stangenweißbrot (250 - 300 g), in Stücke gebrochen
650 ml Milch
250 g weiche Butter
500 g Zucker
Etwa 400 ml Kondensmilch
2 EL frisch geriebene Muskatnuß
2 EL Vanille-Extrakt
160 g Rosinen (oder Sultaninen)
Rumcreme (Rezept rechts)

Den Backofen auf 180 °C (Gasherd Stufe 2 - 3) vorheizen. Das Brot in einer Schüssel mit der Milch übergießen und 10 Minuten stehenlassen.

Die Butter und den Zucker in einer Schüssel schaumig schlagen. Kondensmilch, geriebene Muskatnuß und Vanille-Extrakt darunterrühren. Das eingeweichte Weißbrot und die Rosinen dazugeben und vermengen.

Die Mischung in eine 3 - 4 l fassende, hohe, ofenfeste Form füllen, auf ein Backblech geben und 1 Stunde backen. Mit einem Holzlöffel vorsichtig umrühren; eine weitere Stunde backen, bis der Pudding die gesamte Flüssigkeit aufgenommen hat. Noch warm mit Rumcreme servieren.

Für 8 - 10 Personen

RUMCREME

125 g weiche Butter
180 g Puderzucker
3 EL Rum

Butter und Zucker schaumig schlagen. Den Rum darunterrühren. Zugedeckt kalt stellen. Mindestens 30 Minuten vor dem Servieren aus dem Kühlschrank nehmen.

Ergibt 2 große Tassen

Traditionelle Schokoladentorte

Illinois

OLD-FASHIONED CHOCOLATE LAYER CAKE

Traditionelle Schokoladentorte

Als Schokoladentorten um 1880 erstmals in Kochbüchern auftauchten, erregten sie höchstes Mißtrauen, weil Natron und Backpulver als Treibmittel noch neu waren.

FÜR DIE TORTENBÖDEN

130 g Zartbitter-Schokolade
Gut 300 ml Milch
Knapp 400 g brauner Zucker
1 TL Vanille-Extrakt
3 Eier, getrennt
320 g Weizenmehl, davon 2½ EL durch Maisstärke ersetzt, durchgesiebt
1 TL Natron
¼ TL Salz
125 g weiche Butter

FÜR DIE GLASUR

90 g Blockschokolade, bitter
440 g gezuckerte Kondensmilch
125 g Butter, in Stücke geschnitten
1 Eigelb, leicht verschlagen
1½ TL Vanille-Extrakt

Den Backofen auf 180 °C (Gasherd Stufe 2 - 3) vorheizen. Für die Tortenböden Schokolade, Milch, Zucker, Vanille und 1 Eigelb in eine Schüssel geben. Über einen Topf mit heißem Wasser setzen und die Schokolade unter Rühren zum Schmelzen bringen. Abkühlen lassen.

Mehl, Backpulver und Salz durchsieben.

Die Butter in einer großen Schüssel schaumig schlagen. Die beiden restlichen Eigelb einzeln darunterrühren. Schokoladen- und Mehlmischung abwechselnd in kleinen Mengen daruntergeben. Den Teig nicht zu lange durcharbeiten.

Die Eiweiß steif schlagen, unter den Teig heben.

Zwei Backformen von 24 cm Durchmesser einfetten, mit Mehl ausstäuben, den Teig hineinfüllen. Die Böden 25 - 30 Minuten backen. (An einem Hölzchen, das man in die Mitte sticht, darf kein Teig mehr haften.) Auf einem Kuchengitter auskühlen lassen; aus den Formen nehmen.

Für die Glasur die Schokolade im heißen Wasserbad schmelzen lassen. Die Kondensmilch, dann stückchenweise die Butter hinzufügen, Eigelb und Vanille darunterrühren; die Glasur erhitzen, bis sie leicht eindickt. Etwas abkühlen lassen. Einen der Tortenböden damit bestreichen, den zweiten daraufgeben und die Torte rundum mit Glasur überziehen.

Für 8 - 10 Personen

Pennsylvania

FUNERAL PIE

Rosinen-Pie

Dieser Kuchen wird »Funeral pie« genannt, weil die Pennsylvania-Deutschen ihn früher oft ihren Trauergästen servierten. Heute ißt man ihn auch zu fröhlichen Anlässen.

FÜR DEN TEIG

310 g Weizenmehl
1 TL Zucker
½ TL Salz
125 g kalte Butter
125 g kaltes Pflanzenfett
60 ml kaltes Wasser

FÜR DIE FÜLLUNG

320 g Rosinen
¼ l Orangensaft
¼ l Wasser
1 TL abgeriebene Orangenschale
180 g sowie 1 EL Zucker
2 EL Maisstärke
¾ TL gemahlener Piment
⅛ TL frisch geriebene Muskatnuß
1 EL Zitronensaft
60 g Walnußkerne, gehackt
1 Ei, verschlagen
Schlagsahne oder Vanille-Eis

Für den Teig in einer Schüssel Mehl, Zucker und Salz vermischen. Butter und Pflanzenfett mit einem Messer darunterarbeiten, bis grobe Streusel entstehen. Eßlöffelweise das Wasser hinzufügen und mit der Gabel zu einem weichen Teig verrühren. 1 Stunde kalt stellen.

Den Backofen auf 220 °C (Gasherd Stufe 4 - 5) vorheizen. Die Hälfte des Teigs auf einem leicht bemehlten Brett ausrollen; eine Pie-Form von 23 cm Durchmesser damit auslegen.

Für die Füllung Rosinen, Orangensaft, Wasser und Orangenschale in einem Topf zum Kochen bringen. Die Hitze reduzieren; 5 Minuten köcheln lassen.

180 g Zucker, Maisstärke, Piment und Muskat vermischen. Nach und nach zu den Rosinen geben; etwa 2 Minuten unter Rühren erhitzen, bis die Mischung eindickt. Zitronensaft und Walnüsse hinzufügen und in die mit Teig ausgelegte Pie-Form füllen.

Den restlichen Teig ausrollen und als Deckel darauflegen. Die Ränder kürzen und wellenförmig andrücken. Den Teigdeckel mit Schlitzen versehen, mit verschlagenem Ei bestreichen, mit 1 EL Zucker bestreuen. In 20 - 25 Minuten im Ofen goldgelb backen. Den Kuchen warm mit Schlagsahne oder Vanille-Eis servieren.

Für 8 Personen

Rechte Seite: *Rosinen-Pie* (oben) *und Reispudding* (unten, Rezept S. 226)

South Carolina

BAKED RICE PUDDING

Reispudding

Die Engländer brachten ihre Vorliebe für Reispudding einst mit in die neue Welt. Die folgende Version läßt sich durch Rosinen noch verfeinern, bevor der Pudding in den Ofen kommt.

8 Eigelb
250 g Zucker
5 EL Weizenmehl
½ l Milch, aufgekocht
1 TL Vanille-Extrakt
Knapp 200 g gekochter Reis (etwa 90 g Rohgewicht)
3 Eiweiß
Vanille-Sauce (Rezept unten)

Den Backofen auf 180 °C (Gasherd Stufe 2 - 3) vorheizen. In einer großen Schüssel die Eigelb hellgelb und schaumig schlagen. Zucker und Mehl durchsieben und langsam in die Eimasse rieseln lassen. 10 Minuten kräftig durchrühren. Langsam die Milch dazugießen.

In eine Metallschüssel füllen und über einen Topf mit heißem Wasser setzen. Unter ständigem Rühren erhitzen, bis die Mischung am Löffelrücken haften bleibt. Durch ein Sieb in eine Schüssel gießen, Vanille und Reis darunterrühren.

Das Eiweiß steif schlagen und unter die Reismischung heben. In eine eingefettete Soufflé-Form von 2 l Inhalt füllen. 25 - 30 Minuten im Ofen backen; der Reispudding soll innen noch etwas feucht sein. Warm oder kalt mit Vanille-Sauce servieren.

Für 8 Personen *Abbildung S. 225*

VANILLE-SAUCE

6 Eigelb
250 g Zucker
550 ml heiße Milch
1 TL Vanille-Extrakt
1 EL Kirschwasser
⅛ l Sahne, geschlagen

Eigelb und Zucker im Wasserbad verschlagen. Die Milch hinzufügen und unter ständigem Rühren etwa 30 Minuten erhitzen, bis die Masse dickflüssig wird. Vom Feuer nehmen und den Vanille-Extrakt daruntermischen. Auf Raumtemperatur abkühlen lassen. Das Kirschwasser hinzufügen, die Schlagsahne darunterheben und einige Stunden kalt stellen.

Ergibt etwa 5 Tassen

J. GOLDSMITH ANTIQUES

Erdnuß-Candy (oben) *und Bataten-Pie* (unten)

Georgia

PEANUT BRITTLE

Erdnuß-Candy

Erdnuß-Candy kennt man im Süden seit der Jahrhundertwende. Für die Zubereitung empfiehlt sich ein Zuckerthermometer.

500 g ungeröstete geschälte Erdnüsse
1½ TL Natron
½ TL Salz
500 g Zucker
¼ l heller Maisstärkesirup (oder *Golden Syrup*)
⅛ l Wasser
60 g Butter

Den Backofen auf 180 °C (Gasherd Stufe 2 - 3) vorheizen. Die Erdnüsse auf einem Backblech 15 Minuten rösten. In einer Schüssel warm halten.

Natron und Salz vermischen, beiseite stellen.

Zucker, Sirup und Wasser in einem Topf erhitzen und sprudelnd kochen lassen, bis der Sirup eine goldgelbe Farbe annimmt und das Zuckerthermometer 135 °C anzeigt. Die Nüsse dazugeben und alles auf 145 °C erhitzen. Von der Kochstelle nehmen; rasch die Butter und die Natronmischung darunterrühren. Sofort in eine Kastenform (etwa 25 x 15 cm) gießen. 2 Stunden abkühlen lassen, dann in Stücke brechen.

Ergibt gut 1 kg

Virginia

SWEET POTATO PIE

Bataten-Pie

Bei den Bewohnern des Südens hat die Zubereitung von Pies aus Bataten (Süßkartoffeln) eine lange Tradition.

FÜR DEN TEIG

150 g Weizenmehl
¼ TL Salz
60 g kalte Butter
60 g kaltes Pflanzenfett
2 - 3 EL kaltes Wasser

FÜR DIE FÜLLUNG

Püree aus 2 kleinen gekochten Bataten
2 Eier, verschlagen
300 ml Milch
60 g brauner Zucker
130 g Zucker
¼ TL Salz
½ TL Zimt
½ TL frisch geriebene Muskatnuß

1 Messerspitze gemahlene Nelken
2 EL Rum
60 g Butter, zerlassen

Für den Teig das Mehl in einer großen Schüssel mit dem Salz vermischen. Butter und Pflanzenfett mit einem Messer darunterarbeiten, bis grobe Streusel entstehen. Eßlöffelweise das Wasser hinzufügen und mit der Gabel zu einem weichen Teig vermischen. 1 Stunde in den Kühlschrank stellen.

Den Backofen auf 220 °C (Gasherd Stufe 4 - 5) vorheizen. Den Teig auf einem leicht bemehlten Brett ausrollen; eine Pie-Form von 23 cm Durchmesser damit auslegen. Den Rand kürzen und wellenförmig andrücken.

Für die Füllung die pürierten Bataten und die übrigen Zutaten in eine große Schüssel geben. Glattrühren, in die Backform füllen und in den Ofen stellen. Nach 10 Minuten auf 150 °C (Gasherd Stufe 1) herunterschalten und den Batatenkuchen noch 45 - 60 Minuten backen, bis er fest ist.

Für 6 - 8 Personen

Vermont

New England Pumpkin Pie
Kürbis-Pie aus Neuengland

Schon zur Feier des zweiten »Thanksgiving Day« 1623 soll Kürbis-Pie gebacken worden sein. Seither darf er an diesem Festtag nicht fehlen.

FÜR DEN TEIG
250 g Weizenmehl
2 TL Zucker
½ TL Salz
120 g kaltes Schweineschmalz
60 g kaltes Pflanzenfett
1 Ei, leicht verschlagen
1½ TL Rotweinessig
2 EL kaltes Wasser

FÜR DIE FÜLLUNG
380 g Kürbispüree (Rezept S. 32)
3 EL (50 g) Butter, zerlassen
130 g Zucker
60 ml Ahornsirup
1 TL Zimt
½ TL frisch geriebene Muskatnuß
¼ TL gemahlene Nelken
3 Eier, getrennt
⅛ l Milch
60 ml Sahne
Gesüßte Schlagsahne

Für den Teig Mehl, Zucker und Salz in einer Schüssel vermischen. Schweineschmalz und Pflanzenfett mit einem Messer darunterarbeiten, bis grobe Streusel entstehen. Eßlöffelweise das verschlagene Ei, Essig und Wasser dazugeben und mit der Gabel zu einem weichen Teig verrühren. 1 Stunde kalt stellen.

Den Backofen auf 180 °C (Gasherd Stufe 2 - 3) vorheizen. Den Teig auf einem leicht bemehlten Brett ausrollen; eine Pie-Form von 25 cm Durchmesser damit auslegen. Den Rand kürzen und wellenförmig andrücken.

Für die Füllung alle Zutaten - mit Ausnahme von Eiweiß und Schlagsahne - in einer großen Schüssel gründlich vermengen.

Das Eiweiß steif schlagen. Unter die Kürbismasse heben und in die Backform füllen. Etwa 50 Minuten backen, bis ein zwischen Mitte und Rand hineingestecktes Hölzchen sauber bleibt. Den Kürbis-Pie auf einem Kuchengitter abkühlen lassen; mit gesüßter Schlagsahne servieren.

Für 6 - 8 Personen

Kürbis-Pie aus Neuengland

TIFFANY & CO.

New York

APPLE PIE
Apfel-Pie

Im 18. und 19. Jahrhundert wurde im Nordosten fast täglich »Apple pie« gegessen, oft schon zum Frühstück.

FÜR DEN TEIG
250 g Weizenmehl
¼ TL Zucker
½ TL Salz
1 Messerspitze Zimt
125 g kalte Butter
3 EL kaltes Pflanzenfett
Etwa 5 EL kaltes Wasser

FÜR DIE FÜLLUNG
5 große grüne Äpfel
1½ EL Weizenmehl
250 g Zucker
1 Prise Salz
1 EL Zimt
⅛ TL frisch geriebene Muskatnuß
1 EL Zitronensaft
Abgeriebene Schale von 1 Zitrone
½ TL Vanille-Extrakt
1½ EL (30 g) Butter, in Stücke geschnitten
1 Ei, verschlagen

Für den Teig in einer Schüssel Mehl, Zucker, Salz und Zimt vermischen. Butter und Pflanzenfett mit einem Messer daruntерarbeiten, bis grobe Streusel entstehen.

Eßlöffelweise das Wasser hinzufügen und mit der Gabel zu einem weichen Teig vermischen; nicht zu lange durcharbeiten. 1 Stunde kalt stellen.

Den Backofen auf 230 °C (Gasherd Stufe 5) vorheizen. Für die Füllung die Äpfel schälen, Kerngehäuse entfernen, in Scheiben schneiden. In einer Schüssel mit Mehl, Zucker, Salz, Zimt, Muskat, Zitronensaft, Zitronenschale und Vanille-Extrakt vermischen.

Gut die Hälfte des Teigs auf einem leicht bemehlten Brett ausrollen; eine Pie-Form von 23 cm Durchmesser damit auslegen. Die Füllung hineingeben, Butterstückchen daraufsetzen.

Den restlichen Teig ausrollen; Äpfel und Blätter (siehe Bild) ausstechen und auf der Apfelfüllung verteilen. Mit verschlagenem Ei bestreichen und die Form auf einem Backblech in den Ofen geben. Nach 15 Minuten auf 180 °C (Gasherd Stufe 2 – 3) herunterschalten. Noch etwa 50 Minuten backen, bis der Teig goldgelb und das Obst weich ist.

Für 8 Personen

Apfel-Pie

New York

Boozy Chiffon Pie

Pie mit Eiercreme-Füllung

Chiffon pies entstanden zu Anfang des Jahrhunderts und waren besonders in den »wilden zwanziger Jahren« sehr beliebt. Der Boden besteht meist aus zerkrümelten Keksen, die Füllung aus einer leichten Eiercreme. Die folgende, besonders köstliche Version stammt vom unvergeßlichen Bert Greene.

FÜR DEN BODEN

190 g Schokoladenkekse (oder Weizenvollkornkekse), zerkrümelt
50 g Puderzucker, durchgesiebt
6 EL (90 g) Butter, zerlassen
1 TL Zimt
1 TL Instant-Kaffeepulver

FÜR DIE FÜLLUNG

1 Päckchen weiße Gelatine
⅛ l kaltes Wasser
160 g Zucker
⅛ TL Salz
3 Eier, getrennt
60 ml Cognac
½ Tasse *Crème de cacao* (Likör)
½ l Sahne, geschlagen
Schokoladenspäne zum Garnieren (siehe Anmerkung S. 232)

Den Backofen auf 150 °C (Gasherd Stufe 1) vorheizen. Für den Boden in einer Schüssel die zerkrümelten Kekse, Zucker, Butter, Zimt und Kaffeepulver vermischen.

Eine Pie-Form von 23 cm Durchmesser einfetten; die Mischung hineinfüllen und fest gegen den Boden und die Seiten der Form drücken. 15 Minuten backen; auf einem Kuchengitter abkühlen lassen.

Für die Füllung das Wasser in einen Topf gießen und die Gelatine hineinstreuen. Zucker, Salz und Eigelb hinzufügen. Bei niedriger Temperatur unter Rühren eindicken, aber nicht kochen lassen. Vom Feuer nehmen und Cognac sowie *Crème de cacao* darunterrühren. Etwa 30 Minuten in den Kühlschrank stellen, bis die Masse leicht geliert.

Die Eiweiß steif schlagen. Die Creme glattrühren (wenn nötig einige Tropfen kochendes Wasser hinzufügen). Den Eischnee und dann die Hälfte der Schlagsahne darunterheben. Auf dem Kuchenboden verteilen und 3 Stunden in den Kühlschrank stellen.

Mit der restlichen Schlagsahne und mit Schokoladenspänen garnieren.

Für 6–8 Personen

Florida

Key Lime Pie

Limetten-Pie mit Baiserhaube

Diese Pies entstanden Mite des vorigen Jahrhunderts auf den Inseln an der Südspitze Floridas (Florida Keys), wo man mangels frischer Milch Kondensmilch verwendete. Die folgende Version kann auch gut gekühlt oder gar tiefgefroren mit Schlagsahne serviert werden.

FÜR DEN BODEN

190 g Graham-Cracker (oder Weizenvollkornkekse), zerkrümelt
90 g Zucker
90 g Butter, zerlassen

FÜR DIE FÜLLUNG

4 Eigelb
440 g gezuckerte Kondensmilch
Etwa ⅛ l Limettensaft
Abgeriebene Schale von 1 Limette
1 Spritzer Angostura-Bitter

Pie mit Eiercreme-Füllung (oben) *und Limetten-Pie mit Baiserhaube* (unten)

FÜR DIE BAISERMASSE

4 Eiweiß
¼ TL Weinstein
130 g Zucker

Den Backofen auf 180 °C (Gasherd Stufe 2–3) vorheizen. Für den Boden in einer Schüssel die zerkrümelten Kekse, Zucker und Butter vermischen. Eine Pie-Form von 23 cm Durchmesser einfetten, die Mischung hineingeben und fest gegen Boden und Seiten drücken. 8–10 Minuten backen; auf einem Kuchengitter abkühlen lassen.

Für die Füllung in einer Schüssel Eigelb und Kondensmilch verrühren. Limettensaft, Limettenschale und Angostura-Bitter daruntermischen. Wenn nötig, mehr Limettensaft hinzufügen; der Geschmack soll säuerlich sein. In die Pie-Form füllen und 15 Minuten backen. Auf einem Kuchengitter abkühlen lassen. In den Kühlschrank stellen.

Für die Baisermasse die Eiweiß in einer Schüssel mit dem Weinstein steif schlagen. Den Zucker hineinrieseln lassen und weiterschlagen, bis der Eischnee steif ist und glänzt. Die Baisermasse auf dem Kuchen sorgfältig bis zu den Teigrändern verteilen, da sie sich sonst zusammenzieht. 1–2 Minuten unter dem vorgeheizten Grill bräunen. Gut gekühlt servieren.

Für 6–8 Personen

Haferflockenkuchen (oben) *und Früchtekuchen mit Apfelmus* (unten)

Ohio

MIDWESTERN OATMEAL CAKE
Haferflockenkuchen

Dieses im ganzen Mittleren Westen beliebte Rezept stammt aus Jim Fobels »Old-Fashioned Baking Book«.

FÜR DEN KUCHENTEIG
150 g Haferflocken
300 ml kochendes Wasser
180 g Weizenmehl
1 TL Zimt
½ TL Backpulver
½ TL Natron
½ TL Salz
125 g weiche Butter
120 g brauner Zucker
120 g Zucker
2 große Eier
1 TL Vanille-Extrakt

FÜR DEN BELAG
60 g Butter
80 ml Kondensmilch
90 g brauner Zucker
60 g kernige Haferflocken
50 g gesüßte Kokosraspeln
60 g Walnußkerne, gehackt
60 g geschälte Pecannüsse, gehackt

Den Backofen auf 180 °C (Gasherd Stufe 2 - 3) vorheizen. Für den Teig die Haferflocken in einer feuerfesten Schüssel mit dem kochenden Wasser übergießen. Umrühren und lauwarm werden lassen.

Mehl, Zimt, Backpulver, Natron und Salz vermischen.

In einer großen Schüssel die Butter mit einem elektrischen Handrührer schaumig schlagen. Den Zucker hineinrieseln lassen, die Eier einzeln hinzufügen und gründlich daruntermischen. Den Vanille-Extrakt dazugeben.

Bei niedriger Stufe abwechselnd die Mehlmischung und die Haferflocken in kleinen Mengen daruntergeben; den Teig nicht zu lange durcharbeiten.

Eine Springform von 22 cm Durchmesser einfetten und mit Mehl ausstäuben. Den Teig hineinfüllen und auf der mittleren Schiene 30 - 35 Minuten backen, bis er fest ist. Auf einem Kuchengitter abkühlen lassen; die Form öffnen. Den Kuchen auf ein Backblech stellen.

Den Grill vorheizen. Für den Belag Butter und Kondensmilch in einem Topf langsam zum köcheln bringen. Den braunen Zukker hinzufügen und rühren, bis er sich aufgelöst hat. Vom Herd nehmen und Haferflocken, Kokosraspeln, Walnüsse und Pecannüsse darunterrühren. Die Mischung auf dem Kuchen verteilen. Etwa 2 Minuten unter den Grill stellen, bis der Belag goldbraun ist (er verbrennt leicht!). Vor dem Servieren abkühlen lassen.

Für 8 - 10 Personen

Massachusetts

APPLESAUCE CAKE
Früchtekuchen mit Apfelmus

Der »Applesauce cake« ist ein mit Apfelmus verfeinerter Früchtekuchen. Am besten schmeckt er mit selbstgemachtem Apfelmus!

FÜR DEN KUCHENTEIG
90 g Rosinen
90 g Korinthen
60 g Walnußkerne, gehackt
180 g Weizenmehl, durchgesiebt
125 g weiche Butter
250 g Zucker
1 Ei
1 TL Natron
½ TL Backpulver
½ TL frisch geriebene Muskatnuß
½ TL gemahlene Nelken
1 TL Zimt
280 g Apfelmus (Rezept nächste Seite)

FÜR DIE GLASUR
60 g weiche Butter
1½ TL Vanille-Extrakt
500 g Puderzucker
3 - 4 EL (60 ml) Sahne

Den Backofen auf 180 °C (Gasherd Stufe 2 - 3) vorheizen. Für den Teig Rosinen, Korinthen, Walnüsse und 30 g Mehl in einer Schüssel vermischen. Beiseite stellen.

Die Butter in einer Schüssel schaumig schlagen. Langsam den Zucker, dann das Ei darunterrühren.

Die verbliebenen 150 g Mehl, Natron, Backpulver, Muskat, Nelkenpulver und Zimt in eine Schüssel sieben. Abwechselnd mit dem Apfelmus in kleinen Mengen zur Eimasse geben (bei Verwendung von Apfelmus aus dem Glas zusätzlich 30 - 60 g Mehl hinzufügen, damit der Teig nicht zu dünnflüssig wird). Die Rosinenmischung darunterrühren.

Eine Springform von 22 cm Durchmesser einfetten und mit Mehl ausstäuben. Den Teig hineinfüllen und etwa 50 Minuten backen. (An einem in die Mitte gesteckten Holzstäbchen darf kein Teig mehr haften.) Auf einem Kuchengitter abkühlen lassen. Die Form öffnen.

Für die Glasur in einer Schüssel Butter und Vanille-Extrakt verrühren. Nach und nach den Puderzucker hinzufügen und die Masse durcharbeiten, bis sie locker und mehlartig wird. Dann gerade soviel Sahne dazugeben, daß die Glasur streichfähig ist. Den Kuchen rundum damit überziehen.

Für 8 - 10 Personen

WILLMANN IMPORTS

Kirsch-Pie

APFELMUS

1,5 kg säuerliche grüne Äpfel
½ TL abgeriebene Zitronenschale
170 g brauner Zucker
2 TL Zitronensaft
3 EL Rum
2 EL (30 g) Butter

Die Äpfel schälen, das Kerngehäuse entfernen. In 3 mm dicke Scheiben schneiden. Äpfel und Zitronenschale in einem großen schweren Topf zugedeckt bei schwacher Hitze in etwa 30 Minuten sehr weich garen.

Die Äpfel zerdrücken; Zucker, Zitronensaft, Rum und Butter hinzufügen. Halb zugedeckt bei niedriger Temperatur 10 Minuten erhitzen. Die Temperatur erhöhen, wenn das Apfelmus zu dünnflüssig ist. Bis zur Verwendung zugedeckt in den Kühlschrank stellen.

Ergibt etwa 1 kg

Michigan

Cherry Pie
Kirsch-Pie

Die Siedler kreuzten die wilden Kirschen, die sie am Ostufer des Michigansees vorfanden, mit europäischen Sorten, und heute kann man dort jedes Jahr die prachtvolle Kirschblüte bewundern. Den folgenden Kuchen kann man natürlich auch mit einem normalen, mit Schlitzen versehenen Teigdeckel bedecken.

FÜR DEN TEIG

300 g Weizenmehl
1 TL Zucker
½ TL Salz
125 g kalte Butter
125 g kaltes Pflanzenfett
60 ml kaltes Wasser

FÜR DIE FÜLLUNG

1 kg entsteinte frische Kirschen
250 g Zucker
1 EL Rotweinessig
5 EL Weizenmehl
1½ EL (30 g) Butter
1 verschlagenes Ei

Für den Teig in einer Schüssel Mehl, Zucker und Salz vermischen. Butter und Pflanzenfett mit einem Messer darunterarbeiten, bis grobe Streusel entstehen. Eßlöffelweise das Wasser hinzufügen und mit der Gabel zu einem weichen Teig verrühren. 1 Stunde kalt stellen.

Den Backofen auf 230 °C (Gasherd Stufe 5) vorheizen. Kirschen, Zucker und Essig in einer Schüssel vermischen. Eßlöffelweise das Mehl darübersieben, vorsichtig darunterheben.

Gut die Hälfte des Teigs auf einem leicht bemehlten Brett ausrollen und eine Pie-Form von 23 cm Durchmesser damit auslegen. Die Kirschen hineinfüllen, Butterflöckchen daraufsetzen.

Den restlichen Teig ausrollen, in 2 - 3 cm breite Streifen schneiden, gitterartig über die Kirschen legen und am Rand andrücken. Mit dem verschlagenen Ei bestreichen und die Form auf ein Backblech in den Ofen geben. Nach 15 Minuten auf 180 °C (Gasherd Stufe 2 - 3) herunterschalten und in etwa 30 - 35 Minuten hellbraun backen. Auf einem Kuchengitter abkühlen lassen.

Für 6 - 8 Personen

TIFFANY & CO; DILLINGHAM & COMPANY ANTIQUES

Baiser mit Schokoladensahne

Oregon

CHOCOLATE ANGEL PIE
Baiser mit Schokoladensahne

Die Kochbuchautorin Rose Naftalin kreierte diesen köstlichen Pie, der in ihrem Restaurant in Portland ein großer Erfolg wurde.

FÜR DEN BAISERBODEN

Eiweiß von 3 großen Eiern
1 Prise Salz
¼ TL Weinstein
150 g Zucker
½ TL Vanille-Extrakt
50 g geschälte Walnüsse oder Pecannüsse, feingehackt

FÜR DIE FÜLLUNG

150 g Zartbitter-Schokolade
60 ml heiße Milch
1 TL Vanille-Extrakt
1 Prise Salz
440 ml Sahne
2 EL Puderzucker
Schokoladenspäne*

*Schokoladenspäne werden mit einem Sparschäler von einer Tafel Schokolade abgehobelt.

Den Backofen auf 140 °C (Gasherd Stufe 1) vorheizen. Für den Baiserboden Eiweiß, Salz und Weinstein in einer Schüssel schlagen, bis sich weiche Spitzen bilden. Den Zucker hineinrieseln lassen, den Eischnee dabei sehr steif schlagen. Den Vanille-Extrakt hineinrühren.

Eine 23 cm große Pie-Form aus Glas einfetten. Die Baisermasse hineingeben, einen möglichst hohen Rand formen. Den Boden mit den Nüssen bestreuen. 1 Stunde in den Backofen stellen (falls der Rand nach etwa 10 Minuten absinkt, wieder in Form bringen). Den Ofen ausschalten und den Baiserboden 30 Minuten darin abkühlen lassen. Auf ein Kuchengitter geben.

Für die Füllung die Schokolade im Wasserbad schmelzen lassen. Milch, Vanille und Salz hinzufügen, glattrühren. Abkühlen lassen.

¼ l der Sahne steif schlagen und unter die Schokolade heben. Gleichmäßig auf dem Baiserboden verteilen. 4 Stunden in den Kühlschrank stellen.

Vor dem Servieren die restliche Sahne mit dem Puderzucker steif schlagen und auf der Füllung verteilen. Mit Schokoladenspänen garnieren. (Danach kann der Pie noch bis zu 1½ Stunden im Kühlschrank stehen.)

Für 6 – 8 Personen

Colorado

DENVER RED CAKE

Rot-weiße Torte aus Denver

Dieses Rezept kaufte einst ein Silberminenbesitzer aus Colorado dem New Yorker »Waldorf Astoria Hotel« für tausend Dollar ab – seither ist es eine Spezialität von Denver.

FÜR DEN KUCHENTEIG

125 g weiche Butter
380 g Zucker
2 Eier
Rote Lebensmittelfarbe
1 TL Vanille-Extrakt
2 EL ungesüßtes Kakaopulver
1 TL Salz
¼ l Buttermilch
250 g Weizenmehl, mit 2½ EL Maisstärke vermischt
1 TL Natron
1 TL Apfelessig

FÜR DIE FÜLLUNG

3 EL Weizenmehl
½ l Milch
250 g weiche Butter
250 g Zucker
1 TL Vanille-Extrakt

Den Backofen auf 180 °C (Gasherd Stufe 2–3) vorheizen. Für den Teig Butter und Zucker in einer Schüssel schaumig schlagen. Die Eier einzeln hinzufügen, gründlich darunterrühren.

Lebensmittelfarbe, Vanille-Extrakt und Kakao zu einer Paste verarbeiten und unter die Eimasse mischen.

Salz und Buttermilch verrühren. Abwechselnd mit dem Mehl in kleinen Mengen unter die Eimasse schlagen.

Natron und Essig verrühren und ebenfalls zum Teig geben. Zwei Springformen von 24 cm Durchmesser einfetten und mit Mehl ausstäuben. Den Teig hineinfüllen und etwa 30 Minuten backen. (Wenn man mit einem Holzstäbchen in die Mitte sticht, darf kein Teig mehr daran haften.) Auf einem Kuchengitter vollständig auskühlen lassen.

Die Böden aus den Formen nehmen und waagrecht halbieren, so daß vier entstehen.

Für die Füllung Mehl und Milch in einem Topf glattrühren. Unter Rühren etwa 5 Minuten bei mittlerer Temperatur dicklich werden lassen. Abkühlen lassen.

Butter und Zucker in einer Schüssel schaumig schlagen. Den Vanille-Extrakt und dann langsam die abgekühlte Milchmischung darunterrühren. Drei der Tortenböden mit Füllung bestreichen und aufeinandersetzen; den vierten Boden darauflegen. Die Torte rundum mit der restlichen Füllung überziehen.

Für 8–10 Personen

FILLAMENTO; ED HARDY

Rot-weiße Torte aus Denver

FRANCE

FRÜHSTÜCK, BRUNCH UND SONNTAGSIMBISS

GARRY GAY/THE IMAGE BANK

Der Hamburger wurde angeblich in Connecticut erfunden.

FRÜHSTÜCK, BRUNCH UND SONNTAGSIMBISS

Die eiligen Amerikaner von heute begnügen sich zum Frühstück oft mit einer Schüssel voll *breakfast cereals*, Getreide in Körner- oder Flockenform; es sind über hundert verschiedene Sorten im Handel. (Übrigens gab es die ersten tischfertigen Getreideflocken schon Mitte des 19. Jahrhunderts.) So ein richtiges, gehaltvolles Frühstück leistet man sich nur noch am Wochenende, wenn die Familie vollständig versammelt ist und Zeit hat. Früher war das anders.

Die Indianer begannen ihren Tag mit Maismehlbrei oder Maisbrot, und die Siedler folgten ihrem Beispiel. Hühnereier gab es zwar erst im 19. Jahrhundert überall zu kaufen, aber die Eier von Wachteln, Enten, Puten, Gänsen, Birkhühnern oder Tauben waren ein guter Ersatz. Im Süden schätzte man Schildkröten- und Krokodileier als Delikatesse. Da Schweinefleisch damals weit verbreitet und leicht erhältlich war, gehörten bald auch Pökelfleisch, Würste oder Speck mit zum Frühstück. Im Laufe der Zeit kamen andere Gerichte auf die morgendliche Tafel, etwa in Neuengland: Hühnerfrikassee, Suppen und *apple pie.* Pfannkuchen waren im ganzen Land beliebt, aber auch Waffeln oder Arme Ritter *(french toast).* Zum klassischen amerikanischen Frühstück gehörten jedoch vor allem Eier, sehr fein gewürfelte Bratkartoffeln und Bacon, Schinken oder Würstchen. Im Süden der Vereinigten Staaten ersetzt oft Grütze die Bratkartoffeln; dazu gibt es selbstgebackene Brötchen mit But-

Vorhergehende Seiten: *Eier Benedict* (Rezept S. 242)

TIFFANY & CO.; SUE FISHER KING

GARRY GAY/THE IMAGE BANK

Rechts: *Statt Eiern, Bratkartoffeln und Frühstücksspeck nehmen die vielbeschäftigten Amerikaner morgens oft nur etwas Toast und ein Glas Milch oder eine Schüssel Getreideflocken zu sich.*

ter, Honig, hausgemachten Konfitüren und Gelees. Die New Yorker lieben *lox and bagels*, geräucherten Lachs auf Brötchen, die mit sahnigem Frischkäse bestrichen sind. In Philadelphia ißt man gerne *fried scrapple*, eine Art kalten Maismehlbrei, der mit Speck aromatisiert und in Scheiben geschnitten wird. Die Bewohner von Denver haben ihre Denver-Omeletts, auch *western omelettes* genannt: Eier mit Paprikaschoten, Schinken und Zwiebeln. Im Westen wird zum Frühstück oft *steak and eggs* – Steak mit Eiern – serviert. In San Antonio dagegen und im gesamten Südwesten ißt man morgens *huevos rancheros:* Tortillas mit Eiern und einer scharfen Tomatensauce.

Wie John Mariani im »Dictionary of American Food & Drink« schreibt, wurde der Begriff »Brunch« schon 1895 geprägt, als Kombination von Breakfast und Lunch. In der Praxis setzte sich der Brunch allerdings erst in den dreißiger Jahren durch; und er blieb auf die Wochenenden beschränkt. In jeder größeren amerikanischen Stadt gibt es Hunderte von Restaurants, die ihren Brunch anbieten – und eine »Bloody Mary« als Getränk dazu. Zum Brunch gehören im Restaurant wie auch zu Hause »Eier Benedict«, Räucherlachs oder anderer geräucherter Fisch, Omeletts, Soufflés und Quiches.

Seit der Kolonialzeit war das sonntägliche Abendessen immer eine leichte, zwanglose kleine Mahlzeit. Das gehaltvolle Dinner wurde damals mittags eingenommen. Auch heute noch nehmen die meisten Amerikaner die »richtige« Sonntagsmahlzeit meist mittags nach dem Gottesdienst ein. Abends wollen sie entspannen und nur noch eine Kleinigkeit essen: Sandwiches oder im Sommer Hot dogs und Hamburger vom Holzkohlengrill, aber auch Pizzas, »Sloppy Joes«, Makkaroni mit Käse oder Nudelauflauf mit Thunfisch.

Auf den folgenden Seiten finden Sie die beliebtesten amerikanischen Frühstücks- und Brunch-Gerichte und kleine Mahlzeiten für den abendlichen Sonntagsimbiß.

CATHERINE KARNOW

Ein Brunch im Familien- oder Freundeskreis oder bei geruhsamer Zeitungslektüre gehört zum amerikanischen Wochenende.

Köstlicher »French Toast« (Arme Ritter) im Café du Monde in New Orleans, wo die Küche sehr französisch beeinflußt ist.

JANEART/THE IMAGE BANK

Nudelauflauf mit Thunfisch

Indiana

Tuna-Noodle Casserole

Nudelauflauf mit Thunfisch

Amerikaner, die in den fünfziger und sechziger Jahren aufwuchsen, erinnern sich noch an diesen Auflauf, der damals gern gegessen wurde. Das folgende Rezept ist eine leicht verfeinerte Version.

60 ml sowie 1 TL Olivenöl
1 EL feingehackte Schalotte oder Zwiebel
3 EL Weizenmehl
¼ l Milch
¼ l Sahne (oder Sahne und Milch zu gleichen Teilen)
1 Messerspitze frisch geriebene Muskatnuß
1 Spritzer Tabasco-Sauce
Salz und frisch gemahlener Pfeffer
90 g schmale Bandnudeln
120 g Champignons
Etwa 220 g Thunfisch aus der Dose, abgetropft
2 Tassen fein zerkrümelte Kartoffelchips (oder 1 Tasse frische Weißbrotkrumen, mit 1 EL zerlassener Butter vermischt)

Den Backofen auf 180 °C (Gasherd Stufe 2 - 3) vorheizen. In einem Topf 2 Eßlöffel des Öls bei schwacher Temperatur erhitzen. Die Schalotte darin 2 Minuten anbraten. Das Mehl dazugeben und unter Rühren 2 Minuten anrösten. Milch und Sahne hinzufügen. Zum Kochen bringen, die Hitze reduzieren und die Sauce 3 - 4 Minuten einkochen lassen. Mit Muskat, Tabasco, Salz und Pfeffer abschmecken. Vom Herd nehmen und beiseite stellen; zwischendurch umrühren, damit sich keine Haut bildet.

Die Nudeln in Salzwasser knapp gar kochen. Kurz unter fließendem kaltem Wasser abschrecken; abtropfen lassen. 1 Teelöffel Olivenöl daruntermischen.

Die Champignonköpfe in Scheiben schneiden und halbieren, die Stiele in Stücke hacken. In einer schweren Bratpfanne das restliche Öl stark erhitzen. Die Pilze darin rasch goldbraun braten; unter die Sauce rühren.

Den Thunfisch zerpflücken, ebenfalls zur Sauce geben. Die Nudeln hinzufügen; alles gründlich vermengen. In eine gefettete Auflaufform füllen und mit zerkrümelten Kartoffelchips oder Brotkrumen bestreuen. 20 - 25 Minuten in den Backofen geben, bis die Sauce brodelnd kocht. Vor dem Servieren kurz ruhen lassen.

Für 4 Personen

Rhode Island

Red Flannel Hash

Bauernfrühstück mit roten Rüben

Möglicherweise ist dieses Gericht nur entstanden, um die Reste eines »New England boiled dinner« zu verwerten. Heute ist »Red flannel hash« jedenfalls ein Standardgericht in den USA und wird mit pochierten Eiern und Chili-Sauce serviert.

2 rote Rüben (etwa 250 g), ungeschält, ohne Wurzelansatz
2 Kartoffeln, geschält
500 g gegartes gepökeltes Rindfleisch (z. B. Rinderbrust), in 1 - 2 cm große Würfel geschnitten
2 Karotten, feingehackt
1 kleine grüne Paprikaschote, entkernt und feingehackt
1 große Zwiebel, feingehackt
1 kleine Knoblauchzehe, zerdrückt
3 EL gehackte frische Petersilie
2 dicke Scheiben Frühstücksspeck, gehackt
1 TL Worcestershire-Sauce
1 TL Tabasco-Sauce
Etwa 60 ml Tomatensaft
½ TL Salz
⅛ TL frisch gemahlener Pfeffer
4 - 6 pochierte Eier

Die roten Rüben in einem Topf mit kaltem Wasser bedecken; zum Kochen bringen, die Hitze reduzieren und in etwa 35 Minuten im offenen Topf knapp gar köcheln lassen. Unter kaltem Wasser abschrecken und abtropfen lassen. Die Haut abreiben und die Rüben in 1 - 2 cm große Würfel schneiden. In eine große Schüssel geben.

Die Kartoffeln 10 Minuten in kochendem Salzwasser vorgaren. Abtropfen und etwas abkühlen lassen. In 1 - 2 cm große Würfel schneiden. Kartoffeln, Rindfleisch, Karotten, Paprika, Zwiebel, Knoblauch und Petersilie unter die Rüben mischen. Den Speck in einer großen gußeisernen Bratpfanne knusprig braten und unter die Fleisch-Gemüse-Mischung geben. In die Pfanne füllen und flachdrücken. Bei mittlerer Temperatur etwa 6 Minuten ohne Deckel braten. Worcestershire- und Tabasco-Sauce, Tomatensaft, Salz und Pfeffer darunterrühren und erneut flachdrücken. Ohne umzurühren 25 - 30 Minuten bei schwacher Hitze braten.

Den Backofen auf 170 °C (Gasherd Stufe 1 - 2) vorheizen. Das Gericht mit zwei großen Bratenwendern (oder mit Hilfe einer zweiten Pfanne) wenden. 20 - 25 Minuten im Ofen weitergaren, bis die Kartoffeln weich sind und die Oberfläche schön braun ist. Wird das Bauernfrühstück zu trocken, noch etwas Tomatensaft darüberträufeln. Direkt aus der Pfanne mit pochierten Eiern servieren.

Für 4 - 6 Personen

Bauernfrühstück mit roten Rüben (oben) *und Bratkartoffeln* (unten auf dem Teller).

Idaho

Hash Browns

Bratkartoffeln

Bratkartoffeln ißt man in Amerika meist mit Eiern zum Frühstück, oft aber auch mit einem Steak als Abendessen. Besonders gut schmecken sie, wenn man sie aus Kartoffeln zubereitet, die im Ofen gebacken wurden.

Etwa 6 EL (90 g) Butter oder ausgebratenes Fett von Frühstücksspeck
1 Zwiebel, halbiert und in Scheiben geschnitten
3 kalte große im Ofen gebackene Kartoffeln, gepellt und in Stücke geschnitten
2 TL Worcestershire-Sauce
Zerstoßene getrocknete rote Chili-Schoten
Salz und frisch gemahlener Pfeffer

Die Butter bei mittlerer Hitze in einer großen gußeisernen Pfanne zerlassen. Die Zwiebel 1 Minute darin anbraten. Die Kartoffeln hinzufügen und gut umrühren. Mit der Worcestershire-Sauce und Chillies würzen. Die Kartoffeln in etwa 20 Minuten knusprig braten; gelegentlich umrühren, nach Bedarf weitere Butter hinzufügen. Mit Salz und Pfeffer abschmecken.

Für 4 Personen

Tamale-Pie (links) *und Chillies mit Käse* (rechts)

Texas

TAMALE-PIE
Tamale-Pie

»Tamales«, eine mexikanische Spezialität, sind mit Fleisch und Maismehlteig gefüllte, gedämpfte Maisblätter. »Tamale-Pie« dagegen heißt eine in Maismehlbrei gebackene Fleischsauce. Dazu reicht man häufig mexikanische »Salsa«.

130 g gelbes Maismehl
¼ l kaltes Wasser
½ l kochendes Wasser
2 EL (30 g) Butter
130 g Wurstbrät
2 kleine Zweibeln, feingehackt
1 große Knoblauchzehe, zerdrückt
2 EL Chili-Pulver
¼ TL gemahlener Kreuzkümmel
370 g Rinderhack
½ TL Tabasco-Sauce
1 Stange Bleichsellerie, gehackt
1 kleine milde grüne Chili-Schote, feingehackt
2 Tomaten, abgezogen, entkernt und gehackt
2 Maiskolben
1 TL Salz
60 g entsteinte schwarze Oliven, in Scheiben geschnitten
60 g milder Schnittkäse, gerieben
90 g milder Cheddar-Käse, gerieben

Das Maismehl im kalten Wasser anrühren; in den Topf mit dem kochenden Wasser geben. Unter Rühren zum Kochen bringen, die Hitze reduzieren. Die Butter dazugeben, zugedeckt 35 Minuten köcheln lassen; gelegentlich umrühren.

Inzwischen das Wurstbrät in einer großen schweren Pfanne bei mittlerer Hitze anbraten. Die Zwiebel hinzufügen, 1 Minute mitbraten. Den Knoblauch dazugeben, 4 Minuten weiterbraten. Chili-Pulver und Kreuzkümmel daruntermischen. Das Rinderhack hinzufügen, etwa 5 Minuten leicht anbraten. Tabasco, Bleichsellerie und Chillies dazugeben. Nach 5 Minuten die Tomaten hinzufügen; weitere 5 Minuten unter gelegentlichem Rühren garen.

Die Körner der Maiskolben mit einem scharfen Messer so herunterschneiden, daß sie halbiert werden. Dann mit dem Rücken des Messers kräftig über die Maiskolben schaben; das dabei herausgelöste Korninnere und den milchartigen Saft zur Tomaten-Fleisch-Mischung geben. 10 Minuten garen und mit Salz abschmecken.

Den Backofen auf 180 °C (Gasherd Stufe 2 - 3) vorheizen. Eine ofenfeste Form von etwa 25 cm Durchmesser leicht einfetten. Zwei Drittel der Maismehlmischung auf Boden und Seiten der Form verteilen. Die Fleischfüllung hineingeben. Die Olivenscheiben darauflegen, den milden Schnittkäse und anschließend den Cheddar darüberstreuen.

Die restliche Maismehlmischung daraufgeben und glattstreichen. (Die Mischung wenn nötig mit sehr wenig kochendem Wasser verdünnen.) Den Pie in etwa 45 Minuten goldbraun backen. Vor dem Servieren 10 Minuten ruhen lassen.

Für 4 - 6 Personen

Arizona

Chile con Queso
Chillies mit Käse

Dieses Rezept aus dem Südwesten vereint geschmolzenen Käse und Chillies. Zu »Chile con queso« serviert man Tortillas, die erst bei Tisch damit gefüllt und mit den Fingern gegessen werden.

3 EL Olivenöl
1 große Zwiebel, feingehackt
1 Knoblauchzehe, zerdrückt
1 kleine grüne Paprikaschote, entkernt und feingehackt
1 EL Chili-Pulver
150 g Tomatenstücke (Dose)
150 g milde grüne Chili-Schoten (Dose)
2 EL gehackte eingelegte Chili-Schoten
500 g Cheddar oder milder Schnittkäse
160 ml heiße Sahne
18 - 20 warme Weizenmehl-Tortillas (S. 166)

Den Backofen auf 100 °C (Gasherd Stufe 1) vorheizen. Das Öl in einer großen schweren Pfanne bei mittlerer Temperatur erhitzen. Zwiebel, Knoblauch und Paprika darin 5 Minuten anbraten. Chili-Pulver, Tomatenstücke, grüne Chillies und gehackte Chili-Schoten dazugeben und weitere 5 Minuten garen. Warm stellen.

Den Käse in einer ofenfesten Schüssel etwa 10 Minuten in den Backofen stellen, bis er zerläuft. Sofort mit der heißen Sahne und der Paprika-Chili-Mischung verrühren. Mit Tortillas servieren.

Für 5 - 6 Personen

New York

Basic Waffles
Waffeln

Die Holländer haben einst die Waffeln mit in die Neue Welt gebracht. Ein Waffeleisen mit den eingravierten Initialen der Braut und dem Datum der Eheschließung war ein beliebtes Hochzeitsgeschenk in Nieuw Amsterdam. Damals wurden Waffeln noch aus Hefeteig zubereitet und über offenem Feuer gebacken - heute ist die Herstellung wesentlich einfacher.

320 g Weizenmehl, durchgesiebt
1 TL Natron
½ TL Salz
2 EL Zucker
Etwa ½ l Buttermilch
3 Eier, getrennt
6 EL (90 g) Butter, zerlassen

Den Backofen auf 120 °C (Gasherd Stufe 1) vorheizen. Mehl, Natron, Salz und Zucker in eine Schüssel sieben. Nach und nach Buttermilch, Eigelb und Butter darunterrühren. Falls der Teig zu dickflüssig ist, mit zusätzlicher Buttermilch (bis zu ⅛ l) verdünnen. Das Eiweiß steif schlagen und unter den Teig heben.

Ein leicht eingefettetes Waffeleisen erhitzen. Je nach Größe eine knappe Tasse Teig hineingießen und knusprig backen. Die fertige Waffel auf einem Kuchengitter im Ofen warm halten, während die restlichen gebacken werden.

Ergibt etwa 10 große Waffeln

Waffeln (rechts) und *Arme Ritter* (links, Rezept S. 242)

Louisiana

French Toast
Arme Ritter

»French Toast«, eine Art Arme Ritter, wird in New Orleans »Pain perdu« genannt und ist seit jeher ein fester Bestandteil der französisch-kreolischen Küche. Man reicht Ahornsirup, verdünnten Honig oder eine flüssige Fruchtsauce dazu.

¼ l Milch
80 ml Sahne
2 Eier
1 TL Zimt
⅛ TL frisch geriebene Muskatnuß
60 g Zucker
1 altbackenes Stangenweißbrot (etwa 500 g), schräg in 4 cm dicke Scheiben geschnitten
Etwa 125 g Butter
Puderzucker
Ahornsirup

In einer Schüssel Milch, Sahne, Eier, Zimt, Muskat und Zucker verrühren. Die Brotscheiben darin einweichen, aber nur so lange, daß sie noch ihre Form behalten.

Den Backofen auf 120 °C (Gasherd Stufe 1) vorheizen. Die Hälfte der Butter in einer schweren Bratpfanne aufschäumen lassen. Jeweils 3 - 4 Scheiben Brot auf beiden Seiten goldbraun braten; nach Bedarf weitere Butter hinzufügen. Die fertigen Scheiben mit Puderzucker bestreuen und auf einer Platte im Ofen warm halten, bis das restliche Brot gebraten ist. Nochmals mit Puderzucker bestäuben und mit Ahornsirup servieren.

Für 4 Personen *Abbildung S. 241*

New York

Eggs Benedict
Eier Benedict

Möglicherweise wurde dieses Gericht bei »Delmonico's« für Stammgäste namens Benedict kreiert; vielleicht hat es aber auch ein gleichnamiger Wall-Street-Börsenmakler erfunden. Jedenfalls gehört es heute zu den beliebtesten Frühstücks- oder Brunchspezialitäten.

2 Muffins (englische Hefebrötchen), halbiert, oder 4 Scheiben Weißbrot
4 Scheiben Schinken (1 cm dick)
4 Eier
2 Eigelb
2 EL Zitronensaft
¼ TL Dijon-Senf
125 g eiskalte Butter
1 Spritzer Tabasco-Sauce
Salz und frisch gemahlener weißer Pfeffer

Den Backofen auf 120 °C (Gasherd Stufe 1) vorheizen. Die Brötchen goldgelb rösten. In eine flache, ofenfeste, leicht eingefettete Form legen.

Den Schinken in einer leicht eingefetteten schweren Pfanne bei starker Hitze kurz anbraten. Jede Brötchenhälfte mit einer Scheibe Schinken belegen und die Form in den Backofen geben.

Die Eier in siedendem Wasser pochieren und auf den Schinken legen. Die Form zurück in den Ofen stellen.

Eigelb und Zitronensaft im Wasserbad verschlagen und den Senf darunterrühren. Eßlöffelweise die Butter dazugeben und rühren, bis die Sauce glatt und dicklich ist. Mit Tabasco, Salz und Pfeffer abschmecken. Die Eier mit der Sauce überziehen.

Für 2 - 4 Personen *Abbildung S. 234 - 235*

Fleischpasteten Michigan

Michigan

Michigan Pasties
Fleischpasteten Michigan

Diese Fleischpasteten gehörten zum Speiseplan der Minenarbeiter, die im 19. Jahrhundert aus Cornwall nach Michigan kamen.

FÜR DEN PASTETENTEIG
130 g sowie 2 EL Weizenmehl
1 TL Salz
4½ EL (80 g) Butter
4 - 5 EL kaltes Wasser

FÜR DIE FÜLLUNG
2 EL Olivenöl
500 g Steakfleisch, in kleine Würfel geschnitten
1 Zwiebel, gehackt
2 große Karotten, gehackt
1 Steckrübe, gehackt
1 TL Instantbrühe oder ½ Würfel Rinderbouillon
½ TL Salz
¼ TL frisch gemahlener Pfeffer
2 EL Butter, zerlassen

Für den Pastetenteig Mehl und Salz in einer Schüssel vermischen. Die Butter dazugeben und mit einem Messer alles zu groben Streuseln verarbeiten. Soviel Wasser hinzufügen, daß ein weicher Teig entsteht, 1 Stunde kalt stellen.

Inzwischen für die Füllung das Öl in einer großen schweren Pfanne stark erhitzen. Das Fleisch darin in kleinen Portionen rasch kräftig braun braten; in einer Schüssel mit Zwiebel, Karotten, Steckrübe, Instantbrühe, Salz und Pfeffer vermischen.

Den Backofen auf 230 °C (Gasherd Stufe 5) vorheizen. Den Pastetenteig in zwei Hälften teilen; jede zu einer runden Teigplatte von etwa 28 cm Durchmesser ausrollen. Mit einer davon eine 23 cm große flache Pie-Form so auslegen, daß ein 1 cm breiter Rand überhängt. Auf einer Seite die Hälfte der Füllung verteilen. Die andere Seite darüberlegen, die Ränder fest zusammendrücken; den Teig einstechen, damit der Dampf entweichen kann. Mit der anderen Teigplatte ebenso verfahren; die zweite Pastete neben die erste in die Pie-Form legen.

In den Backofen geben. Nach 15 Minuten auf 180 °C (Gasherd Stufe 2 - 3) herunterschalten und noch 45 Minuten backen. Falls die Pasteten zu rasch bräunen, mit Folie abdecken.

Aus dem Ofen nehmen. Jeweils 1 Eßlöffel zerlassene Butter in die Teigöffnungen gießen, mit einem Tuch bedecken, vor dem Servieren noch 15 Minuten ruhen lassen.

Für 4 Personen

Pikante Schinkenpaste (links) *Gefüllte Eier nach Teufelsart* (Mitte) und *Club-Sandwich* (oben rechts)

Arkansas

Deviled Ham
Pikante Schinkenpaste

Ursprünglich diente dieser Brotaufstrich wohl der Verwertung von Schinkenresten; heute ist die pikante Paste vor allem als Belag für Partyhäppchen beliebt.

250 g gekochter Schinken, grobgehackt
1 eingelegte Chili-Schote, grobgehackt
3 EL (50 g) weiche Butter
1½ TL Dijon-Senf
Salz und frisch gemahlener Pfeffer

Schinken, Chili-Schote, Butter und Senf im Mixer zu einer feinen Paste verarbeiten. Mit Salz und Pfeffer abschmecken. Auf dünne Weißbrotscheiben streichen.

Für 4 – 6 Personen

Delaware

Deviled Eggs
Gefüllte Eier nach Teufelsart

Das Wort »deviled« läßt immer auf scharfe Gewürze, Senf und Chili-Schoten schließen. Diese gefüllten Eier werden gerne als kleiner Imbiß, vor allem auf zwanglosen Festen im Freien gereicht.

6 hartgekochte Eier
2 kleine Eiertomaten, entkernt und feingehackt
3 EL Mayonnaise
2 TL Dijon-Senf
1 Spritzer Tabasco-Sauce
½ TL gehacktes frisches Basilikum
Frisch gemahlener Pfeffer

Die Eier schälen und längs halbieren. Die Eiweißhälften beiseite stellen. In einer Schüssel Eigelb, Tomaten, Mayonnaise, Senf, Tabasco und Basilikum zu einer glatten Masse verrühren.

Die Eiweißhälften mit der Paste füllen und mit Pfeffer bestreuen. Mit Raumtemperatur oder leicht gekühlt servieren.

Für 6 Personen

New York

Club Sandwich
Club-Sandwich

Vielleicht kam dieser Sandwich zu seinem Namen, weil er zuerst in den »Club cars« oder in feinen »Country clubs« serviert wurde. Heute gehört er jedenfalls zu den beliebtesten Sandwiches Amerikas.

3 Scheiben Weißbrot (Kastenbrot), geröstet
Mayonnaise
2 – 3 Blätter grüner Salat
4 dünne Scheiben gekochtes Hühner- oder Putenfleisch
Salz und frisch gemahlener Pfeffer
3 – 4 dünne Tomatenscheiben
3 – 4 Scheiben Frühstücksspeck, knusprig gebraten

Die Toastscheiben mit Mayonnaise bestreichen. Auf eine den Salat und darauf das Hühner- oder Putenfleisch geben. Mit Salz und Pfeffer bestreuen. Die zweite Scheibe Toast daraufsetzen. Mit Tomate und Speck (und nach Belieben weiterem Salat) belegen. Die letzte Scheibe mit der bestrichenen Seite nach unten daraufsetzen. Zahnstocher in den Sandwich stechen, damit er nicht auseinanderfällt; diagonal in Viertel schneiden.

Für 1 Person

New York

Buttermilk Pancakes
Buttermilch-Pfannkuchen

Pfannkuchen zum Frühstück – eine typisch amerikanische Gepflogenheit? Weit gefehlt. Die Holländer haben schon im 16. Jahrhundert ihre »Pannekoeken« in schweren Eisenpfannen über offenem Feuer gebacken und als erste Mahlzeit verzehrt.

3 Eier, getrennt
½ l Buttermilch
250 g Weizenmehl
1 TL Natron
1 EL Zucker
60 g Butter, zerlassen, sowie Butter zum Servieren
Ahornsirup

Die Eigelb in einer Schüssel schaumig schlagen. Erst die Buttermilch, dann Mehl, Natron und Zucker gründlich daruntermischen. Den Teig nicht zu lange durcharbeiten; kleine Klümpchen lösen sich beim Backen auf. Die zerlassene Butter hinzufügen.

Die Eiweiß steif schlagen und unter den Teig heben. In einer heißen Crêpe-Pfanne aus jeweils etwa 80 ml Teig Pfannkuchen backen. Sobald sich auf der Oberseite Blasen bilden und die Unterseite schön gebräunt ist, die Pfannkuchen wenden und fertig backen. Mit reichlich Butter und Ahornsirup servieren.

Ergibt etwa 12 Pfannkuchen von 10 cm Durchmesser

Alaska

Old-Fashioned Buckwheat Pancakes
Buchweizen-Pfannkuchen

Buchweizen-Pfannkuchen waren Mitte des 19. Jahrhunderts sozusagen das tägliche Brot der Goldgräber; Weizenmehl war eine Seltenheit. Unsere Version wird mit einem Hefe-Starter angesetzt.

630 ml Milch
2 EL Melasse oder dunkler Zuckersirup
1½ TL Trockenbackhefe
190 g Buchweizenmehl
90 g Weizenmehl
60 g feines Maismehl
½ TL Salz
1 TL Zucker
1 TL Natron
⅛ l lauwarmes Wasser
2 EL Butter, zerlassen, sowie Butter zum Servieren
2 Eigelb, leicht verschlagen
3 Eiweiß
Ahornsirup

Am Vorabend die Milch aufkochen und die Melasse darunterrühren. Abkühlen lassen. Die Hefe in die lauwarme Milch geben und 10 Minuten gehen lassen. In eine Schüssel gießen, Buchweizenmehl, Weizen- und Maismehl sowie Salz hinzufügen und glattrühren. Zugedeckt bei Raumtemperatur über Nacht stehenlassen.

Am nächsten Morgen Zucker und Natron im lauwarmen Wasser auflösen. Mit der zerlassenen Butter und dem Eigelb unter den Pfannkuchenteig rühren.

Die Eiweiß steif schlagen und unter den Teig heben. In einer heißen Crêpe-Pfanne aus jeweils etwa 80 ml Teig Pfannkuchen backen. Sobald sich auf der Oberseite Blasen bilden und die Unterseite schön gebräunt ist, die Pfannkuchen wenden und fertig backen. Dazu Butter und Ahornsirup (oder mit warmem Wasser verdünnten Honig) servieren.

Ergibt etwa 18 Pfannkuchen von 10 cm Durchmesser

WILLIAMS-SONOMA INC.

Buchweizen-Pfannkuchen (links) *und Buttermilch-Pfannkuchen* (rechts)

TIFFANY & CO.

Hühnerfrikassee

New York

ULTIMATE CHICKEN HASH
Hühnerfrikassee

Das folgende Rezept wurde von Louis Diat aus dem »Ritz-Carlton Hotel« in New York kreiert. Inzwischen steht »Chicken hash« überall in guten Restaurants auf der Speisekarte.

2 EL (30 g) Butter
2 EL sowie 2 TL Weizenmehl
300 ml Hühnerfond (siehe Glossar)
2 EL trockener Sherry
Salz
320 g gekochtes Hühnerfleisch, in 3 cm große Würfel geschnitten
1 kleine Zwiebel, halbiert und in dünne Scheiben geschnitten
160 ml Sahne (oder Sahne und Milch zu gleichen Teilen).
¼ TL frisch gemahlener Pfeffer
2 Eigelb
2 EL frisch geriebener Parmesan
Gehackte frische Petersilie (nach Belieben)

In einer schweren Bratpfanne 4 Teelöffel Butter bei schwacher Hitze zerlassen. 2 Eßlöffel Mehl unter Rühren 2 Minuten darin anrösten. Den Fond darunterrühren und etwa 5 Minuten köcheln lassen. Den Sherry, ¼ Teelöffel Salz und das Hühnerfleisch dazugeben. In eine eingefettete, flache ofenfeste Form (1 - 1½ l Inhalt) füllen und bei niedriger Temperatur im Backofen warm halten.

Die verbliebenen 2 Teelöffel Butter in einem kleinen Topf bei schwacher Hitze zerlassen. Die Zwiebel 5 Minuten darin braten. Das restliche Mehl dazugeben und unter ständigem Rühren 2 Minuten anrösten. Die Sahne darunterrühren, mit Salz und ¼ Teelöffel Pfeffer würzen. Die Sauce etwa 4 Minuten unter Rühren erhitzen, bis sie leicht eindickt. Vom Herd nehmen.

Den Grill vorheizen. Die Eigelb in einer kleinen Schüssel verschlagen und langsam 60 ml der heißen Sauce darunterrühren. Die Sauce mit dieser Mischung binden und noch 2 - 4 Minuten unter ständigem Rühren bei schwacher Hitze dicklich werden lassen. Nicht kochen lassen. Den Käse daruntermischen und das Fleisch mit der Sauce übergießen. Etwa 1 Minute unter dem Grill bräunen. Nach Belieben mit Petersilie bestreuen.

Für 4 Personen

Missouri

HAMBURGERS
Hamburger

Ursprünglich war ein »Hamburg steak« ein kurzgebratenes, innen noch blutiges Stück Fleisch. Irgendwann zu Anfang des Jahrhunderts wurde es durch Rinderhack ersetzt und etwa seit 1912 auf weichen Brötchen serviert. Wer seine Hamburger durchgebraten mag, nimmt Rindfleisch von der Schulter, damit sie nicht trocken werden; wenn sie innen noch blutig oder rosa sein sollen, eignet sich Roastbeef oder Fleisch aus der Keule.

700 g Rindfleisch, gehackt
1 EL zerlassene Butter oder *crème double*
Salz und frisch gemahlener Pfeffer

Das Rinderhack auf einem Teller mit der Gabel flachdrücken. Mit Butter oder Sahne bestreichen. In der Mitte zusammenklappen und vier Hamburger von etwa 3 cm Dicke formen. Bei mittlerer Hitze grillen oder braten; sollen die Hamburger innen noch blutig sein, beträgt die Garzeit auf jeder Seite 3 - 4 Minuten, wenn man sie rosa gebraten möchte, 5 - 6 Minuten. Vor dem Servieren mit Salz und Pfeffer würzen.

Ergibt 4 Hamburger

Missouri

HOT DOGS
Hot dogs

Frankfurter Würstchen wurden vermutlich in den achtziger Jahren des vorigen Jahrhunderts von deutschen Einwanderern nach St. Louis mitgebracht und bei der Weltausstellung 1904 erstmals auf warmen Brötchen serviert. Zu »Hot dogs« kann man Senf, Ketchup, Relish, Sauerkraut, Chili-Bohnen, Käse, Chillies, eingelegte Gemüse, Tomaten oder Zwiebeln essen - oder worauf man sonst gerade Lust hat.

Die Würstchen 5 Minuten in siedendem Salzwasser erhitzen - nicht kochen lassen.

Oder: Den Boden einer schweren Pfanne dünn mit Öl bestreichen. Die Würstchen der Länge nach einschneiden und bei mittlerer Hitze auf jeder Seite etwa 2 Minuten anbraten.

Oder: Die Würstchen 4 - 5 Minuten bei starker Hitze grillen, bis sie rundum schön braun sind.

Hamburger (links) *und Hot dogs* (rechts)

FILLAMENTO

Eier nach Rancher-Art

Texas

HUEVOS RANCHEROS

Eier nach Rancher-Art

Auf Mais-Tortillas gereichte, von feuriger »Salsa« (mexikanische Tomatensauce) begleitete »Huevos rancheros« sind eine beliebte Frühstücksspezialität des amerikanischen Südwestens. Viele Köche servieren einfache Spiegel- oder Rühreier, aber nach dem Originalrezept müssen die Eier auf der heißen »Salsa« garziehen. Dazu reicht man gewöhnlich Bohnenpüree (S. 165).

130 g Frühstücksspeck, grobgehackt
1 Zwiebel, gehackt
2 große Knoblauchzehen, in dünne Scheiben geschnitten
2 scharfe Chili-Schoten, entkernt und feingehackt
Etwa 130 g milde grüne Chili-Schoten (Glas oder Dose), gehackt
Etwa 850 g Eiertomaten (Dose)
1 TL gehacktes frisches oder eine Prise getrocknetes Basilikum
⅛ TL gehackter frischer oder eine Prise getrockneter Origano
1 – 2 TL gehackte frische Korianderblätter
½ TL Salz
¼ TL frisch gemahlener Pfeffer
4 – 6 Eier
3 EL (50 g) Butter
3 EL Pflanzenöl
4 – 6 Maismehl-Tortillas

Den Speck in einer großen schweren Pfanne bei mittlerer Hitze fast knusprig braten. Das Fett bis auf 2 Eßlöffel weggießen. Die Zwiebel in die Pfanne geben und 1 Minute braten. Den Knoblauch hinzufügen und 4 Minuten mitgaren. Chillies, Tomaten, Basilikum, Origano, Koriander, Salz und Pfeffer dazugeben. Bei niedriger Temperatur unter gelegentlichem Rühren etwa 1 Stunde einkochen lassen. Warm stellen. Die Eier aufschlagen, vorsichtig auf die heiße Tomatenmischung geben und 3 – 5 Minuten darauf garziehen lassen.

Inzwischen Butter und Öl in einer großen, schweren Pfanne bei mittlerer Temperatur erhitzen. Die Tortillas etwa 10 Sekunden darin erwärmen (wenn sie knusprig sein sollen, etwas länger). Auf Küchenkrepp abtropfen lassen und auf Portionsteller geben. Jede Tortilla mit reichlich *salsa* und einem Ei belegen.

Für 4 – 6 Personen

Brötchen mit Hackfleisch-Tomaten-Füllung

Montana

Sloppy Joes

Brötchen mit Hackfleisch-Tomaten-Füllung

»Sloppy Joe«, ein geröstetes Brötchen mit saftiger Hackfleisch-Tomaten-Füllung, das vermutlich aus den späten fünfziger oder frühen sechziger Jahren stammt, ist ein herzhafter Imbiß.

500 g Rinderhack
1 Zwiebel, feingehackt
½ grüne Paprikaschote, feingehackt
2 große Champignons, feingehackt
250 g passierte Tomaten (Dose)
1 EL Dijon-Senf
1 EL Worcestershire-Sauce
1 TL Tomatenmark
Salz und frisch gemahlener Pfeffer

Eine schwere Bratpfanne etwa 30 Sekunden stark erhitzen und das Hackfleisch hineingeben. Mit der Gabel fein zerteilen und die Zwiebel hinzufügen. Unter Rühren anbraten, bis das Fleisch zu brutzeln beginnt. Paprika, Pilze, Tomatensauce, Senf, Worcestershire-Sauce und Tomatenmark dazugeben und alles gut vermischen.

Zum Kochen bringen; die Hitze reduzieren und 1 Stunde unter gelegentlichem Rühren schwach köcheln lassen. Mit Salz und Pfeffer abschmecken und auf gerösteten Brötchen servieren.

Für 3 – 4 Personen

Plantagen-Pfannkuchen

Nudelauflauf mit Käse

South Carolina

Plantation Skillet Cake
Plantagen-Pfannkuchen

In South Carolina wird dieser Pfannkuchen, der einem »Yorkshire pudding« ähnelt, gern zum Frühstück gegessen. Meist reicht man Apfelmus und braunen Zucker dazu.

60 g Butter
3 Eier
180 ml Milch
2 EL Orangensaft
90 g Weizenmehl
1 Messerspitze frisch geriebene Muskatnuß
Puderzucker

Den Backofen auf 220 °C (Gasherd Stufe 4 – 5) vorheizen. Die Butter in eine schwere Pfanne geben und im Backofen schmelzen lassen. Inzwischen die Eier in einer Schüssel schaumig schlagen. Milch, Orangensaft, Mehl und Muskat darunterrühren.

Die Pfanne schwenken, damit sich die Butter auf Boden und Seiten verteilt. Den Teig hineingeben und den Pfannkuchen im Ofen etwa 25 Minuten backen, bis er goldgelb und aufgegangen ist. Mit Puderzucker bestäuben und sofort servieren.

Für 2 – 4 Personen

North Dakota

Macaroni and Cheese
Nudelauflauf mit Käse

Das vermutlich erste Rezept für einen Makkaroni-Käse-Auflauf findet sich in Mary Randolphs Buch »The Virginia Housewife« von 1831: Gekochte Makkaroni wurden mit Butter und Käse in eine Form geschichtet und im Ofen gebacken. Gegen Ende des 19. Jahrhunderts verfeinerte man das Gericht mit weißer Sauce.

130 g Hörnchen-Nudeln
3 EL (50 g) Butter
1 kleine Schalotte (oder Zwiebel), feingehackt und zerdrückt
1 EL Weizenmehl
⅛ l heißer Hühnerfond (siehe Glossar)
⅛ l heiße Sahne
½ TL Salz
¼ TL frisch gemahlener Pfeffer
1 Spritzer Tabasco-Sauce
1 Ei, leicht verschlagen
130 g Cheddar-Käse, gerieben
30 g frische Weißbrotkrumen

Den Backofen auf 180 °C (Gasherd Stufe 2 – 3) vorheizen. Die Nudeln etwa 8 Minuten in Salzwasser knapp gar kochen. Unter kaltem fließendem Wasser abschrecken und abtropfen lassen. Umrühren, damit sie nicht zusammenkleben.

In einem großen Topf bei schwacher Hitze 2 Eßlöffel Butter zerlassen. Die Schalotte 5 Minuten darin braten. Das Mehl darüberstäuben und unter ständigem Rühren 2 Minuten anrösten. Fond und Sahne dazugeben, zum Kochen bringen, 1 Minute kochen lassen. Vom Feuer nehmen, mit Salz, Pfeffer und Tabasco würzen. Sobald sie nicht mehr kocht, die Sauce mit dem Ei binden. Käse und Nudeln hinzufügen, alles gründlich vermischen, in eine gefettete Auflaufform füllen.

In einer kleinen Pfanne die restliche Butter zerlassen. Wenn sie aufschäumt, die Brotkrumen hineinrühren. Über die Nudeln geben. Den Auflauf 30 Minuten in den Backofen stellen; vor dem Servieren 5 Minuten ruhen lassen.

Für 4 Personen

Chicago-Pizza

Illinois

Chicago Deep-Dish Pizza
Chicago-Pizza

Diese Pizza soll in der »Numero Uno Pizzeria« in Chicago erfunden worden sein.

FÜR DEN TEIG

3/8 l Milch
6 EL (90 g) Butter
2 EL sowie 1 TL Trockenbackhefe
60 ml lauwarmes Wasser
2 EL Zucker
1 TL Salz
60 g gelbes Maismehl
3 Eier, verschlagen
Etwa 630 g Weizenmehl

FÜR DIE TOMATENSAUCE

2 EL (30 g) Butter
1 Zwiebel, feingehackt
2 Knoblauchzehen, zerdrückt
1¼ kg Eiertomaten (Dose)
Etwa 1 Tasse passierte Tomaten (Dose)
2 TL Zucker
2 TL gehacktes frisches oder ½ TL getrocknetes Basilikum
4 EL gehackte glatte Petersilie
1 TL getrockneter Origano
2 TL Salz
½ TL frisch gemahlener Pfeffer
¼ TL frisch geriebene Muskatnuß
⅛ TL gemahlener Piment

FÜR DEN BELAG

750 g milde (italienische) Kochwurst
750 g Mozzarella, die Hälfte in dünne Scheiben geschnitten, der Rest grob geraspelt
50 g frisch geriebener Parmesan

Für den Pizzateig die Milch leicht erhitzen; stückchenweise die Butter hinzufügen. Sobald sie schmilzt, vom Feuer nehmen und abkühlen lassen.

Trockenbackhefe, lauwarmes Wasser und Zucker in einer Schüssel verrühren und 10 Minuten stehenlassen.

Die lauwarme Milch in eine große Schüssel umfüllen. Die angerührte Hefe, Salz, Maismehl, Eier und 370 g Mehl daruntermischen. Weiteres Mehl (etwa 180 g) darunterarbeiten, bis ein glatter, klebriger Teig entsteht. Auf einem bemehlten Brett 15 Minuten durchkneten; wenn nötig noch etwas Mehl hinzufügen. Eine Schüssel leicht einfetten, den Teig hineingeben und in dem Fett wenden. Mit Klarsichtfolie und zwei Geschirrtüchern abdecken. An einem warmen Platz etwa 1½ Stunden gehen lassen, bis der Teig sein Volumen verdoppelt hat.

Den Teig kurz durchkneten. Zudecken und nochmals etwa 1½ Stunden gehen lassen, bis er sein Volumen erneut verdoppelt hat.

Inzwischen für die Tomatensauce die Butter in einem schweren Topf bei schwacher Hitze zerlassen. Die Zwiebel 1 Minute darin anbraten. Den Knoblauch dazugeben und 4 Minuten mitgaren. Die übrigen Zutaten für die Sauce hinzufügen. Zum Kochen bringen, auf schwache Hitze reduzieren und im offenen Topf in etwa 1½ Stunden sehr dick einkochen lassen.

Den Backofen auf 200 °C (Gasherd Stufe 3 - 4) vorheizen. Zwei schwere Backformen von etwa 23 cm Durchmesser leicht einfetten. Den Pizzateig in zwei Hälften teilen; jede zu einer runden Teigplatte von etwa 27 cm Durchmesser ausrollen. Die Backformen damit auslegen; den Teig am Boden und an den Seiten (bis etwa zur halben Höhe) andrücken.

Für den Belag eine schwere Pfanne mit Öl ausstreichen und die Würste bei mittlerer Temperatur braun braten. Zugedeckt noch 5 Minuten garen; die Pfanne häufig rütteln. Die Würste abtropfen lassen und in 1 cm dicke Scheiben schneiden.

Die Mozzarellascheiben auf die Pizzaböden legen. Jeweils die Hälfte der Tomatensauce und der Wurstscheiben daraufgeben. Mit geraspeltem Mozzarella und Parmesan bestreuen. Die Pizzas in etwa 25 Minuten knusprig und goldgelb backen. Vor dem Aufschneiden 5 Minuten ruhen lassen.

Für 8 Personen

Utah

Roast Beef Hash
Roastbeef-Pfanne

Das amerikanische Wort »Hash« (vom französischen »hacher«, hakken) bezeichnet im allgemeinen kleingeschnittenes Fleisch in Sauce. In diesem Fall handelt es sich aber um eine herzhafte Fleischpfanne mit Gemüse und Kartoffeln, eine vorzügliche Möglichkeit, Roastbeef-Reste vom Vortag zu verwerten. Das Rezept wird einer der zahlreichen Ehefrauen des großen Mormonenführers Brigham Young zugeschrieben.

2½ EL (50 g) Butter
1 Zwiebel, gehackt
1 große Knoblauchzehe, zerdrückt
½ grüne Paprikaschote, entkernt und feingehackt
1 kleine Stange Bleichsellerie, feingehackt
2 Kartoffeln, in 1 - 2 cm große Würfel geschnitten
Etwa 380 g gegartes Roastbeef, in Stücke geschnitten
½ TL zerstoßene getrocknete rote Chili-Schoten
80 - 125 ml Rinderfond (siehe Glossar)
½ TL Worcestershire-Sauce
½ TL Salz
½ TL frisch gemahlener Pfeffer
1 Messerspitze gemahlener Piment
2 TL Apfelessig
Gehackte frische Petersilie (nach Belieben)

Die Butter in einer großen gußeisernen Pfanne bei schwacher Hitze zerlassen. Die Zwiebel 1 Minute darin anbraten. Den Knoblauch dazugeben und 4 Minuten mitbraten. Paprika und Sellerie hinzufügen, noch 5 Minuten garen.

Nach und nach Kartoffeln und Roastbeef hinzufügen. Zerstoßene Chili-Schoten, 80 ml Rinderfond, Worcestershire-Sauce, Salz, Pfeffer und Piment dazugeben. Gut vermischen und ohne Deckel 30 Minuten garen; gelegentlich umrühren. Weiteren Fond dazugeben, falls die Mischung zu trocken ist.

Den Backofen auf 170 °C (Gasherd Stufe 1 - 2) vorheizen. Die Pfanne in den Ofen geben und das Ganze 30 Minuten backen.

Den Grill vorheizen. Das Gericht mit dem Essig beträufeln und unter dem Grill sehr knusprig überbacken. Nach Belieben mit Petersilie bestreuen.

Für 4 - 6 Personen

Ofenkartoffeln mit Chipped beef (oben) *und Roastbeef-Pfanne* (unten)

Ohio

Creamed Chipped Beef on Baked Potatoes

Ofenkartoffeln mit Chipped beef

»Chipped beef« ist Rindfleisch, das gepökelt, geräuchert und zwei Wochen getrocknet wird. Es wird überall in den Vereinigten Staaten in dünnen Scheiben abgepackt verkauft. Heute verwendet man es nicht mehr so viel wie früher; aber mit einer sahnigen Sauce in Ofenkartoffeln gefüllt wird daraus ein köstliches kleines Gericht für Frühstück, Brunch oder Sonntagsimbiß.

4 große Kartoffeln, ungeschält
200 g *chipped beef*
180 ml kochendes Wasser
125 g Butter
2 EL feingehackte Zwiebeln oder Schalotten
30 g Weizenmehl
¼ l heißer Hühnerfond (siehe Glossar)
180 ml Sahne
½ TL Dijon-Senf
¼ TL gemahlener Ingwer
1 Spritzer Tabasco-Sauce
2 EL trockener Sherry
Gehackte frische Petersilie (nach Belieben)

Den Backofen auf 200 °C (Gasherd Stufe 3 – 4) vorheizen. Die Kartoffeln in etwa 1 Stunde im Ofen gar backen.

Inzwischen das Rindfleisch mit kochendem Wasser übergießen und 5 Minuten stehenlassen. Abgießen und in große Stücke schneiden.

Die Hälfte der Butter in einem großen Topf bei mittlerer Hitze zerlassen. Die Zwiebeln in etwa 5 Minuten darin goldgelb braten. Das Mehl darüberstäuben und unter Rühren 2 Minuten anrösten. Den heißen Fond dazugießen und die Sauce unter ständigem Rühren dicklich werden lassen. Fleisch, Sahne, Senf, Ingwer, Tabasco und Sherry hinzufügen. (Die Sauce soll eine geschmeidige, samtige Konsistenz haben; ist sie zu dick, etwas Milch dazugießen.)

Die Ofenkartoffeln längs halbieren. Das Innere mit einer Gabel lockern und die restliche Butter daraufgeben. Rindfleisch und Sahnesauce darauf verteilen. Nach Belieben mit gehackter Petersilie bestreuen.

Für 4 Personen

GLOSSAR

Bohnen Bohnen gehörten zu den wichtigsten Grundnahrungsmitteln der Indianer und bildeten später die Lebensgrundlage der frühen Siedler. In Nord- und Südamerika ist eine große Anzahl verschiedenartigster Bohnensorten heimisch, von grünen Bohnen über Kidney- und Wachtelbohnen bis zu weißen und schwarzen Bohnen. Die aus Europa stammende Dicke Bohne (Puffbohne) spielt in Amerika keine Rolle. Augenbohnen kommen ursprünglich aus Afrika und werden vor allem im Süden der USA viel verwendet; sie sind in den Vereinigten Staaten tiefgefroren oder getrocknet erhältlich. Sehr beliebt sind auch Lima-Bohnen, die ursprünglich aus Peru stammen. Junge Lima-Bohnen werden frisch verzehrt (in den USA sind sie auch tiefgefroren erhältlich), ausgereifte verwendet man getrocknet.

Ausgelassenes Fett von Frühstücksspeck *(bacon drippings)* Früher hatten amerikanische Hausfrauen stets einen Vorrat an ausgelassenem Fett von Frühstücksspeck im Schrank. Im Gegensatz zum neutralen Schweineschmalz oder Pflanzenfett hat es einen angenehm würzigen Räuchergeschmack, der sich für herzhafte Speisen besonders gut eignet.

Chili-Pulver *(chili powder)* Ein sehr beliebtes Gewürz in der Küche des amerikanischen Südwestens sind gemahlene, getrocknete Chillies von mild bis höllisch scharf. Das »echte« Produkt, das nur aus Chillies gewonnen wird, kann man allerdings erst seit kurzer Zeit auch außerhalb des Südwestens bekommen. Die meisten handelsüblichen »Chili-Pulver« in den USA wie in Europa enthalten dagegen neben Chillies auch Zwiebeln, Knoblauch, Kreuzkümmel, Origano, Nelken, Koriander und anderes; sie sollten also mit Vorsicht verwendet werden.

Chili-Sauce Die mild-würzige, dickflüssige und ketchupartige Sauce wird in den Vereinigten Staaten industriell hergestellt. Bei uns erhältliche Chili-Saucen aus Asien sind oft völlig anders in Konsistenz und Zusammenstellung. Bereiten Sie also notfalls lieber Ihre eigene Sauce aus Tomatenketchup, gebratenen Zwiebeln, einem Spritzer Essig, etwas Chili-Pulver, Nelken und Piment zu.

Chili-Schoten, Chillies *(hot peppers)* Da die scharfen Pfefferschoten im Südwesten der USA eine große Rolle spielen, sind dort die verschiedensten Sorten frisch oder getrocknet erhältlich. (Einzelheiten finden Sie im Kapitel »Südwesten«, S. 138.) Aus getrockneten Chili-Schoten werden auch *red pepper flakes* (kleine Flocken) hergestellt sowie verschiedene scharfe Saucen; die bekannteste unter ihnen ist die Tabasco-Sauce.

Chorizo Eine pikante, geräucherte und getrocknete spanische Wurst, die in ganz USA für Gerichte nach spanischer Art verwendet wird. Man kann sie bei uns durch Cabanossi oder ähnliche, würzig-herzhafte Sorten ersetzen.

Eier Verwenden Sie für die Rezepte in diesem Buch – wenn nicht anders angegeben – möglichst große Eier.

FISCHE

Alse oder Maifisch *(allis shad)* Der Maifisch gehört zu den Heringsfischen. Der große *American shad* aus dem Atlantik zählt in den Vereinigten Staaten zu den begehrtesten Speisefischen. Enge Verwandte der Alsen sind die **Finten** oder **Elben** *(twaite shad)*, die unter anderem in der Nordsee und im Mittelmeer vorkommen, sich aber innerhalb Europas nur in Frankreich größerer Beliebtheit erfreuen.

Brachsen *(bream)* Der Brachsen ist ein begehrter Süßwasserfisch, der in nährstoffreichen Gewässern lebt.

Forelle *(trout)* Sie gehört zu den Lachsfischen und ist in Flüssen und Bächen zu finden. Die einzige Forelle, die ursprünglich in Amerika heimisch ist, ist die Regenbogenforelle. Sie kommt vor allem in den »Western States« vor.

Kabeljau *(codfish)* Kabeljau zählt schon seit langem zu den – auch wirtschaftlich – bedeutendsten Speisefischen der atlantischen Gewässer in Europa und Amerika. Verwandte des Kabeljau sind beispielsweise Schellfisch *(haddock)*, Pollack *(pollock)*, Seehecht *(hake)* und Schlangenfisch *(cusk eel)*.

Lachs *(salmon)* Der Lachs, der im Atlantik und Pazifik zuhause ist, wurde schon von den Indianern hoch geschätzt. Zum Rösten banden sie ihn meist auf eine Holzplanke, die aufrecht neben ein schwelendes Feuer gestellt wurde.

Plattfische *(flounder)* Plattfische bezeichnet man in den USA oft pauschal als Flundern, so zum Beispiel die begehrte festfleischige, saftige Pazifische Scharbe *(petrale sole)*, den Pazifischen Zungenbutt *(rex sole)*, die Sommerflunder *(summer flounder)* und die Doggerscharbe *(American plaice)*, die verwandt sind mit Heilbutt *(halibut)*, Glattbutt *(brill)*, Rotzunge *(lemon sole)*, Seezunge *(dover sole)*, Steinbutt *(turbot)*.

Pompano Der Gemeine Pompano hat einen flachen, gedrungenen Körper und kommt an den Küsten Floridas und der Westindischen Inseln vor. Sein Geschmack wird als nußartig – etwa zwischen Lachs und Heilbutt – beschrieben.

Saibling *(lake trout)* Seesaiblinge, die zu den Lachsfischen gehören, kommen in Europa, Kanada und den nördlichen Vereinigten Staaten in tiefen, kalten Seen vor. Der Wandersaibling (franz. *omble chevalier*), der in italienischen, französischen und Schweizer Seen zu finden ist, wird wegen seines feinen Aromas besonders geschätzt.

Schwertfisch *(swordfish)* Schwertfische findet man in allen wärmeren Weltmeeren. Das muskulöse, äußerst schmackhafte Fleisch wird häufig – in dicke Scheiben geschnitten – gegrillt.

Snapper *(Schnapper)* Snapper kommen in großen Mengen in pazifischen Regionen vor, besonders in australischen und neuseeländischen Gewässern. Der *red snapper*, der in warmen atlantischen Zonen lebt, hat festes weißes Fleisch und wird im Geschmack häufig mit dem Schwertfisch verglichen.

Stint *(smelt, sparling)* Die kleinen Fische gehören zur Familie der Lachse und stellen in der ganzen nördlichen Hemisphäre einen bedeutenden Faktor in der Fischereiwirtschaft dar. In den USA werden kleine Stinte oft gebacken oder gebraten im ganzen gegessen; größere Exemplare legt man ein.

Thunfisch *(tuna)* Die größten Mitglieder der Makrelenfamilie gibt es im Mittelmeer, Atlantik, Pazifik und im Indischen Ozean. In den Vereinigten Staaten werden vor allem Arten mit hellem Fleisch, wie der Weiße Thun oder der Gelbflossen-Thunfisch bevorzugt, während man in Asien eher den Roten Thunfisch mit seinem dunkleren Fleisch schätzt.

Wels, Waller *(catfish)* Zwergwelse, die im Süden und im Mittelwesten der USA sehr verbreitete und hochgeschätzte Süßwasserfische sind, haben ein angenehm süßes, manchmal auch ein wenig erdiges Aroma. Es gibt viele verschiedene Arten, doch wird in amerikanischen Fischfarmen am häufigsten der Kanalwels *(channel catfish)* gezüchtet.

FONDS

Natürlich lassen sich Fonds in den meisten Rezepten durch Fertigprodukte ersetzen, doch sollte man sie mit Vorsicht verwenden, nicht zuletzt, weil sie sehr salzig sind. Selbstgemachte Fonds sind in jedem Fall vorzuziehen. Man kann sie zur späteren Verwendung besonders gut einfrieren.

Fischfond 1,5 kg Gräten und Fischköpfe in einen großen schweren Topf geben. 1½ l Wasser, ½ l trockenen Weißwein und ¾ l *clam juice* (Fertigprodukt) – oder 2 l Wasser und ¾ l Weißwein –, zwei gehackte Zwiebeln, zwei gehackte Stangen Bleichsellerie mit Blättern, sechs Stengel Petersilie, ein Lorbeerblatt, vier Nelken, acht schwarze Pfefferkörner, 1 TL Salz und eine halbierte Zitrone hinzufügen. Kurz aufkochen und dann bei schwacher Hitze halb zugedeckt eine halbe Stunde köcheln lassen. Durch ein Sieb geben. Anschließend einkochen lassen, bis der Fond auf 1½ l reduziert ist.

Hühnerfond 2 kg Hühnerklein (Rücken, Flügel, Hälse) in einen großen Topf geben und soviel Wasser (etwa 4 l) dazugießen, daß die Geflügelteile bedeckt sind. Zum Kochen bringen und fünf Minuten kochen lassen; abschäumen. Zwei ungeschälte Zwiebeln, eine gehackte Stange Porree, zwei Knoblauchzehen, zwei gehackte Karotten, zwei gehackte Stangen Bleichsellerie, zwei gehackte weiße Rüben, zwei gehackte Pastinaken, acht Stengel Petersilie, vier Nelken, acht schwarze Pfefferkörner, einen Teelöffel Salz, ein Lorbeerblatt, ½ Teelöffel getrockneten Thymian und zwei Eßlöffel Rotweinessig hinzufügen. Kurz aufkochen lassen. Anschließend bei schwacher Hitze halb zugedeckt etwa 4½ Stunden – oder bis die Flüssigkeit auf 1½ l reduziert ist – köcheln lassen. Gelegentlich abschäumen. Durch ein Sieb geben.

Rinderfond 2 kg rohe Fleischknochen vom Rind in einem großen Bräter 30 Minuten bei 230° C (Gasherd Stufe 5) im Backofen bräunen; dabei einmal wenden. In einen großen Topf geben und drei gehackte Zwiebeln, drei gehackte Karotten, drei gehackte Stangen Bleichsellerie, zwei Knoblauchzehen, sechs Stengel Petersilie, ein Lorbeerblatt, drei Nelken, acht schwarze Pfefferkörner und einen Teelöffel Salz hinzufügen. Das Fett aus dem Bräter weggießen. Mit ½ l heißem Wasser ablöschen, den Bratensatz lösen und zusammen mit weiteren 3 l Wasser zu den Knochen in den Topf gießen. Kurz aufkochen lassen. Anschließend bei schwacher Hitze halb zugedeckt zwei Stunden köcheln lassen. Gelegentlich abschäumen. Zwei Eßlöffel Rotweinessig dazugeben und nach 1½ Stunden – oder bis die Flüssigkeit auf etwa 1½ l reduziert ist – köcheln lassen. Durch ein Sieb geben.

Hominy *Hominy* ist die Bezeichnung für gequollene Maiskörner, deren Hülle und Keim entfernt wurden. In den Vereinigten Staaten sind sie in Dosen, tiefgefroren und getrocknet erhältlich. *Hominy* wird in Amerika schon lange hergestellt; die Indianer und die frühen Siedler Amerikas verwendeten zum Quellen der Körner eine Lauge, die sie aus Holzasche gewannen. Heute sind die Methoden moderner geworden. **Maisgrieß** *(hominy grits)* wird aus getrockneten, enthülsten Maiskörnern verschieden fein ausgemahlen; vor allem im Süden der USA gehört Maisgrütze oft zum Frühstück.

Käse In Amerika werden verschiedene Blauschimmelkäse von bester Qualität hergestellt, dazu vorzügliche Ziegenkäse von sahnig-mild bis kräftig und ausgezeichnete *Cheddar*-Käse. Man bekommt sie allerdings nicht in jedem Supermarkt, sondern vorwiegend in Spezialitätengeschäften. *Monterey Jack*, der erstmals von spanischen Mönchen in Kalifornien hergestellt wurde, ist ein milder halbfester Schnittkäse, der vor allem in der Küche des Südwestens viel Verwendung findet (in den Rezepten dieses Buches kann er durch jeden jungen, milden Schnittkäse ersetzt werden). Der *Monterey Jack* gleicht ein wenig dem amerikanischen *munster*, der allerdings erheblich milder ist als ähnliche Käsesorten anderer Länder.

Öle Maiskeimöl und andere hochwertige Pflanzenöle sind relativ neutral im Geschmack und reich an essentiellen Fettsäuren. Sie eignen sich besonders gut für kalte Speisen und sollten nicht zu stark erhitzt werden. In Kalifornien wird Olivenöl von allererster Qualität produziert, aber in sehr geringen Mengen. Die meisten kaltgepreßten Olivenöle, die in Amerika im Handel sind, stammen aus Italien oder Spanien.

Oyster Crackers Die kleinen, runden, aufgeblähten Hefe-Cracker werden in Amerika zu *chowders* gereicht. Im Osten der USA nennt man sie auch *Trenton crackers* nach der Stadt im Bundesstaat New Jersey, wo sie im Jahr 1848 erstmals hergestellt wurden.

Reis In den Vereinigten Staaten wird vorwiegend weißer Langkornreis verzehrt. Die unverwechselbaren, aromatischen Reissorten Amerikas wie *Popcorn*-Reis, *Wild Pecan, Texmati, Calmati* und *Wehani* sind Unterarten des *Della*-Reises (er stammt vermutlich von indochinesischen und indonesischen Sorten ab, die auf Wurzelstöcken von Langkornreis veredelt wurden). Die jeweiligen Boden- und Klimaverhältnisse haben großen Einfluß auf den ausgeprägten Geschmack dieser Reissorten.

Sassafras Der Sassafras ist ein Alleebaum, der im Osten der Vereinigten Staaten heimisch ist. Schon früh wurden verschiedene Teile des Baumes, vor allem die Wurzeln, von den Indianern und später von den Siedlern als Heilmittel verwendet. Die gemahlenen, getrockneten Sassafras-Blätter (amerikanisch *filé powder*) dienen in der kreolischen Küche des Südens zum Würzen und Andicken der Speisen (man darf das Pulver nicht mitkochen, da es sonst Fäden zieht). Sassafras gehörte zu den ersten Produkten, die von Amerika nach England exportiert wurden.

SCHAL- UND KRUSTENTIERE

Abalone *(Meerohr)* Sie sieht auf den ersten Blick wie eine Muschel aus, gehört aber zu den Schnecken (es gibt etwa hundert verschiedene Arten in aller Welt). Die Abalonen, die vor der amerikanischen Pazifikküste vorkommen, vor allem in Kalifornien, sind zwischen 15 und 25 cm groß und eine begehrte Delikatesse. Da die Bestände bereits stark zurückgegangen sind, gibt es strenge Schutzbestimmungen. Frisches Fleisch von Abalonen muß erst zartgeklopft werden, wenn man es nur kurz braten will; andernfalls wird es in 5–6 Stunden weich gekocht.

Auster *(oyster)* Die sogenannte Amerikanische Auster *(eastern* oder *Atlantic oyster)* ist an der gesamten amerikanischen Atlantikküste heimisch und deckt den größten Teil des Austernbedarfs im Osten der USA. Ihre verschiedenen Namen – wie etwa Blue Point, Cape Cod, Kent Island etc. – weisen auf den jeweiligen Herkunftsort hin. Während der fünfziger Jahre wurde die Pazifische Auster, die ursprünglich aus japanischen Gewässern und dem Chinesischen Meer stammt, an der amerikanischen Westküste angesiedelt und gezüchtet. Heute spielt sie in den USA eine sehr große Rolle.

Clam *(Venusmuschel)* Die schmackhafte Ostamerikanische Venusmuschel oder Quahog-Muschel *(hardshell clam)* ist an der gesamten Ostküste der USA und im Golf von Mexiko verbreitet. Die verschiedenen Namen der Quahog-Muschel geben Auskunft über ihre Größe und damit über ihren Verwendungszweck: So werden *chowder clams,* die größten, meist für Eintopfgerichte verwendet. Die kleineren *Cherrystone* und vor allem die *Little Neck clams* dagegen kann man gut roh essen.

Conch *(Riesenflügelschnecke) Conchs* (gesprochen »Konks«) sind vor allem in Florida und auf den Florida Keys (den Inseln an der Südspitze) sehr geschätzt. Man verwendet sie besonders für *chowders* und Eintopfgerichte.

Miesmuschel *(mussel)* Miesmuscheln sind sowohl an der Atlantik- wie auch an der Pazifikküste Amerikas weit verbreitet, doch scheint man sie dort weit weniger zu schätzen als in Europa; der Verbrauch ist erstaunlich gering.

Scallop *(Kammuschel)* Scallops gehören zur Familie der Kammuscheln (zu der auch die Jakobsmuschel zählt). An der Ostküste der Vereinigten Staaten kommen die beliebten Atlantischen Tiefwasser-Scallops *(deep sea scallop)* vor. Sie sind bis zu 24 cm groß und werden vor allem an der Küste von Maine gefangen.

Soft-shell clam *(Große Sandklaffmuschel, Strandauster)* Sie kommt vor allem an der amerikanischen Atlantik- und Pazifikküste vor. Die schmackhaften Muscheln mit den ovalen, 6–12 cm großen Schalen sind sehr populär in den USA und werden gebraten, gekocht oder in *chowders* verwendet.

Blaukrabbe *(blue crab)* Blaukrabben, die in der Fischereiwirtschaft Amerikas eine große Rolle spielen, werden an der Atlantikküste gefangen. Besonders begehrt sind sie in den Monaten Mai und Juni, wenn sie ihren Panzer abgeworfen und noch keinen neuen gebildet haben; man nennt die weichen, fleischigen Tiere dann *soft-shell crabs.*

Flußkrebs *(crayfish, crawfish)* Der Amerikanische Flußkrebs ist ein beliebter Leckerbissen. Es werden nur die Schwänze verwendet.

Garnele *(shrimp, prawn)* Garnelen gibt es in den USA in den verschiedensten Größen und Arten. Als *shrimps* bezeichnet man die kleineren Exemplare, als *prawn* (*tiger-, jumbo-, king prawn* etc.) die größeren Garnelen. Sie sind die beliebtesten Krebstiere in den Vereinigten Staaten.

Große Steinkrabbe *(stone crab)* Steinkrabben werden an der südlichen amerikanischen Atlantikküste und im Golf von Mexiko gefangen. Das Fleisch der Scheren gilt in ganz USA als Delikatesse.

Hummer *(northern lobster)* Hummer kommen sehr reichlich an der kanadischen und amerikanischen Ostküste vor. In großem Umfang werden sie vor allem in Maine gefangen.

Kalifornischer Taschenkrebs *(Dungeness crab, California crab)* Dieser Krebs kommt an der amerikanischen Pazifikküste vor; er wird vor allem in Kalifornien gefangen und ist außerordentlich begehrt.

Königskrabbe *(red king crab, Alaska king crab)* Diese Krabben, die im Alter von acht Jahren etwa fünf bis zehn Pfund wiegen, erreichen mit ihren langen Beinen eine Gesamtgröße von einem Meter. Sie werden im Nordpazifik und in der Beringsee in sehr tiefen Gewässern gefangen. Meist wird das köstliche Fleisch der Beine tiefgekühlt oder in Dosen angeboten.

Langusten *(spiny lobster)* Die sogenannte Amerikanische Languste *(Florida spiny lobster)* kommt an der Atlantikküste vor, die Pazifische Languste *(California spiny lobster)* vor allem in Kalifornien und bis hinunter nach Mexiko.

Steak-Sauce Die in den USA handelsüblichen dickflüssigen, pikanten, dunkelbraunen Steak-Saucen verwendet man zum Aromatisieren von Fleischgerichten oder als Beigabe zu Hamburgern und Steaks. Die bekannteste Steak-Sauce ist *Brand's A 1* aus England, die unter anderem Tomatenmark, Essig, Maisstärkesirup, Rosinen, Orangenschale und verschiedene Gewürze enthält.

DANKSAGUNG

Mein ganz besonderer Dank gilt Beverly Barnes und Jane Fraser für ihr Vertrauen und ihre Unterstützung. Danken möchte ich auch Virginia Croft, die die nicht allzu leichte Aufgabe hatte, amerikanische Maße und Gewichte ins Dezimalsystem zu übertragen, und der Food-Spezialistin Nao Hauser, deren Anmerkungen im Manuskript für meine Arbeit sehr wertvoll waren. Meinen herzlichen Dank sage ich all den Menschen hier im Land, die ich während meiner vielen Reisen kennenlernte, als ich mit dem inzwischen verstorbenen, allseits beliebten Autor und Lehrer Bert Greene zusammenarbeitete. Wenn sie uns nicht ihre Familienrezepte, die Bert und ich über Jahre hinweg sammelten und testeten, großzügig überlassen hätten, wäre dieses Buch wohl nicht entstanden.

Phillip S. Schulz

Für die Hilfe bei der Vorbereitung dieses Buches möchte Weldon Owen den folgenden Personen und Organisationen danken:

Beverley Barnes, Dana Morgan, Laurie Wertz, Rosemary Wilkinson, Jacki Passmore, Katherine Stimson, Vida Merwin, Tom Morgan, Sanny Himawan, David Carriere.

Sandra Griswold; William R. Peabody, Tiffany & Co.; Williams-Sonoma Inc.; Sue Fisher King, San Francisco; Mr. & Mrs. J. Van Lott; Claire's Antique Linen & Gifts, San Francisco; Dillingham & Company, Händler für englische Antiquitäten, San Francisco; Villeroy & Boch Tableware; Fillamento, San Francisco; Willmann Antique Pine Imports, San Francisco; Judy Goldsmith; Bernie Carrasco; Cottonwood, San Francisco; Ed Hardy, San Francisco; Sante Fe, San Francisco; Upstairs Downstairs, San Francisco; The Ames Gallery of American Folk Art, Berkeley; The Bombay Company; Beaver Bros. Antiques, San Francisco; Martin & Beatrice Glenn; Nancy Glenn & Ward Finer; Deak International; Missy Hamilton; Stephanie Greenleigh; Cookin, San Francisco; Merwa Oerberst; Little Joes, San Francisco; Naomi's Antiques, San Francisco; Dan Pogrelis; J. Goldsmith Antiques, San Francisco; Eileen West at Home, San Francisco; Shawn Harris; S.B.

REGISTER

Zahlen in *Kursivschrift* beziehen sich auf Abbildungen.